SUMMA PUBLICATIONS, INC.

Thomas M. Hines
Publisher

William C. Carter
Editor-in-chief

Editorial Board

Benjamin F. Bart
University of Pittsburgh

William Berg
University of Wisconsin

Germaine Brée
Wake Forest University

Michael Cartwright
McGill University

Hugh M. Davidson
University of Virginia

John D. Erickson
Louisiana State University

Wallace Fowlie
Duke University
(emeritus)

James Hamilton
University of Cincinnati

Freeman G. Henry
University of South Carolina

Grant E. Kaiser
Emory University

Norris J. Lacy
Washington University

Edouard Morot-Sir
*University of North Carolina,
Chapel Hill*
(emeritus)

Jerry C. Nash
University of New Orleans

Albert Sonnenfeld
*University of Southern
California*

Philip A. Wadsworth
University of South Carolina
(emeritus)

Orders:
Box 20725
Birmingham, AL 35216

Editorial Address:
3601 Westbury Road
Birmingham, AL 35223

La Temporalité romanesque chez Stendhal

La Temporalité romanesque chez Stendhal:
"L'Echafaudage de la bâtisse"

Charles J. Stivale

SUMMA PUBLICATIONS, INC.
Birmingham, Alabama
1989

Copyright 1989
Summa Publications, Inc.

ISBN 0-917786-71-8
Library of Congress Catalog Number 88-63131

Printed in the United States of America

à Lezlie

Table des Matières

Editions et Abréviations	ix
Remerciements	xi
I. Pour une analyse de la temporalité narrative	1
II. La structuration temporelle d'*Armance*	35
III. Le vraisemblable temporel dans *Le Rouge et le Noir*	63
IV. L'épuisement de l'énergie temporelle dans *Lucien Leuwen*	93
V. Temporalité fictive et réalisme subjectif dans *La Chartreuse de Parme*	117
Conclusion	147
Notes	153
Glossaire terminologique	181
Bibliographie	187
Index des œuvres de Stendhal	197
Index des noms	199
Index analytique et thématique	203

Editions et Abréviations Utilisées

Cercle du Bibliophile:

DA *De l'Amour* I - II

CH *Chroniques italiennes* I - II

A   *Armance*

RN *Le Rouge et le Noir* I - II

CP *La Chartreuse de Parme*

Autres éditions et études critiques:

LL *Lucien Leuwen* I - II. Ed. Henry Debray —Michel Crouzet. Paris: Garnier-Flammarion, 1982.

N   *Le Rose et le Vert, Mina de Vanghel et d'autres nouvelles*. Ed. Victor Del Litto. Paris: Gallimard, "Folio", 1982.

DR Gérard Genette. "Discours du récit", dans *Figures III*. Paris: Seuil, 1972.

Remerciements

Bien qu'il soit impossible de remercier tous ceux qui ont bien voulu s'intéresser au développement de ce travail, je voudrais néanmoins reconnaître la contribution de quelques amis et collègues particuliers:

Emile Talbot, dont les recherches exemplaires et les conseils perspicaces ont appuyé l'élaboration de cette étude dès le départ;

Victor Del Litto, rédacteur en chef de *Stendhal Club,* que je remercie non seulement d'avoir permis la révision ici des articles déjà parus dans sa revue, mais aussi de m'avoir encouragé à poursuivre ce travail sur la temporalité romanesque;

Serge Bokobza et Doris Y. Kadish, dont l'amitié aussi bien que les commentaires pratiques m'ont aidé à mieux orienter la direction de ce projet, et Romana Heylen et Gisèle Loriot-Raymer, qui m'ont fourni des observations à la fois importantes et sympathiques pendant la dernière étape de la rédaction;

enfin, Lezlie Hart Stivale, dont le soutien inébranlable pendant la conception et la rédaction de cette étude a été d'une importance capitale pour sa réalisation.

—*C.J.S.*

Chapitre I
Pour une analyse de la temporalité narrative

En 1835, PENDANT LA RÉDACTION DE *Lucien Leuwen*, Stendhal note à propos du roman en cours: « Table des matières pour moi et que je supprimerai, c'est *l'échafaudage de la bâtisse* »; puis, « 22 février 35. —Chronologie.—*Echafaudage* pour moi; je l'écris uniquement pour éviter les contradictions dans les petits mots de descriptions de saisons ou autrement » (nous soulignons)[1]. Suit une ébauche de la chronologie générale de l'œuvre qui deviendra *Lucien Leuwen*, et cette ébauche va rappeler à l'auteur, d'une part, les détails et limites temporels de cette entreprise narrative et, d'autre part, la structure fondamentale à la base de cette œuvre—et de toute œuvre—fictive. Ce rappel stendhalien, à partir duquel nous avons tiré le titre de cette étude, pourra paraître assez paradoxal si l'on considère l'attitude négative de l'auteur, révélée dans d'autres marginalia, quant à la précision d'un plan fait à l'avance[2]. Mais cette contradiction souligne la tension essentielle qui existe chez Stendhal entre la revendication d'une spontanéité quasiment existentielle et le souci constant, excessif même, de noter les jalons temporels dans chaque aspect de la création littéraire, y compris les aspects qui relèvent de l'expérience vécue. En effet, qu'est-ce qu'un mémorialiste sinon un *chroniqueur* des étapes, petites et grandes, de son existence? Il suffit de parcourir les œuvres intimes de Stendhal pour trouver les nombreuses manifestations de son souci de la temporalité dans la vie quotidienne[3]. De plus, avec la célèbre « cristallisation », Stendhal décrit le mouvement temporel des étapes successives et constitutives de l'amour[4]. Il en va de même avec le processus du travail littéraire: pour ne souligner que l'exemple de *Lucien Leuwen*, les marginalia de cette œuvre révèlent une *chronique* minutieuse du progrès de l'acte créateur[5]. On pourrait, sans doute, approfondir les observations concernant les indices du souci temporel dans la vie de Beyle; mais comme le note Gérard Genette, on a alors le droit de se demander « entre le Beyle qui inscrit sur poussière, sur ceinture, sur bretelles, et le Stendhal qui transcrit sur papier, où commence la littérature? »[6]

A cette question s'en ajoute une autre: par quels moyens peut-on aborder l'étude de la temporalité narrative? Nombreuses sont les études théoriques qui visent à préciser les éléments constitutifs de la manifestation du temps dans les œuvres de fiction[7]. Notre intérêt particulier pour la manifestation de la temporalité romanesque chez Stendhal porte sur ce que G. Genette appelle l'invitation implicite de l'œuvre stendhalienne « à une lecture *paradigmatique*, . . . ou verticale, lecture à deux ou plusieurs registres, pour qui le véritable texte commence avec le redoublement du texte »[8]. Il ne s'agit pourtant pas d'apporter tout simplement nos propres réflexions à la discussion actuelle de ce champ restreint, mais surtout d'offrir une réponse pratique à la mise en question de plus en plus générale de la nécessité d'une lecture « plurielle », et de l'analyse narratologique en particulier[9], même parmi les chercheurs récemment engagés dans cette voie critique[10]. Tout en soutenant évidemment l'effort de « dépasser le formalisme », nous croyons qu'il faut comprendre cette formule comme la recherche d'un agencement de sens textuels avec d'autres registres critiques au-delà d'un formalisme trop strict. Nous voudrions souligner surtout la mise en place de sens pluriels qui pourra se faire à partir des aperçus de base fournis justement par les procédés narratologiques. Comme le suggère Paul Ricœur, « c'est à la faveur d'un tel déplacement de l'attention de l'énoncé narratif sur l'énonciation que les traits proprement fictifs du temps narratif prennent un relief distinct, . . . [étant] en quelque sorte libérés par le *jeu* entre les divers niveaux temporels issus de la réflexivité de l'acte configurant lui-même »[11].

Nous envisageons ainsi cette approche analytique comme une mise en valeur du faisceau de rapports textuels à plusieurs niveaux (ou strates)[12]. En adoptant des outils analytiques suggérés par les recherches narratologiques récentes, en particulier celles de G. Genette[13], nous voulons souligner quelques possibilités de l'agencement d'un élément particulier de ce domaine, la temporalité romanesque, avec d'autres champs d'analyse critique, agencement à partir duquel le travail de création textuelle se déploie dans toute sa multiplicité. Car cette approche correspond à la fois à nos propres intérêts, notamment les problèmes temporels de *durée*, d'*ordre* et de *fréquence* ou *itération*, et surtout aux impressions premières qui ont suscité ce travail lors de nos premières lectures des œuvres romanesques de Stendhal: l'impression d'un rythme variable dans ses œuvres, tantôt le mouvement et le moment rapides pendant lesquels on traverse l'espace et le temps dans un éclair, tantôt le pas et le temps ralentis pendant lesquels on ressent non seulement les moments qui pèsent et soulignent ainsi la portée particulière du déroulement de l'intrigue, mais aussi le détournement du flux linéaire du temps. Mais nous voudrions surtout insister sur l'importance des mécanismes de la temporalité narrative comme éléments essentiels du « réalisme subjectif » stendhalien, ainsi qu'appelle Hiroshi Ishikawa ce « miroir » romanesque « inégal et déformant, si miroir il y a »[14]. Car, comme nous le verrons plus loin, certains lecteurs des œuvres de Stendhal ont fréquemment attribué les variations temporelles qui s'y trouvent soit à des erreurs de l'auteur, soit au manque de soin qu'il aurait pris dans le processus de création littéraire. De plus, si la critique stendhalienne a reconnu l'importance de divers développements thématiques chez Stendhal, elle n'a pas toujours su élaborer clairement les éléments textuels qui sous-tendent ce thématisme, négligeant ainsi d'apprécier pleinement les mérites de l'art narratif de cet auteur. Nous estimons, par contre, qu'il faudra non seulement montrer en détail la rigueur du déploiement de la temporalité romanesque dans ces œuvres, mais aussi affirmer que c'est précisément à partir de l'examen des procédés d'ordre, de durée et de fréquence ou itération, compris en tant que *fonctions* des transformations à la fois temporelles et sentimentales de l'intrigue, que se révèle le trait central du « réalisme subjectif » chez Stendhal comme lien entre les mouvements temporels et le développement thématique[15].

Les recherches narratologiques récentes ont souligné les conventions implicites dans toute discussion sur la temporalité narrative. Pour parler de *l'ordre** temporel[16], par exemple, on accepte implicitement la convention d'un temps de l'histoire comme « chronologie naturelle » et idéale d'une stricte succession d'événements bien que ce temps idéal ne se forme que dans les écrits narratifs probablement les plus simples. De même, pour parler de la *durée** temporelle, la convention implicite consiste à supposer l'existence d'une coïncidence idéale et invariable entre la succession du temps du récit* (ou de la lecture) et du temps de l'histoire*, coïncidence à partir de laquelle on pourrait situer précisément toute fluctuation rythmique de la durée[17]. Même une discussion de la *fréquence** ou *itération** temporelle suppose la possibilité de répéter un événement sans le moindre changement, bien que souvent l'événement se revête de nouveaux traits, si imperceptibles soient-ils, selon les changements du contexte du déroulement narratif[18]. Puisque le texte narratif, affirme G. Genette, « n'a pas d'autre temporalité que celle qu'il emprunte, métonymiquement, à sa propre lecture » (DR 78), c'est-à-dire au temps qui change selon le lecteur, cette situation inévitablement variable a inspiré des critiques à tracer d'autres voies de recherche pour définir les bases de l'étude de la temporalité narrative. Il s'agit, selon G. Müller, de préciser les relations entre l'*erzählte Zeit* et l'*Erzählzeit*, c'est-à-dire, entre le temps de l'histoire et le (pseudo-)temps du récit[19]. Jean-Jacques Hamm, pour sa part, a distingué plusieurs « repères et fonctions » temporels dans une des *Chroniques italiennes*, « L'Abbesse de Castro »[20]. Il nous semble utile de répartir ces repères d'une façon moins diffuse que le fait J.-J. Hamm, et selon une terminologie plus précise. D'abord, à l'élément de l'ordre* temporel se lient les repères qui correspondent aux jalons temporels et au déroulement chronologique[21]; à l'élément de la durée temporelle se lient les repères qui correspondent à la précision du mouvement temporel entre les jalons particuliers[22]. Nous devons tenir compte également de certains procédés et éléments temporels que le résumé de J.-J. Hamm omet: au domaine de l'ordre appartiennent les mécanismes d'*analepse** et de *prolepse** (DR 82), c'est-à-dire les mouvements temporels vers le passé ou l'avenir, respectivement, qui se déploient sans cesse dans le récit stendhalien; au domaine de la durée temporelle appartiennent non seulement de nombreuses expressions qui soulignent la fréquence ou itération des événements particuliers de l'histoire, mais aussi ce que J.-J. Hamm appelle les expressions ou « marqueurs de l'itératif » qui indiquent plutôt la progression linéaire du récit[23]. Enfin, « le temps modificateur du point de vue », le repère 1 que propose J.-J. Hamm, correspond justement à un autre élément temporel fondamental, les glissements du temps de la narration.

L'ordre, la durée et l'itération, le temps de la narration—voici les trois domaines temporels que nous nous proposons d'étudier dans l'œuvre romanesque stendhalienne selon les étapes suivantes:

Dans les trois sections de ce chapitre, nous définirons les éléments constitutifs de la temporalité romanesque à partir de quelques exemples tirés des nouvelles et ébauches de Stendhal et des soi-disant « traductions fidèles » connues sous le titre *Chroniques italiennes*[24]. Car, non seulement ces textes nous fournissent la matière brute pour définir plus précisément la terminologie et l'appareil critiques de la temporalité narrative, mais les nouvelles et ébauches, étant dans la majorité des « récits fragmentaires, inachevés ou à peine achevés »[25], nous offrent un échantillon excellent d'œuvres de fiction stendhaliennes qui révélera les rapports des procédés temporels avec le réalisme subjectif. Nous consacrons ensuite les chapitres principaux de notre étude aux quatre romans de Stendhal en nous penchant sur les liens particuliers entre les éléments temporels et divers aperçus critiques qui mettent en lumière les manifestations du réalisme subjectif stendhalien dans chaque œuvre[26]. Dans l'analyse d'*Armance*, nous nous intéressons non seulement au conflit entre les procédés de la durée et les nombreuses anachronies temporelles qui empêchent le déroulement linéaire du récit, mais aussi aux liens de ce rythme saccadé avec les rapports difficiles entre les personnages principaux. Ensuite, l'étude du *Rouge et le Noir* nous permet de souligner l'oscillation régulière entre les procédés de la durée, mouvement rythmique qui correspond tantôt aux moments privilégiés de l'amour et du bonheur entre les personnages, tantôt aux ruptures de ces rapports amoureux. Ces bases analytiques préparent l'examen des traits temporels particuliers dans *Lucien Leuwen*, notamment les difficultés de la durée qui se manifestent à cause de la domination du procédé rythmique du ralentissement. C'est cet effet d' « épuisement temporel » dans *Lucien Leuwen* qui peut expliquer non seulement l'incapacité du héros de maintenir ses divers rapports mondains, mais surtout le mouvement des derniers écrits de Stendhal vers une esthétique dont l'inachèvement apparent de l'œuvre serait l'étape ultime. Enfin, l'étude de *La Chartreuse de Parme* cerne à la fois la complexité de sa structuration temporelle et la manière dont les procédés de la temporalité romanesque mettent en valeur le développement des thèmes stendhaliens par excellence, l'amour et la mort. Ainsi soulignerons-nous l'agencement des mécanismes temporels comme éléments constitutifs du réalisme subjectif non seulement pour suggérer comment la narratologie peut constituer la base essentielle d'une lecture plurielle, mais surtout pour étudier l'imbrication des éléments temporels dans les strates à la fois thématiques et critiques comme la constitution d'une textualité proprement subjective.

1. Les procédés temporels: l'ordre, la durée et l'itération

L'ordre temporel

La critique stendhalienne s'est peu intéressée à la recherche approfondie des développements de l'ordre temporel dans les écrits de Stendhal, d'autant moins que leur nature souvent fragmentaire dans ses nouvelles et ébauches rend parfois difficile la mise en place des procédés de l'ordre[27]. C'est tout le contraire en ce qui concerne le deuxième élément temporel, la durée, et une raison évidente pour sa mise en valeur tient sans doute à l'importance que donne Stendhal lui-même à la durée en reconnaissant, par exemple, qu' « en fait de style, . . . *la forme fait partie de la chose.* . . . Pour les sentiments, le rythme les montre. Le rythme doit donc entrer dans un ouvrage en proportion des sentiments qui y sont »[28]. Jean Prévost affirme qu' « alternances, allure, accord de la personne physique et du discours seraient donc les éléments de ce rythme qui varie selon tous les caractères individuels. Il n'y a pas de principe que Stendhal ait mieux suivi que celui du rythme, à l'époque de ses grandes œuvres »[29]. Et Jean-Pierre Richard conclut: « La vitesse de déroulement de ses états psychologiques permet [à Stendhal] de les dépasser et de les lier en une synthèse qui est proprement un sentiment. L'unité formelle prélude à une unité substantielle »[30]. Mais, la place de la durée temporelle chez Stendhal se révèle tout à fait paradoxale: d'une part, on remarque, avec G. Poulet, qu' « un instant rapide, où l'on sent avec énergie, voilà donc à quoi se ramène la temporalité stendhalienne »[31]. C'est justement autour d'un tel amour de l'instant présent que Stendhal crée l'idéal de l'Italien, selon Michel Crouzet: « C'est là que dans un étonnant simplisme, à peine soutenable, il n'est que dans la simultanéité de soi, refusant toute durée qui ne se résorbe pas dans le segment si court de son moment d'inspiration et de fièvre »[32]. Mais, d'autre part, liée à la primauté du moment, de l'instant de la sensation, est « la conscience de cette extase sensible; il n'y a pas de vrai moment de bonheur, sans la conscience de ce bonheur » (Poulet, « Stendhal et le temps » 407). Alors, comment « détailler le bonheur », comment concilier sensation et perception? G. Poulet répond que Stendhal l'accomplit en adoptant la « seule solution possible: celle qui consiste à tempérer la vivacité troublante de la sensation et à atténuer la rigueur desséchante de l'activité perceptive. Alors un juste équilibre s'établit à l'intérieur du moment lui-même.

L'alliance heureuse de la pensée lucide et du sentiment le plus tendre donne à l'instant présent sa perfection » (« Stendhal et le temps » 409-10). Pourtant, malgré la primauté de la durée dans la fiction stendhalienne, nous devons aborder notre analyse avec le mécanisme de l'ordre temporel afin de mieux cerner, par la suite, les traits rythmiques du déroulement narratif. Or, cette mise en place est finalement double: il s'agit à la fois de suivre le mouvement linéaire du déroulement narratif et de repérer les écarts temporels de ce mouvement. Cet examen des jalons de l'ordre temporel nous permettra, d'une part, de considérer par la suite leur importance vis-à-vis des éléments de la durée, et d'autre part, de préciser la place du réalisme subjectif dans ces écrits parfois assez fragmentaires. Traçons donc les étapes successives du mouvement narratif temporel en choisissant comme texte-échantillon une des premières histoires de Stendhal, « Ernestine, ou la naissance de l'amour »[33]. A vrai dire, cette histoire est une anecdote à thèse puisqu'elle sert à démontrer le développement de l'amour selon ses « sept époques » (DA 2: 303)[34]. Mais, puisque le but explicite de ce récit est précisément de souligner l'importance du déroulement linéaire de l'amour, il nous semble un choix exemplaire pour l'analyse initiale[35].

Tandis que l'étude de la durée temporelle d'« Ernestine » montrera l'oscillation entre les ralentissements dominants de journées successives et quelques brèves accélérations, pour décrire les procédés de l'ordre temporel, nous devons préciser les points de repère du mouvement linéaire aussi bien que les écarts conjoints. Après la définition du temps initial de la narration* dans « l'avertissement », les premiers paragraphes introduisent non seulement les personnages principaux de l'histoire, mais aussi la situation temporelle, et ceci par quelques *anachronies**, c'est-à-dire par les écarts du déroulement linéaire de l'histoire sous forme d'analepse* ou de prolepse*[36].

1) Ernestine de S... vivait dans un antique manoir « au sein d'une sorte de magnificence; mais *depuis vingt ans* que le maître et les gens étaient vieux, tout s'y faisait toujours à la même heure » (DA 2: 304; nous soulignons). Le paragraphe continue avec la présentation d'un moment précis au début de l'histoire: « *Un soir de printemps*, le jour allait finir, Ernestine était à sa fenêtre; ... », et se termine avec une deuxième analepse* qui se réfère au moment où commence vraiment l'histoire: « Tout à coup elle revit ce jeune chasseur qu'elle avait aperçu *quelques jours auparavant*; ... » (DA 2: 304; nous soulignons). Examinons l'enchaînement de ce déroulement temporel afin de définir les structures et fonctions de ces analepses: d'abord,

en désignant la phrase « un soir de printemps . . . » comme *récit premier**, la structure de l'analepse*, « depuis vingt ans que . . . », se précise comme *externe**, analepse « dont l'amplitude* [c'est-à-dire la durée d'histoire] reste extérieure à celle du récit premier » (DR 90); *hétérodiégétique**, « portant sur une ligne d'histoire, et donc un contenu diégétique différent de celui [ou ceux] du récit premier » (DR 91), en l'occurrence la monotonie de la vie d'Ernestine; et *complète**, analepse « qui vient se raccorder au récit premier » (DR 101)[37]. La structure de la deuxième analepse est presque le contraire: comme la première analepse, elle est complète* (se liant finalement au récit premier), mais par contre, elle est *interne**(se situant à l'intérieur de la durée d'histoire principale puisqu'elle renvoie au point de départ précis du récit) et *homodiégétique** (analepse qui porte « sur la même ligne d'action que le récit premier », DR 91, en l'occurrence l'admiration d'Ernestine pour ≥ jeune chasseur). Quant à la fonction de ces analepses, elles sont deux exemples du *renvoi**, ou des analepses *complétives** qui comblent « après coup une lacune antérieure du récit » (DR 92), même si le récit vient justement de commencer[38]. Notons aussi que la deuxième analepse sert à présenter la première « époque » de l'amour, celle de « l'admiration », tandis que c'est à partir du « soir de printemps » que commence la deuxième « époque ». Ce premier jalon temporel consiste donc, selon la chronologie interne, d'une série de vingt-quatre journées consécutives (à partir du soir de printemps) pendant lesquelles Ernestine traverse les deuxième et troisième époques de l'amour et aborde la quatrième, celle où « l'amour est né ».

2) Le dimanche où « Ernestine vit à l'église un homme mis avec une simplicité extrême, et qui pouvait avoir trente-cinq ans » (DA 2: 313), est suivi d'une période de trente-quatre jours successifs pendant laquelle elle traverse la cinquième époque de l'amour, la première cristallisation signalée par le narrateur lui-même: « Les méditations d'Ernestine (que le lecteur aura peut-être reconnues pour être tout simplement la cinquième période de la naissance de l'amour) nous conduiraient fort loin » (DA 2: 322). Elle aborde la sixième époque, celle du doute, lorsqu'elle lit la signature de Philippe Astézan au bas d'un billet: « Tout le bonheur d'Ernestine disparut en un clin d'œil » (DA 2: 323). Ce jalon contient le seul exemple d'une prolepse* (ou anticipation de l'avenir) dans « Ernestine », mais cette discordance temporelle correspond plutôt au temps de la narration* en se situant dans un paragraphe de réflexions qui proviennent explicitement du narrateur: « Le bon vieillard . . . avait coutume, dis-je, de plaisanter son Ernestine sur ce qu'il appelait son *coup d'œil militaire*. C'est peut-être cette

qualité qui, plus tard, lorsqu'elle a paru dans le monde et qu'elle a osé parler, lui a fait jouer un rôle si brillant » (DA 2: 322)[39].

3) La phrase, « Un jour, près de six semaines après celui où elle avait lu le nom de Philippe Astézan,... » (DA 2: 327), signale le déroulement de l'époque du doute, et ce « jour » déclenche une série de six jours consécutifs jusqu'au moment pendant le dîner annuel de la Saint-Hubert où Ernestine reconnaît Philippe Astézan déguisé.

4) Le jalon suivant mérite un examen détaillé puisqu'il s'agit d'une analepse *simultanée** introduite par une intervention explicite du narrateur: « Il est temps de parler un peu de Philippe Astézan, car il fait là une action d'homme amoureux, et peut-être trouverons-nous aussi dans son histoire l'occasion de vérifier la théorie des sept époques de l'amour » (DA 2: 331). La fonction de cette analepse est évidemment complétive* puisqu'elle comble une lacune antérieure du récit, mais il s'agit d'une *paralipse** puisque le narrateur était passé « à côté » de l'histoire de Philippe. De plus, cette analepse qui suit la ligne d'histoire principale (analepse homodiégétique) est *mixte** par rapport à l'histoire d'Ernestine puisque ce renvoi commence peu avant qu'Ernestine voie Philippe pour la première fois, donc avant le début de l'histoire principale. Mais, en tant qu'histoire de Philippe, ce retour en arrière est *interne** et fait donc reculer encore quelques jours le point de départ de l'histoire globale. Enfin, l'analepse est complète* dans la mesure où il s'agit de la traversée des époques de l'amour par l'autre personnage, mouvement qui ramène l'histoire de Philippe jusqu'à rejoindre l'histoire d'Ernestine lors de la soirée du dîner.

5) « Philippe est à ses pieds. "Au nom de Dieu, pardonnez-moi ma démarche, lui dit-il; je suis au désespoir depuis deux mois; voulez-vous de moi pour époux?" Ce moment fut délicieux pour Ernestine » (DA 2: 340): ces phrases indiquent le moment à partir duquel commence la septième époque de l'amour, celle du bonheur d'Ernestine, qui prépare le dénouement rapide sur le plan de la narration. D'abord, le narrateur clôt la démonstration des « époques de l'amour » dans l'avant-dernier paragraphe: « Ernestine, plus heureuse, était aimée, elle aimait. L'amour régnait dans cette âme que nous avons vue passer successivement par les sept périodes diverses qui séparent l'indifférence de la passion, et au lieu desquelles le vulgaire n'aperçoit qu'un seul changement, duquel encore il ne peut expliquer la nature. » Ensuite, il clôt l'histoire de ces « cristallisations » mutuelles entre Ernestine et Philippe avec une ellipse dans le dernier paragraphe: « Quant à Philippe Astézan, pour le punir d'avoir abandonné

une ancienne amie aux approches de ce qu'on peut appeler l'époque de la vieillesse pour les femmes, nous le laissons en proie à l'un des états les plus cruels dans lesquels puisse tomber l'âme humaine. Il fut aimé d'Ernestine, mais ne put obtenir sa main. On la maria l'année suivante à un vieux lieutenant général fort riche et de plusieurs ordres » (DA 2: 343).

Bien que ce bref examen du déroulement de l'ordre dans « Ernestine » nous suggère quelques liens entre cet élément temporel et les rapports entre l'héroïne et Philippe, nous voudrions attendre l'analyse de la durée et de l'itération pour tirer des conclusions, même provisoires, à propos du réalisme subjectif dans cette histoire. Nous préférons compléter l'étude du premier élément temporel en précisant la typologie d'anachronies qui servira de référence lors de l'analyse des romans de Stendhal. Dans le bref survol du déploiement anachronique dans « Ernestine », nous avons élaboré les caractéristiques des anachronies soit par rapport à leur structure (d'une part, la forme externe, interne ou mixte, d'autre part, la nature partielle ou complète), soit par rapport à leur fonction (le contenu narratif hétéro- ou homodiégétique, et l'emploi complétif et répétitif, ou le renvoi et le rappel, respectivement). Tout en nous appuyant sur ces traits généraux, nous voulons suggérer une typologie des anachronies en les répartissant selon plusieurs catégories précises[40]:

—D'une part, l'analepse *ponctuelle** se caractérise par une référence *brève* au passé, c'est-à-dire d'une *amplitude** très courte, mais selon le cas particulier, elle peut remplir toutes les fonctions et correspondre à toutes les structures énumérées ci-dessus. Les formes que cette catégorie emploie sont des références chronologiques au passé (dates précises, adverbes tels que « jadis », « auparavant », « autrefois »), souvent au plus-que-parfait vis-à-vis du récit premier, le plus généralement au passé simple. D'autre part, la catégorie complémentaire est l'analepse *durative**, qui se caractérise de la même façon que la catégorie précédente, sauf qu'elle se caractérise par une amplitude plus ou moins longue au passé. A vrai dire, cette catégorie se constitue souvent d'un enchaînement d'analepses ponctuelles, et elle se manifeste ainsi le plus fréquemment de toutes les catégories. Quant à la prolepse, elle correspond en principe aux catégories d'anachronies ponctuelles et duratives, et plus souvent à la première qu'à la seconde. Mais, non seulement cette forme d'anachronie est bien rare dans les nouvelles, on a aussi du mal à y repérer des prolepses qui ne se situent pas sur le plan du temps de la narration, c'est-à-dire des anticipations énoncées explicitement par le narrateur. Car, comme le remarque G.-D. Farcy, « seul en effet le narrateur peut anticiper avec certitude, en revanche le personnage ne peut qu'imaginer l'avenir de sa propre histoire. Donc la prolepse au sens strict du terme n'est pas subjective, toute projection de personnage n'étant que de l'histoire potentielle et non de l'histoire effective » (« De l'obstination narratologique » 498).

—L'analepse *instantanée** sert à résumer d'une manière très concise toute une période temporelle au passé de l'histoire, donc correspond et se ramène toujours au fil d'histoire principal (analepse homodiégétique et complète), reste généralement à l'intérieur du cadre temporel principal (analepse interne, parfois mixte), et fonctionne d'habitude comme un renvoi (en comblant une lacune antérieure) de portée et d'amplitude variables. Cette catégorie se révèle souvent par les formules « depuis », « depuis que... », « il y avait... que », « jusque-là », « dès » et « dès que... ». Voici quelques exemples de cette forme fréquemment employée: du « Rose et le Vert », « Dès sa première enfance, [Mina Wanghen] était accoutumée à disposer de son temps dans l'intérieur de la maison absolument comme il lui convenait » (N 250), et du « Chevalier de Saint-Ismier », « A l'instant le chevalier sentit une quantité de sang chaud qui lui coulait le long du bras. Depuis un quart de minute, cet homme, qui venait de blesser le chevalier, criait au secours de toutes ses forces » (N 345). L'exemple suivant tiré de l'« Anecdote italienne » montre comment ces catégories d'analepse se trouvent le plus souvent mélangées:

> Une femme de chambre qui, (1) jadis, favorisait les amours de la femme d'Ariberti, (2a) n'avait pas été chassée; mais (2b) on l'avait dégradée. (3) Elle était chargée, depuis plusieurs années, de conduire à la pâture, sur les rives de l'Adda, les nombreux troupeaux d'oies qui dépendaient du château où Ariberti faisait garder sa femme. (4) Cet homme singulier et raffiné dans l'art de se venger avait dit à cette femme de chambre:
> —Je te punis davantage en t'employant ainsi qu'en te renvoyant.
> (N 234)

Tandis que les exemples 1 et 4 correspondent, de par leur amplitude courte, à la catégorie d'analepse ponctuelle, les exemples 2a et 2b, quoique des analepses ponctuelles, s'enchaînent et constituent alors une analepse durative, et l'exemple 3, en résumant rapidement toute une durée temporelle, est une analepse instantanée.

—L'analepse *simultanée** suit toujours la ligne d'histoire principale (est donc homodiégétique), reste presque toujours à l'intérieur de l'histoire principale en se liant au récit premier (analepse interne et complète), et fonctionne comme un renvoi en comblant une lacune antérieure. H. Boll Johansen affirme que Stendhal introduit la simultanéité avec la formule « pendant que » ou une expression équivalente « pour ménager la transition entre l'optique de différents personnages » (*Stendhal et le roman* 141). Pourtant, comme le constate John T. Booker très justement, au lieu d'employer exclusivement la formule « pendant que », Stendhal préfère introduire souvent un changement de perspective par l'emploi d'un *chevauchement temporel* (« temporal overlap ») d'une façon très subtile comme le montre l'exemple suivant tiré du « Rose et le Vert »: « Mme Wanghen, *voyant que* Mina ne lui répondait point clairement..., cessa de lui en parler » (N 250; nous soulignons). Booker observe, « Par conséquent, le lecteur ne se rend presque pas compte d'un chevauchement temporel; le glissement de perspective est essentiellement instantané et le temps fictif ne paraît progresser qu'avec la moindre des pauses » (notre traduction)[41]. Ces observations nous amènent donc à distinguer entre analepses simultanées *ponctuelles*, comme le chevauchement temporel et d'autres analepses parallèles qui retournent brièvement en arrière (par exemple, les paragraphes où est présentée Mina Wanghen dans « Le Rose et le Vert », c'est-à-dire l'oscillation temporelle rapide entre le récit premier et un passé à peine antérieur qui traduit l'atmosphère du bal, et l'émotion que ressent l'héroïne en écoutant les propos du général van Landek, N 242-43), et analepses simultanées *duratives,* comme l'exemple plus ample de l'histoire de Philippe Astézan dans « Ernestine »[42].

A la lumière de ce bref examen, on peut conclure que la forme anachronique qui caractérise le mieux l'ordre temporel stendhalien est l'analepse durative, ou l'enchaînement de plusieurs analepses ponctuelles, et d'habitude à fonction complétive, c'est-à-dire pour combler après coup une lacune dans l'histoire. Pourtant, nous devons insister sur la façon dont les catégories d'analepses développent des rapports étroits avec la durée temporelle. L' « Anecdote italienne » révèle comment les procédés de l'ordre temporel peuvent servir non seulement à divertir le déroulement linéaire du récit, mais aussi à soutenir la durée temporelle grâce aux *ellipses** créées par les sauts analeptiques:

—Le début curieux de cette nouvelle montre une ambiguïté essentielle dans l'ordre initial du récit, car le temps verbal du premier paragraphe rend difficile, mais non pas impossible, la précision du récit premier: « Ariberti, noble Milanais, et possesseur de plusieurs villages, *avait conçu* une haine mortelle contre un homme de la famille Pecchio. Ariberti avait été offensé dans ses biens et plus tard dans son amour » (N 233; nous soulignons). Nous situons le récit premier dans un temps $\underline{x}$ à la suite de la conception de la « haine mortelle », qui est simultanée à la succession des offenses contre Ariberti.

—Les analepses dans le paragraphe suivant résument les détails de ces offenses: « Pecchio lui fit un procès et le gagna », donc « offense » propriétaire; « pendant le cours du procès, qui dura plusieurs années, Pecchio s'aperçut que la femme d'Ariberti était fort jolie; il parvint à le lui dire et à s'en faire aimer », donc « offense » sentimentale. Puis, les phrases suivantes, toujours dans le deuxième paragraphe, nous amènent vers l'histoire au récit premier: « Après la perte du procès, Ariberti s'emporte en menaces contre son adversaire », donc, manifestation plus actuelle de la « haine mortelle » que dans le paragraphe initial; « Pecchio apprit que la femme d'Ariberti était étroitement enfermée dans un des châteaux de son mari », phrase qui est suivie de l'expression des sentiments de cette femme contre son mari.

—Le troisième paragraphe introduit une analepse qui indique le moment où commence l'histoire: « Pecchio avait reçu tous ses aveux pendant la courte liaison qu'il avait eue avec elle. Depuis trois ans qu'elle avait cessé, la tyrannie d'Ariberti était tout à fait devenue intolérable » (N 233-34).

Il s'agit donc du développement analeptique d'une durée particulière, notamment d'une histoire qui commence *trois ans après* la fin de la liaison entre Pecchio et la femme d'Ariberti et au moins cinq ans depuis le début du procès (vu qu'il a duré plusieurs années). Ces genres d'analepse complexe, comme ceux que nous étudierons dans les romans de Stendhal, se composent donc des enchaînements avec leur propre durée temporelle, et puisque c'est précisément le lien entre les éléments de l'ordre et le fonctionnement de la durée qui distingue les groupements analeptiques complexes des autres analepses plus limitées, nous devons maintenant mettre en place les éléments de la durée et de l'itération temporelles.

La durée et l'itération temporelles

L'analyse de la durée temporelle que nous entreprenons vise non seulement à définir les mécanismes particuliers qui constituent les variations rythmiques dans l'œuvre narrative de Stendhal, mais surtout à étudier l'agencement de ces mécanismes qui donne lieu à la conciliation de sensation et perception, donc à une durée proprement stendhalienne. Or, selon B. Didier, c'est précisément le *tempo** variable dans les nouvelles de Stendhal qui les déchirerait « entre deux pôles, vers deux genres différents: la chronique et le roman »[43]. D'une part, le modèle des *Chroniques italiennes* s'imposerait pour la nouvelle à la fois par le rôle qu'y joue un texte initial[44], et surtout par ce que B. Didier appelle « un resserrement de l'intrigue, une rapidité du *tempo* qui n'appartiennent peut-être pas au registre purement stendhalien » (« Statut de la nouvelle » 216). D'autre part, les nouvelles que B. Didier dénomme « micro-romans » (c'est-à-dire « Mina de Vanghel », « Vanina Vanini », « Le Rose et le Vert », « Une position sociale », et « Féder ») se caractériseraient par la description de « toute une évolution psychologique, [d']une société entière » aussi bien que par le tempo du roman « plus lent, plus ample ». D'où le paradoxe fondamental, « la double aspiration contradictoire », au sein de ce processus de création narrative: « [Stendhal] veut faire bref; il redoute la redondance romantique... Et pourtant il a besoin du *tempo* lent du roman », ce qui fait que la nouvelle chez Stendhal « est le lieu mouvant où se retrouve tout ce qui n'est pas chronique, ou pas encore roman » (« Statut de la nouvelle » 215, 220-21).

Nous retiendrons cette distinction de la polarité générique dans la nouvelle stendhalienne en cherchant à y déceler les mécanismes de la durée temporelle qui traduisent le tempo* variable dans ces textes. Rappelons d'abord les traits particuliers de ces mécanismes: aux extrêmes des effets d'accélération et de ralentissement temporels se trouvent, respectivement, *l'ellipse**, « où un segment nul de récit correspond à une durée quelconque d'histoire », et *la pause**, « où un segment quelconque du discours narratif correspond à une durée diégétique nulle » (DR 128). Moins ralenti que la pause est *la scène**, « le plus souvent "dialoguée", ... qui réalise conventionnellement l'égalité de temps entre récit et histoire », et près de l'ellipse est *le sommaire**, « forme à mouvement variable ... qui couvre avec une grande souplesse de régime tout le champ compris entre la scène et l'ellipse » (DR 129; *Nouveau discours du récit* 24-25). De plus, Seymour Chatman introduit un cinquième élément dans le « champ » entre la pause et la scène, élément qu'il dénomme *stretch** et que G.-D. Farcy appelle « un procédé d'épaississement diégétique, victime toutefois de l'aporie bien connue: feindre la contemporanéité en se résignant à la successivité »[45], procédé illustré dans les exemples précédents des analepses simultanées par « chevauchement temporel ». Ces mécanismes de la durée temporelle permettent la définition de ce que G. Genette appelle « la *vitesse** du récit » (DR 123) selon l'approche qu'il propose pour étudier la durée temporelle: d'abord, « déterminer ce que l'on considérera comme grandes articulations narratives », puis « disposer, pour la mesure de leurs temps d'histoire, d'une chronologie interne approximativement claire et cohérente » (DR 124). Il faudra ensuite juxtaposer le fonctionnement des éléments temporels avec les données thématiques et textuelles afin de dépasser l'analyse purement narratologique et d'établir ainsi les agencements constitutifs des diverses strates textuelles de l'œuvre. Nous nous proposons donc d'aborder l'étude générale de la durée temporelle en appliquant la première partie de cette approche à « Ernestine » selon les cinq jalons chronologiques décelés lors de l'analyse de l'ordre:

1) Le déroulement du premier jalon commence « un soir de printemps » (DA 2: 304), c'est-à-dire le jour 1 d'un fil de journées consécutives qui se déroule jusqu'à l'ellipse implicite entre « le cinquième jour » (le jour 24 du fil consécutif) et le « dimanche » (DA 2: 312-13) où commence le deuxième jalon. La durée temporelle de ce premier jalon se dessine à partir de l'agencement de plusieurs procédés: après le jour 2, « le lendemain, dès cinq heures du matin » (DA 2: 305), surviennent plusieurs ellipses, « Dix jours s'écoulent. Ernestine compte les jours! . . . Quatre jours s'écoulent encore, mais avec quelle lenteur! » (DA 2: 305-06), avec des sommaires de quelques activités d'Ernestine. Puis, une pause s'introduit « le cinquième » jour, ou le jour 17 du fil consécutif (celui de la joie d'Ernestine), suivie de deux indices temporels, le premier étant précis, et sans doute du temps de la narration (indiqué par le temps verbal au conditionnel): « Il y a quinze jours », c'est-à-dire le jour 2, « Ernestine n'aurait pas eu l'idée de mentir »; le second tout à fait imprécis, mais de la perspective subjective du personnage: « "Voici *un mois* que tous les matins j'apporte un bouquet, celui-ci sera-t-il assez heureux pour être aperçu?" » (DA 2: 307; nous soulignons). Suivent deux journées consécutives, dont la seconde est présentée avec un point de repère chronologique, « le lendemain, en plein midi, par un soleil du mois d'août » (DA 2: 309), repère d'autant plus curieux que la nouvelle commence un soir de *printemps*, mais seulement trois semaines auparavant selon la chronologie interne. De toute façon, cette pause du jour 19 est prolongée par l'intervention du narrateur (DA 2: 311-12), et le premier jalon se termine avec l'accélération par un sommaire: « Le cœur d'Ernestine est agité par les sentiments les plus violents. Pendant quatre journées, qui paraissent quatre

siècles à la jeune solitaire, elle est retenue par une crainte indéfinissable; elle ne sort pas du château. Le cinquième jour son oncle, toujours plus inquiet de sa santé, la force à l'accompagner dans le petit bois » (DA 2: 312).

2) Le deuxième jalon se caractérise aussi par un fil de journées consécutives, du dimanche à l'église jusqu'à l'ellipse « pendant tout un long mois » (DA 2: 327), mais se construit de plusieurs ralentissements de pauses et de scènes. La journée de dimanche consiste en plusieurs scènes suivies d'une ellipse jusqu'au jour 3, « deux jours après » (DA 2: 316), puis de deux pauses pendant les nuits et journées consécutives de la réflexion d'Ernestine. Pourtant, quelques indices temporels font preuve d'un décalage chronologique surprenant: d'une part, la date qu'écrit Ernestine pendant la nuit 3: « Elle se releva pour écrire en anglais sur son livre d'heures: *"N'être jamais impérieuse.* Je fais ce vœu le 30 septembre 18 . . ." » (DA 2: 318), c'est-à-dire un déroulement chronologique d'au moins trois mois depuis le début de l'histoire malgré le déroulement interne d'environ un mois; d'autre part, la confirmation de cette chronologie interne, d'abord, au jour 4: « Comme elle avait cette triste pensée, Ernestine tomba évanouie à côté de l'arbre fatal que *depuis trois mois* elle avait si souvent regardé » (DA 2: 324; nous soulignons), puis, au jour 5, « Le lendemain, dès huit heures du matin, elle se remit à travailler à son piano, qu'elle avait fort négligé *depuis deux mois* » (DA 2: 326; nous soulignons). Ensuite, deux ellipses suivies de sommaires descriptifs terminent ce jalon temporel: la première ellipse, « au bout de quinze jours », est suivie de la description du désespoir d'Ernestine, la seconde, « pendant tout un long mois », est suivie de la description de sa douleur (DA 2: 326-27).

3) Le troisième jalon est un ralentissement bref de six journées consécutives construit de plusieurs sommaires et scènes, à partir du jour « près de six semaines après celui où elle avait lu le nom de Philippe Astézan » (DA 2: 327) jusqu'au jour 6, la scène du dîner annuel de la Saint-Hubert (le 3 novembre), pendant lequel Philippe se présente à Ernestine (DA 2: 330).

4) Le quatrième jalon, celui de l'analepse simultanée de l'histoire de Philippe Astézan, commence avec une durée assez vague de sommaires et de scènes, puis se développe pendant cinq journées consécutives avec des sommaires et quelques monologues intérieurs (donc, des pauses) à partir du dimanche à l'église (DA 2: 331-38) jusqu'au sommaire de « trente-trois jours de suite » qui ramène l'histoire, mais non pas le déroulement temporel interne, au dîner le soir du jour 6 du jalon précédent (DA 2: 339).

5) Le cinquième jalon commence avec les pauses des réflexions de Philippe et Ernestine lors de leur rencontre, puis s'accélère dans un paragraphe exemplaire:

> Ernestine fut presque au comble du bonheur. Le jour suivant [jour 7], elle revint au pied du grand chêne, mais bien escortée par la gouvernante et le vieux botaniste. Elle ne manqua pas d'y trouver un bouquet, et surtout un billet. Au bout de huit jours [jour 14], Astézan l'avait presque décidée à répondre à ses lettres lorsque, une semaine après [jour 14], elle apprit que madame Dayssin était revenue de Paris en Dauphiné. Une vive inquiétude remplaça tous les sentiments dans le cœur d'Ernestine.... (DA 2: 341-42)

Notons que les « huit jours » correspondent au déroulement temporel de l'histoire de Philippe, tandis que « une semaine », à partir du « jour suivant », correspond au déroulement parallèle à l'histoire d'Ernestine. La rupture de ce fil de journées consécutives, « Ernestine sut quelques jours après . . . », annonce aussi la rupture des rapports entre Philippe et Ernestine, résumée dans les paragraphes du dénouement considérés à la lumière de l'ordre temporel.

Il faut souligner donc le décalage de la double durée temporelle dans « Ernestine »: sur le plan de l'histoire, le point de départ est « un soir de printemps », et le dénouement a lieu peu après le dîner de la Saint-Hubert, donc au mois de novembre de la même année. Mais, la durée sur le plan du récit correspond à quelques neuf semaines traduites par des fils de journées consécutives que l'on repère dans chaque jalon temporel[46]. Nous pouvons tirer alors quelques conclusions, du moins provisoires, quant aux liens entre la temporalité narrative dans « Ernestine » et le réalisme subjectif qui s'y révèle. Il nous semble, avec Didier Coste, qu'en s'efforçant de démontrer les effets déchirants des « sept époques de l'amour », le narrateur semble « punir » Philippe et Ernestine « du succès premier de leur illustration narrative »[47]. Il s'agit précisément d'une « punition » temporelle qui est infligée textuellement par le décalage entre la durée du récit et la chronologie explicite de l'histoire. Mais, au lieu d'attribuer forcément ce décalage au manque d'attention de la part de l'auteur, on pourrait soutenir à titre d'hypothèse la possibilité d'un désaccord temporel délibéré qui refléterait textuellement l'entente finalement impossible entre les personnages principaux. Comme nous le verrons dans l'étude d'*Armance*, Stendhal y adopte une autre stratégie temporelle pour refléter l'entente impossible entre les personnages, notamment l'emploi rigoureux des ruptures anachroniques, tandis que dans *La Chartreuse de Parme*, le procédé de décalage temporel traduit plutôt l'entente spirituelle croissante (entre Fabrice et Clélia), mais rendue physiquement difficile par l'emprisonnement du héros.

Les deux « micro-romans » de la dernière période de la création narrative de Stendhal, « Le Rose et le Vert » et « Féder », constituent deux formes complémentaires et exemplaires de l'élaboration de la durée temporelle. Dans « Le Rose et le Vert », la durée se caractérise par une oscillation apparemment régulière entre les mécanismes de ralentissement et d'accélération. Mais, en considérant l'élaboration de la durée dans cette nouvelle, on remarque un double mouvement décisif: d'une part, la durée chronologique dans les deux premiers chapitres est signalée explicitement par plusieurs indices précis (« la fin de 183. » au départ, N 239; « pour jouir d'un beau soleil d'hiver », 250), et l'oscillation de la durée reste assez constante entre les rythmes complémentaires, avec un seul long ralentissement à la fin du chapitre II (les entretiens entre Mina, sa mère, Wilhelm et l'avocat sur l'avenir de leur fortune, N 253-61). D'autre part, dans les deux-tiers de la nouvelle à partir du chapitre III (N 262), on ne trouve qu'un seul indice chronologique, l'arrivée de Mina et sa mère à Paris, « par une belle soirée du mois d'avril » (N 267), tandis que le rythme est dominé par quatre longs ralentissements rompus très brièvement par des ellipses[48]. Ce rythme particulier nous amène de nouveau à conclure, à propos de son rapport avec l'expression du réalisme subjectif, que la temporalité romanesque proprement stendhalienne se définit précisément par l'introduction des mécanismes de ralentissement lors des affrontements de haute tension sentimentale entre les personnages. Or, une difficulté semblable se produit tant dans « Le Rose et le Vert » que dans la nouvelle « Mina de Vanghel »: il s'agit d'introduire de nombreux ralentissements sans intégrer un mouvement rapide complémentaire par l'accélération (et donc sans amoindrir les tensions sentimentales). A propos de « Mina de Vanghel », Victor Del Litto affirme que « la quête du bonheur s'accommode mal de péripéties longues et compliquées. L'art stendhalien est surtout fait de touches rapides, concises et incisives » (N 488). Et ce stendhalien éminent éclaircit alors les rapports difficiles chez Stendhal entre l'expression artistique du réalisme subjectif et le rythme narratif dans « Le Rose et le Vert »: « L'intrigue étant sacrifiée aux considérations d'ordre moral, l'action traîne et s'enlise. Il existe d'ailleurs un thermomètre à peu près infaillible de l'inspiration de Stendhal: chaque fois que ce dernier ne peut écrire trois pages sans dresser un plan, l'œuvre qu'il a sur le métier est condamnée. Etant par nature un "improvisateur", la réflexion lui est funeste » (N 509). Le même genre de déséquilibre se manifeste dans « Féder »: le premier chapitre de cette nouvelle montre très peu de ralentissements soutenus, étant construit principalement des ellipses et sommaires de cinq ans de la vie du héros et de ses rapports avec Rosalinde. Mais, à partir de la rencontre de Féder, Delangle, et M. et Mme Boissaux au début du chapitre II, un ralentissement prolongé de quatre journées consécutives se déroule jusqu'au début du chapitre IV (N 378-406). Tandis que le mécanisme dominant de ralentissement dans « Le Rose et le Vert » est la scène dialoguée, ce sont les pauses des monologues intérieurs répétés qui créent l'effet ralenti dans « Féder ». Le modèle de ralentissements continus se répète à un moindre degré dans la deuxième moitié de cette nouvelle (N 413-17; 429), mais la durée devient moins précise tout en n'atteignant jamais un mouvement elliptique vraiment accéléré. Cet effet nous mène à considérer brièvement l'emploi du troisième élément de la temporalité narrative, la *fréquence**, car « Féder » est une des quelques nouvelles de Stendhal dans lesquelles les effets itératifs influencent la durée d'une façon vraiment significative[49]. En effet, dans les premières nouvelles, il n'y a que l'exemple d' « Ernestine » où Stendhal emploie cet élément temporel d'une manière soutenue, notamment, lors de la découverte des deux billets de Philippe, où le mouvement ralenti de la durée et les sentiments d'Ernestine se traduisent par l'itération: « Elle relut trois fois ces mots: *L'amour dont je brûle pour vous* . . . Elle se releva pour relire les billets vingt fois » (DA 2: 316-18), et « Vingt fois elle fut sur le point de ne pas aller se promener du côté de l'arbre » (DA 2: 322). La durée répétée traduit aussi les sentiments de Philippe après l'évanouissement d'Ernestine: « Il revint tous les jours dans le petit bois, où il avait éprouvé des sensations si vives. . . . Il y vint trente-trois jours de suite sans y voir Ernestine » (DA 2: 338). Or, dans « Féder », et surtout dans sa deuxième moitié, l'emploi du récit itératif comme effet d'accélération complémente parfois l'introduction de la pause pour traduire les réflexions des personnages: par exemple, après l'achat par M. Boissaux d' « un magnifique exemplaire de Voltaire, . . . ce n'était pas une lettre ou deux de Voltaire que [Valentine] lisait chaque soir, avant d'éteindre ses bougies, mais bien deux ou trois cent pages » (N 423); ensuite, « Ce mois, pendant lequel Valentine acquit de l'esprit, fut délicieux pour elle, et fit époque dans sa vie. . . . Chaque jour [Féder] avait le plaisir d'admirer l'esprit étonnant de Valentine » (N 424-25); enfin, « Quelquefois

Féder s'arrêtait tout à coup; il se reprochait de dire la vérité à une femme aussi jeune » (N 426). Et l'emploi de l'effet itératif sert aussi à exprimer le mouvement de la durée dans les analepses, tel que le résumé de la vie de Rosalinde vers la fin de la nouvelle (N 459).

Il semble donc que tout en développant dans « Féder », comme dans « Le Rose et le Vert », de nombreux effets rythmiques, Stendhal ne réussisse toujours pas à les varier d'une manière suffisamment régulière pour traduire l'élan passionnel des personnages, rythme d'autant plus saccadé que l'élaboration des anachronies s'ajoute à la complexité des effets de la durée. Cette observation nous ramène à nos réflexions sur le réalisme subjectif stendhalien car l'auteur n'arrive que rarement dans les nouvelles à trouver ce que G. Poulet suggère comme la « solution » temporelle, « l'alliance heureuse de la pensée lucide et du sentiment le plus tendre » (« Stendhal et le temps » 410). Dans la période initiale de la création narrative stendhalienne, « Ernestine » seul révèle les liens rythmiques entre les éléments principaux, et ceci malgré des difficultés sur le plan de l'ordre dans l'expression temporelle de l'évolution des sentiments d'Ernestine et Philippe pendant les sept « époques » de l'amour. Puis, à part certains développements intéressants du déploiement des éléments temporels vis-à-vis de l'expression sentimentale, les nouvelles de la période du *Rouge et le Noir* restent dominées par un rythme ralenti, par la scène dialoguée dans « Vanina Vanini », « Le Philtre », et « Le Coffre et le Revenant », et par une oscillation assez irrégulière entre sommaires et dialogues dans « Mina de Vanghel ». Par contre, dans la période autour de la création de *Lucien Leuwen*, Stendhal développe le déroulement chronologique, les analepses et les procédés de la durée afin de bien équilibrer « perception et sensation » et de traduire donc les sentiments des personnages[50]. Mais, dans la dernière période, la création narrative chez Stendhal révèle le manque d'oscillation régulière entre les éléments temporels dans les nouvelles et ébauches, ce qui contribue à alourdir le rythme et à traduire l'impossibilité de l'évolution sentimentale que l'on remarque dans les « micro-romans », « Le Rose et le Vert » et « Féder ». Ces traits d'équilibre entre l'ordre et la durée, surtout les fluctuations dans l'élan créateur même de Stendhal, suggèrent une manifestation de réalisme subjectif assez curieuse, mais tout compte fait, logique. Selon Ellen Constans, il s'agirait de la tendance chez Stendhal d'interrompre le travail d'invention littéraire « précisément au moment où le récit va basculer d'un passé récent dans le futur du romancier », comme c'est le cas dans « Une position sociale », « Le Rose et le Vert », et

« Féder »[51]. Mais, puisque l'auteur n'arrive que périodiquement à se consacrer complètement au processus de la création narrative, il nous semble qu'un autre aspect déterminant de ses succès et échecs est sa capacité, ou non, d'élaborer un rythme équilibré qui « détaille le bonheur », c'est-à-dire qui concilie la sensation avec la perception. Pour anticiper les analyses venues des romans, les difficultés de déséquilibre du rythme dans les nouvelles correspondent aux périodes du *Rouge et le Noir* et de *La Chartreuse de Parme*, c'est-à-dire les meilleurs succès romanesques de Stendhal de la perspective temporelle, tandis que les succès du point de vue de l'équilibre temporel dans les nouvelles ont lieu pendant les périodes romanesques « difficiles », manifestées soit par la paralipse* à la base d'*Armance*[52], soit par l'inachèvement ou, du moins, « l'épuisement temporel » que nous mettrons en valeur dans l'étude de *Lucien Leuwen*.

2. Le temps de la narration

Au processus d'intégration temporelle dont nous venons d'indiquer les traits principaux s'ajoute le quatrième aspect de la temporalité des écrits narratifs de Stendhal, le *temps de la narration**. L'emploi de cet élément temporel dans les nouvelles et ébauches révèle une élaboration en quelque sorte intermédiaire entre le jeu de la narration progressivement libre que l'on remarque dans les *Chroniques italiennes* et les variations finalement restreintes du temps de la narration qui se trouvent dans les romans. Pourtant, au lieu d'étudier ce quatrième élément temporel lors de l'étude des trois autres, G. Genette en ajourne l'examen afin de le considérer en tant qu'effet qui dépend de *l'instance narrative**, c'est-à-dire du sujet qui rapporte l'action (DR 226), examen d'autant plus bref qu'il consacre trois chapitres entiers aux autres éléments de la temporalité narrative. En revanche, nous estimons, avec P. Ricœur, qu'il faut bien rapprocher le temps de la narration des autres éléments temporels puisque, « si l'acte de narration ne porte en lui-même aucune marque de durée, les variations de sa distance par rapport aux événements racontés importent, elles, à la "signification du récit" » (*Temps et récit* 2: 128).

De plus, l'étude du temps de la narration nous semble particulièrement pertinente non seulement parce que les interventions du narrateur peuvent influencer les effets temporels de l'ordre (notamment, des analepses et prolepses quant à l'histoire ou du récit introduites explicitement par le narrateur), de la durée (tantôt l'accélération, tantôt le ralentissement, tantôt même la suspension de la progression du déroulement temporel), et de la fréquence (la répétition des détails temporels de l'histoire). Cette étude est importante également pour comprendre la façon par laquelle le temps de la narration se manifeste vis-à-vis des rapports spatio-temporels de l'instance narrative* et révèle ainsi des effets du réalisme subjectif. Quoique l'analyse de tels rapports nous éloigne apparemment de la visée strictement temporelle de cette étude, il nous incombe néanmoins d'ébaucher les différentes facettes de l'instance narrative afin de mettre pleinement en valeur ce que P. Ricœur appelle « une expérience *fictive* qui a pour horizon un monde imaginaire, qui reste le *monde du texte* » (*Temps et récit* 2: 150). Pour distinguer précisément les rapports entre la narration, le récit et l'histoire, il faut nous référer à la terminologie que G. Genette propose pour l'étude d'une autre classe de déterminations narratives, la *voix** narrative. Car plus la distance et la perception de celui qui raconte sont variables, plus le temps de cette narration peut directement influencer le déroulement narratif de l'histoire et les procédés du récit.

La grande majorité des nouvelles de Stendhal correspondent à la *narration ultérieure**, avec seulement trois exemples de la *narration intercalée** (« Journal de Sir John Armitage », « Philibert Lescale » et « A-Imagination »). Heureusement, G. Genette a reconnu l'utilité de définir la complexité des « situations narratives » possibles en juxtaposant ce temps de la narration, au sens strict, avec au moins trois autres aspects de l'instance narrative, c'est-à-dire la relation de *la personne** à la narration, *les niveaux narratifs**, et *la focalisation**[53]. Or, tout comme le temps de la narration, les aspects de voix varient très peu dans les nouvelles et ébauches de Stendhal. D'une part, en ce qui concerne le rôle de la personne* dans la narration, « la vraie question est de savoir si le narrateur a ou non l'occasion d'employer la première personne pour désigner *l'un de ses personnages* », d'où l'on distingue deux types de récits, le premier *hétérodiégétique**, le second *homodiégétique** (DR 252). Dans les nouvelles de Stendhal, on ne trouve que quatre ébauches homodiégétiques (« Souvenirs d'un gentilhomme italien », « Journal de Sir John Armitage », « Philibert Lescale », et « Le Lac de Genève »), le reste des récits étant pourvus d'un narrateur qui ne raconte que l'histoire d'autres personnages et jamais la sienne[54]. D'autre part, de la perspective des niveaux narratifs*, le récit dans ces nouvelles est pour la plupart de type *extradiégétique**, c'est-à-dire où un narrateur, *comme narrateur*, reste à l'extérieur de l'histoire.

Ce fonctionnement variable des niveaux narratifs qui entre directement en rapport avec les autres éléments de la temporalité nous mène à remettre en question la distinction que fait B. Didier entre « chronique » et « micro-roman » comme pôles caractéristiques des nouvelles (« Statut de la nouvelle » 217). Nous croyons qu'il ne suffit pas de classer ces écrits seulement sur la base du tempo accéléré ou ralenti de chaque genre puisque, à la lumière des perspectives temporelles que nous venons de signaler, ni les « chroniques », ni les « micro-romans » ne se laissent caractériser par une seule forme rythmique. Ils se distinguent plutôt par deux formes, d'une part, l'agencement des divers procédés rythmiques complémentaires avec les effets chronologiques et itératifs, d'autre part, l'agencement de tous ces éléments avec les manifestations élaborées du temps de la narration. Car, « les interventions du narrateur-je », comme H. Boll Johansen désigne ce procédé temporel à la suite de G. Blin[55], relèvent soit du glissement perceptible du récit vers un autre cadre spatio-temporel, c'est-à-dire vers un niveau extradiégétique* de la narration, soit de l'apparence d'un glissement vers un autre niveau* tout en maintenant celui du narrateur initial.

Dans « Ernestine », par exemple, l'incipit donne l'impression qu'il s'agira dans la narration de la voix d' « une femme de beaucoup d'esprit et de quelque expérience » qui, pour prouver sa découverte des sept époques de l'amour, « conta l'anecdote suivante. On était à la campagne, il pleuvait à verse, on était trop heureux d'écouter » (DA 2: 303). Pourtant, jamais la voix de la narration ne glisse à un niveau autre que de celui qui rapporte ultérieurement l'anecdote entendue, avec des interventions seulement à son niveau de narration extradiégétique*. De plus, ayant souligné ci-dessus le rôle que jouent les prolepses dans le glissement vers le temps de la narration, nous choisissons un seul des exemples abondants, celui du « Juif (Filippo Ebreo) », pour montrer l'influence qu'exercent les glissements entre les niveaux sur l'ordre et la durée temporels. Le narrateur de cette nouvelle situe le récit premier en 1814, mais ramène aussitôt l'histoire en arrière pour décrire les événements entre 1800 et 1814. La durée temporelle pendant cette analepse est construite pour la plupart des sommaires de ses activités de jeunesse liés à plusieurs séries de journées consécutives suivies d'ellipses qui font progresser l'histoire par étapes successives: en 1805 (N 161), puis « trois mois » à 1806 (N 162), puis « dix-huit mois » (N 164) à 1808, et l'histoire en 1814 annoncée au départ: « Enfin voici venir l'histoire de mes voyages, et, après, la *malédiction* » (N 165). Ensuite, par l'emploi de nombreux sommaires dans lesquels s'insèrent, d'une façon métadiégétique*, des scènes dialoguées (c'est-à-dire qui apparaissent à l'intérieur de l'histoire même que Filippo Ebreo raconte), la durée de cette nouvelle se ralentit désormais pendant la narration par le personnage des événements qui se succèdent jusqu'au début de 1815. Enfin, le récit glisse désormais entre le plan diégétique du raconteur et les niveaux métadiégétiques grâce aux rappels fréquents d'Ebreo lorsqu'il s'adresse à l'un de ses interlocuteurs, sur un ton parfois suppliant: « Enfin, que vous dirais-je, Monsieur »? (N 171), « Enfin, Monsieur, j'étais absolument fou d'amour » (N 171), « Que voulez-vous, Monsieur »? (N 172, 174).

Les éléments de la temporalité forment donc un réseau complexe à travers lequel ne se réalise que rarement dans les nouvelles et ébauches l'intégration du jeu temporel avec l'expression sentimentale et ainsi l'élaboration d'un réalisme subjectif bien défini. C'est aussi ce que suggère M. Crouzet dans sa répartition de plusieurs de ces ébauches. Selon lui, il s'agit tantôt des « essais fondés sur une seule scène, une séquence... [qui] se réduisent à une rencontre sans lendemain »[56], comme « Le Conspirateur » et « Le Chevalier de Saint-Ismier », sans coïncidence du moment et du bonheur à cause de « cette neutralisation de l'autre, cette conjuration de la menace féminine » (« De l'inachèvement » 17-19); tantôt des représentations du thème picaresque, comme « Le Juif (Filippo Ebreo) », « A-Imagination » et « Don Pardo », où la « dialectique du narcissisme fait du picaresque non point un vrai dépassement de la mélancolie, mais une impasse » (« De l'inachèvement » 27), et détermine donc l'impossibilité de la réconciliation du temps et du bonheur; tantôt des récits dans lesquels le héros possède une « trop grande ressemblance avec Stendhal », comme « Féder » et « Une position sociale », deux nouvelles de la « confrontation essentiellement stendhalienne de l'homme de désir et de l'homme de position » (« De l'inachèvement » 40). Dans la première de ces nouvelles, dit Crouzet, on trouve un héros (Féder) qui « s'est aliéné à l'image de l'Autre comme menace invincible », et dans l'autre, un héros (Roizand) qui « n'accepte pas de courir le risque d'une *demande* dont la réponse ne serait ni assurée ni totale. L'activité de l'un et la passivité de l'autre se rejoignent dans le même narcissisme » (« De l'inachèvement » 45). Ces limites empêchent alors l'assouvissement du désir aussi bien que la réalisation instantanée du bonheur, traits qui se traduisent par le déséquilibre variable des éléments de la temporalité narrative.

Pour terminer cette discussion du temps de la narration, nous voudrions étudier une des *Chroniques italiennes*, « L'Abbesse de Castro »,

POUR UNE ANALYSE DE LA TEMPORALITÉ NARRATIVE 25

afin de souligner la façon particulièrement complexe dont Stendhal agence cet élément temporel vis-à-vis des mécanismes d'ordre, de durée et d'itération comme expression du réalisme subjectif. En effet, le temps de la narration est la première manifestation de la temporalité narrative que l'on rencontre en abordant chaque « chronique », et selon B. Didier, cet élément temporel serait la « transgression » grâce à laquelle « le texte prend corps... Un dédoublement s'opère entre l'écrivain du premier texte et celui du second: l'écriture, bien loin de permettre un recouvrement de l'identité, suppose, exige, chez Stendhal, cette dualité » (« Statut de la nouvelle » 245). B. Didier remarque ailleurs, à propos de « L'Abbesse de Castro », que si Stendhal insiste sur son rôle de « traducteur », il ne s'agit pas simplement de la création d'une dualité: « L'auteur semble surtout avoir voulu donner un effet de perspective, dégager plusieurs plans différents: Stendhal écrivain au XIXe siècle, Stendhal simple traducteur, le chroniqueur italien, les personnages »[57]. Or, si le type de narration dans les *Chroniques italiennes* correspond généralement à la narration ultérieure*, la multiplicité des niveaux à la fois narratifs et temporels de l'instance narrative* nous permettra de signaler à la fois l'oscillation temporelle générale de la narration et surtout l'apport stendhalien à cette élaboration [58].

Dans « L'Abbesse de Castro », l'agencement de l'instance narrative avec le temps de la narration est rendu progressivement complexe puisque, ayant inventé les « deux manuscrits volumineux, l'un romain, l'autre de Florence », Stendhal double les possibilités de confusion temporelle en mélangeant deux types de narration (ultérieure et intercalée) par les fréquentes interventions des « auteurs italiens »[59]. Mais, dans cette « chronique », l'auteur mène le jeu beaucoup plus délibérément que dans celles qui précèdent: le récit commence avec une oscillation entre deux niveaux temporels, le temps des événements de l'histoire et le temps de l'écriture, proche de ces événements. Ce mouvement initial entre niveaux est signalé par l'emploi des guillemets qui indiquent la voix de « l'auteur du manuscrit florentin » (CH 1: 128-32). Puis, le récit se développe avec l'oscillation entre ces premiers niveaux (des événements et de la rédaction contemporaine) et celui d'un « scripteur » du XIXe siècle, c'est-à-dire la traduction « libre », sans guillemets, qui domine la plupart du chapitre II et les chapitres III, IV et V entiers. L'importance du niveau temporel du scripteur ou « traducteur » moderne se renforce dans la mesure où il exprime explicitement le souci de respecter non seulement les valeurs du XIXe siècle, mais aussi les intérêts du lecteur par la suppression de nombreux passages et par de fréquents commentaires personnels[60].

Au chapitre VI, lors du deuxième retour d'Hélène au couvent de Castro, le « traducteur » remarque que « l'on pourrait terminer ici son histoire: ce serait bien pour elle, et peut-être aussi pour le lecteur. Nous allons, en effet, assister à la longue dégradation d'une âme noble et généreuse » (CH 1: 214). Selon B. Didier, « le lecteur se trouve donc quasi invité à choisir entre deux dénouements, et presque entre deux versions de *l'Abbesse*, dont l'une serait plus ramassée, d'une ligne plus pure, l'autre, plus riche en événements, moins héroïque, et peut-être plus humaine » (« Stendhal chroniqueur » 12). Mais il s'agit en réalité de l'histoire qui correspond au manuscrit italien 171 que possède Stendhal (CH 2: 218-28) et dont il donne la traduction véritable, avec de nombreux ajouts, à partir de la fin du chapitre VI. Il la présente, pourtant, sous le prétexte d'une supercherie, « l'interrogatoire » que le « traducteur » prétend avoir lu: « Maintenant ma triste tâche va se borner à donner un extrait nécessairement fort sec du procès à la suite duquel Hélène trouva la mort.... L'interrogatoire et le raisonnement sont en langue latine, les réponses en italien. J'y vois qu'au mois de novembre 1572... » (CH 1: 229). Donc, tout en présentant la traduction du manuscrit italien dans les chapitres VI et VII, Stendhal introduit parfois la voix « moderne » pour ramener le récit au temps de la « traduction » par des références explicites au procès (CH 1: 230-31, 235). Et ce récit se termine sans le retour au temps du « deuxième copiste » et des « ajouts ultérieurs » qui constitue le procédé de conclusion dans les premières « chroniques » (« Vittoria Accoramboni » et « Les Cenci »).

Ayant examiné l'élaboration de cet élément temporel dans les autres « chroniques », nous pouvons tirer quelques conclusions provisoires quant au rôle du temps de la narration dans les *Chroniques italiennes*. D'une part, un trait caractéristique chez Stendhal du manque d'investissement créateur dans une entreprise narrative (et notamment dans « Vittoria Accoramboni ») est l'importance accordée aux réflexions liminaires afin de compenser l'absence quasi-totale du développement du plan de la narration dans le reste de la « chronique », traduite presque entièrement de l'italien. D'autre part, la liberté de la « traduction » dans la plupart des autres « chroniques », et donc l'engagement correspondant de Stendhal dans ce qui devient pour lui une entreprise narrative hautement créatrice, impliquent forcément le développement complexe du plan de la narration. Car, à partir des « Cenci », Stendhal s'éloigne de la nécessité d'une « traduction fidèle » des manuscrits italiens pour se donner pleinement au plaisir de la création romanesque[61].

Les variations du temps de la narration tiennent alors forcément une place de plus en plus prépondérante jusqu'à atteindre l'élaboration complexe qui se révèle dans « L'Abbesse de Castro »[62]. Pourtant, cette multiplication de niveaux temporels sur le plan de la narration ne se limite pas à donner « au moi stendhalien écrivant la possibilité d'un savant mouvement de dissimulation et d'exhibition », comme l'affirme B. Didier (« Stendhal chroniqueur » 13). Il s'agit pour Stendhal à la fois de pouvoir développer la « chronique » comme un « genre littéraire illocutoire [qui] a donc pour but de démontrer » (Hamm, « Un laboratoire stendhalien » 252) et de faire valoir l'écriture stendhalienne qui « ne serait ce qu'elle est si sans cesse n'éclatait son énergie face à tous les modèles » narratifs (e.g., le roman noir)[63].

L'élaboration temporelle dans « L'Abbesse de Castro » quant à l'ordre et à la durée semble à mi-chemin entre la « libération », c'est-à-dire l'état inachevé, des dernières « chroniques » (« Trop de faveur tue » et « Suora Scolastica »), et le respect des manuscrits italiens (dans « Vittoria Accoramboni » et, avec quelques modifications, dans « Les Cenci » et « La Duchesse de Palliano »). En ce qui concerne l'ordre temporel de « L'Abbesse de Castro », Henri Baudouin affirme que « la rigueur chronologique du récit ne souffre d'aucune défaillance » jusqu'à la période qui suit le retour d'Hélène de Campireali au couvent de Castro après la condamnation de Jules Branciforte et son départ pour Barcelone (CH 1: 215-18)[64]. Stendhal maintient donc la précision chronologique pendant les trois-quarts du récit qu'il prétend faire traduire tout en l'inventant lui-même sans l'appui d'un manuscrit italien. Pourtant, il faudrait nuancer le jugement de B. Didier à propos de « L'Abbesse de Castro » selon lequel Stendhal, « le plus souvent, retrace l'action au fur et à mesure de son déroulement, sans trop se retourner en arrière » (« Stendhal chroniqueur » 24). Car on remarque dans ce long épisode, et pour la première fois dans les *Chroniques*, non seulement la profusion remarquable d'analepses, mais surtout la concentration plus sophistiquée qu'auparavant des développements anachroniques.

Quant aux effets de la durée temporelle dans « L'Abbesse de Castro », on peut y repérer un mouvement narratif qui n'existe pas dans les autres « chroniques » (sauf peut-être dans « Trop de faveur tue »): au lieu de varier plus ou moins régulièrement les accélérations dominantes avec quelques ralentissements secondaires, on y relève plutôt une série de ralentissements principaux parsemés de brèves accélérations, mouvement qui se résume selon le déroulement temporel interne[65]:

Le Rythme Temporel dans "L'Abbesse de Castro"

Forme de Durée	Déroulement temporel	Evénements	Page
Premier Episode:			
ACC	1542-1559	De la naissance d'Hélène jusqu'au retour à Albano	129-33
RAL-1	Un soir d'été	La lettre de Jules	134-37
ACC		Le temps passait	138-39
RAL-2	Jour 1 (11h 45 samedi) au jour 8	De la visite de Jules jusqu'au rendez-vous	139-54
ACC		Les rendez-vous suivants	155-58
RAL-3	Jour 1 au jour 17	De l'affaire Bandini à l'entrevue de Jules et Hélène	159-85
ACC		Les entrevues successives	186
RAL-4	Jour 1-2 au jour 16	Des jours qui précèdent l'attaque jusqu'au retour d'Hélène à Albano	186-213
ACC		Hélène: d'Albano à Castro	213-16
Deuxième Episode:			
ACC	8 (des 10) ans	Hélène à Castro	218-22
RAL-5	3 jours	Décision d'Hélène et les démarches de sa mère	223-26
ACC	2 ans	Le délai, puis Hélène devenue abbesse	226-27
RAL-6	De novembre 1572 au lundi de Pâques	L'abbesse et l'évêque	227-31
ACC	Quelques mois	A la naissance de l'enfant	232
RAL-7	Dès le 9 septembre 1573: quelques journées	Le procès	235-38
ACC	12 ans	Les démarches de la *signora* jusqu'à la mort du pape	239-42
RAL-8	Du jour 3 à la nuit 6	Dès le retour de Jules jusqu'au suicide d'Hélène	242-49

Ce tableau révèle clairement les différences de durée temporelle entre les deux épisodes de « L'Abbesse de Castro »: tandis que le rythme du premier épisode se resserre dans le mouvement ralenti de quatre groupes d'heures ou de journées successives (ralentissements 1 à 4), le rythme du deuxième épisode est beaucoup moins concentré, c'est-à-dire le mouvement plus étendu de 26 ans qui oscille presque autant que le mouvement de la durée plus serrée du premier épisode. La critique stendhalienne a bien cerné les mécanismes temporels par lesquels ces rythmes se traduisent: d'abord, les lettres et les billets, « tantôt annonçant, décidant l'action, tantôt dévoilant après coup les motifs », selon B. Didier, « président au déroulement de l'action » (« Stendhal chroniqueur » 20), et servent aussi à ralentir le mouvement linéaire tout en variant le niveau temporel, surtout lorsque le narrateur intervient pour résumer ou couper les propos épistolaires, par exemple, « J'ai supprimé plusieurs élégances de ce genre dans la lettre que je viens de traduire » (CH 1: 191). De plus, quoique le dialogue y joue un rôle important en tant qu'effet de ralentissement, il faut en distinguer, avec B. Didier, la parole au style direct, « plus souvent cri que conversation, ... presque uniquement liée à l'action », le dialogue « de *combinazione*, d'intrigue » où « l'auteur prend son temps », et « les interventions directes des témoins » (« Stendhal chroniqueur » 20-21). Enfin, un autre mécanisme de ralentissement, le monologue intérieur, de style direct ou indirect, semble permettre aux personnages de prendre « leur revanche des paroles dont le romancier les a privés dans la conversation » (« Stendhal chroniqueur » 21-22)[66]. A ces mécanismes ajoutons enfin l'élément temporel des effets itératifs, surtout dans la transition du chapitre VI entre le premier et le deuxième épisode, car « L'Abbesse de Castro » est la seule « chronique » dans laquelle Stendhal emploie des formules qui indiquent la fréquence régulière de certains événements tout en soulignant le mouvement du déroulement temporel.

3. La temporalité narrative et l'élaboration thématique

Comment peut-on tenir compte des rapports entre les aspects thématiques des « chroniques » et les fluctuations de l'ordre et de la durée temporels et du temps de la narration? Les observations de plusieurs stendhaliens nous aideront à éclaircir ces rapports: d'une part, en parlant de « la réduction de l'Italien au présent pur », Michel Crouzet affirme que « plus l'Italien est à lui, et au moment, moins il est provision ou prévision, plus il révèle combien le lien social l'a peu enchaîné » (*Stendhal et l'italianité* 122). Ainsi, l'Italien aurait-il au moins trois moyens pour réaliser le dépassement du temps: tantôt par « le seul *resserrement* a-temporel, c'est le plaisir, c'est l'érotique. . . . Pour qu'il demeure dans le *présent*, qu'il ait son temps à lui, comme l'intemporel narcissique, il faut le créditer, comme Stendhal le fait fort bien, d'une puissance intacte de satisfaction » (*Stendhal et l'italianité* 123); tantôt par « la chaleur de sang » grâce à laquelle « le présent est bien vu comme le temps du crime, l'instant du coup de couteau qui frappe aussi rapide que la pensée. Mais ce crime est sans cruauté, cette violence s'évapore comme une bouffée; c'est aussi dans l'instant, le rapt de l'émotion, que l'Italien est envahi par la pitié pour les assassins, les mendiants » (*Stendhal et l'italianité* 132-33); tantôt par le courage, qui serait « une pure détente dans l'instant: c'est si vrai que Stendhal précise qu'il implique un aveuglement total sur l'avenir, une préférence magique donnée au moment sur les suites, une annulation du temps et presque du réel » (*Stendhal et l'italianité* 134). Or, toutes ces formes de dépassement sont sans doute étroitement liées, la recherche du plaisir exigeant toujours le courage et d'habitude le crime, comme le montre la « suspension » du moment présent dans l'épisode de l'attaque du couvent de Castro (c'est-à-dire le ralentissement 4 signalé sur le tableau ci-dessus).

D'autre part, P. Jourda conclut son examen de la rapidité de la narration stendhalienne en suggérant qu'il s'agit pour Stendhal « d'obéir à son élan intérieur » (« L'art du récit » 162), et B. Didier renforce ce jugement en définissant « une loi de la physique du récit: sa vitesse est inversement proportionnelle à la quantité d'énergie qui s'y exprime » (« Pouvoirs et énergie » 260). Cette « loi » nous permet de considérer les *Chroniques* selon leur niveau de dynamisme énergétique, classement que l'on peut rapprocher des réflexions de H. Boll Johansen: d'une part, les « chroniques » dont la durée est dominée plutôt par l'accélération (« Vittoria Accoramboni », « Les Cenci »), donc qui font preuve d'un niveau d'énergie concentrée, mais rapidement réduite, seraient aussi celles dans lesquelles « l'amour ne constitue pas la force déterminante de la dynamique de la nouvelle »; d'autre part, les « chroniques » plus ralenties, et donc avec un niveau d'énergie moins rapidement dissipée, mais à des degrés variables selon le cas, seraient celles dans lesquelles « l'amour occupe une place importante » (*Stendhal et le roman* 427). Autrement dit, dans les premières

« chroniques », les personnages jouissent de la « pure détente » dans l'instant du « coup de couteau » dont parle M. Crouzet (*Stendhal et l'italianité* 134), avec de l'énergie concentrée, mais rapidement épuisée, tandis que dans les autres « chroniques », le « resserrement a-temporel » se réalise par l'extension d'un présent perpétuel grâce à la puissance de la satisfaction érotique. Ainsi peut-on conclure, avec B. Didier, que dans la plupart des *Chroniques italiennes*, c'est bien « l'énergie qui explique toutes les actions et les sentiments des personnages; leur "dégradation" n'est que la conséquence d'une brusque chute de l'élan vital » (« Stendhal chroniqueur » 22). En effet, on peut jauger plus précisément la croissance ou la perte d'énergie dans « L'Abbesse de Castro » à la lumière du tableau ci-dessus: d'un ralentissement au suivant dans le premier épisode, l'énergie s'accumule progressivement, étant dépensée surtout pendant les heures de l'assaut du couvent (CH 1: 197-207), puis dissipée pendant les journées suivantes (CH 1: 207-16), s'envolant enfin tout à fait pendant la transition au deuxième épisode (CH 1: 217-27), les années de « la longue dégradation d'une âme noble et généreuse » (CH 1: 214).

Or, à ces données thématiques nous pouvons lier l'examen narratologique des éléments temporels de l'ordre et de la durée: dans chacune des *Chroniques italiennes*, Stendhal a dû concilier l'élan créateur et énergétique avec les contraintes du texte original. Au départ, tout en arrivant à un certain degré de succès dans la mise en récit de « Vittoria Accoramboni » et des « Cenci » malgré des difficultés de la chronologie, le recours à deux manuscrits italiens pour « La Duchesse de Palliano » aboutit aux ambiguïtés du temps de la narration et au manque de développements anachroniques que nous avons soulignés. Dans les dernières « chroniques », la « libération » de Stendhal par rapport au manuscrit italien n'en résulte pas moins en d'autres difficultés de l'ordre temporel, notamment les structures entièrement analeptiques dans « Trop de faveur tue » et la première version de « Suora Scolastica », et quelques analepses insérées par inadvertance, semble-t-il, dans la deuxième version. C'est à la lumière des deux épisodes de « L'Abbesse de Castro » que l'on peut lier le mieux les éléments temporels aux données thématiques: d'une part, suggère B. Didier, « toute la première partie de *l'Abbesse*, et la lettre finale où renaît l'énergie des commencements, n'étaient pas dans le manuscrit 171 »; non seulement le narrateur « pouvait donc s'amuser, avec les apparences d'un scrupule d'érudit, à noter ses prétendues libertés », le récit du premier épisode pouvait se fonder sur une temporalité librement ouverte aux possibilités anachroniques et rythmiques, mais suivant une chronologie rigoureuse. « Inversement », continue Didier, « dans la partie où Stendhal suit le chroniqueur italien, il a tendance pour excuser ses libertés, à faire croire au lecteur que ses sources sont beaucoup plus encombrantes qu'elles ne le sont en réalité » (« Pouvoirs et énergie » 261-62). Par exemple, le « scripteur moderne » remarque, « Je crois devoir passer sous silence beaucoup de circonstances qui, à la vérité, peignent les mœurs de cette époque, mais qui me semblent tristes à raconter » (CH 1: 226). Quelles soient les ruses dont se sert le narrateur, les contraintes temporelles que le respect du manuscrit italien semble imposer constituent des limites véritables sur les plans du récit et de l'histoire et correspondent à « la dégradation de l'énergie » dans le deuxième épisode (« Pouvoirs et énergie » 261). Car il s'agit d'une dégradation tant narrative que thématique qui se traduit à la fois par la dispersion des rythmes concentrés et par l'amoindrissement des variations anachroniques, les deux liés à la perte de l'énergie vitale qui caractérise et domine les passions inassouvies et les actions héroïques des personnages pendant l'épisode initial[67].

Quelle est alors la part de la création de Stendhal dans les *Chroniques italiennes*, et comment cet élan créateur se traduit-il en tant que force fondatrice d'une temporalité liée au réalisme subjectif? L'analyse précédente suggère que plus Stendhal a procédé dans le projet de traduction et d'adaptation des manuscrits italiens, plus il s'en est éloigné lors de la rédaction de chaque « chronique ». Or, comme le remarque H. Boll Johansen, « les nouvelles qui suivent le plus fidèlement les modèles italiens sont celles qui sont les plus éloignées des structures stendhaliennes proprement dites, tandis que les nouvelles les plus imprégnées par la création originale de Stendhal suivent les schèmes stendhaliens habituels » (« Une théorie » 427). Sur le plan de l'ordre temporel, la temporalité stendhalienne dans les *Chroniques italiennes* se caractérise par le refus d'un déroulement trop linéaire et invariable, et pour cette raison, on comprend l'attraction pour Stendhal du manuscrit italien de « Vittoria Accoramboni » puisqu'il contient déjà de nombreux effets anachroniques. Par contre, Stendhal les fournit lui-même dans les autres « traductions » qu'il développe (c'est-à-dire dans « Les Cenci » et « La Duchesse de Palliano »), et le besoin de créer ces effets, sans les contraintes qu'impose le texte original, explique sans doute pourquoi il s'éloigne d'un modèle fixe dans une grande partie de « L'Abbesse de Castro » et dans « Trop de faveur tue » et « Suora Scolastica ». Du point de vue de la durée et de la fréquence temporelles, notre analyse de

« L'Abbesse de Castro » a souligné l'importance non seulement de la variation régulière entre les formes rythmiques d'accélération et de ralentissement, mais aussi de l'élaboration des différents effets de ralentissement liée à la progression temporelle que soutiennent quelques effets itératifs. Enfin, le « schéma typique » de la temporalité stendhalienne dans les *Chroniques italiennes* se caractérise par le développement d'une multiplicité de niveaux du temps de la narration, c'est-à-dire l'invention progressive des interventions du narrateur sous plusieurs formes et à plusieurs niveaux. L'emploi de cet élément et des autres sert finalement à dépasser, dans une certaine mesure, les contraintes du manuscrit original et ainsi à exprimer le dynamisme passionnel des personnages et l'énergie créatrice de l'auteur.

    Les éléments de la temporalité narrative que nous avons vus fonctionner dans les nouvelles et ébauches et dans les *Chroniques italiennes* se lient alors à la volonté créatrice explicite de Stendhal de traduire les sentiments des personnages par le rythme du récit et de suggérer ainsi des rapports thématiques au sein de son œuvre. Dans les chapitres suivants, nous présenterons quatre « micro-lectures » qui traceront non seulement l'élaboration des procédés temporels dans les romans, mais aussi les grandes lignes du réalisme subjectif dont la temporalité romanesque stendhalienne constitue un des éléments-clés.

Chapitre II
La structuration temporelle d'*Armance*

LA PUBLICATION D'*ARMANCE* EN 1827, comme on le sait, fut accueillie froidement aussi bien par la presse et le public parisiens que par les amis de Stendhal[1]. Il était accusé non seulement d'avoir pris les fous de Charenton comme modèles de ses personnages, mais Sainte-Beuve jugea aussi que « ce roman, énigmatique par le fond et sans vérité dans le détail, n'annonçait nulle invention et nul génie »[2]. C'est la manière par laquelle un sujet (l'amour) et une forme (*sans* clé) furent présentés dans *Armance* qui le rendit tellement bizarre pour ses premiers lecteurs, étant donné que la clé du mystère n'est jamais explicitement offerte dans le roman. C'est seulement dans une lettre à Mérimée, et dans une note consignée sur les marges de son exemplaire personnel du roman, que Stendhal précise la nature de cette clé, la maladie d'Octave, du *babilanisme* ou l'impuissance (*Romans et nouvelles* 1: 17-18, 190-92). Or, le double dénouement, c'est-à-dire le mariage d'Armance et Octave, puis le suicide de ce dernier, n'offre une conclusion satisfaisante ni pour les lecteurs du XIXe siècle, ni pour certains lecteurs du siècle suivant, puisque l'énigme du comportement d'Octave n'est jamais résolue[3]. Toutefois, après plusieurs décennies de jugements critiques négatifs, la complexité thématique et psychologique d'*Armance* est de plus en plus appréciée par « the happy few », et comme le note Françoise Gaillard, « cette étrangeté stigmatisée par la critique constitue le plus haut degré de cohérence du roman »[4].

Or l'examen de l'agencement élaboré d'analepses et de prolepses dans *Armance* suggère que l'emploi stendhalien de la temporalité dans ce roman est loin d'être « classique », comme on pourrait le juger à la lumière des mouvements de la durée. Bien que l'emploi des analepses du premier chapitre corresponde à l'ouverture narrative classique *in medias res*, les variations subséquentes divisent l'ordre temporel en de nombreux segments prospectifs et rétrospectifs, et ces ruptures liées aux ralentissements fréquents de la durée tendent à démentir l'affirmation de G. Genette que le retour en arrière serait « fort rare chez Stendhal, plus porté, semble-t-il, à accélérer la durée qu'à la retarder » (*Figures II* 182). Les analyses suivantes des processus de la durée et de l'ordre révéleront la mesure dans laquelle Stendhal s'intéresse consciemment au jeu temporel textuel et à sa portée significative au-delà de la structuration narrative. Il nous semble aussi que cette perspective narratologique peut enrichir d'autres études récentes d'*Armance* en y apportant des précisions complémentaires. Nous nous proposons donc de contribuer à cette lecture plurielle en examinant d'abord les manifestations des éléments de la temporalité narrative dans *Armance*, puis en définissant les rapports entre cette temporalité et le réalisme subjectif chez Stendhal.

1. Les éléments de la temporalité dans *Armance*

Le temps de la narration

Les variations dans l'emploi du temps de la narration dans *Armance* sont beaucoup plus limitées que les manifestations de cet élément narratif dans les *Chroniques italiennes*. Pourtant, ce premier roman de Stendhal commence d'une façon qui rappelle le début des « chroniques », c'est-à-dire avec un « avant-propos » dans lequel « Stendhal », à « Saint-Gingouf, le 23 juillet 1827 » (A 6), prétend avoir seulement servi à « corriger le style de ce roman » à la demande de « l'aimable auteur », « une femme d'esprit qui n'a pas des idées bien arrêtées sur les mérites littéraires » (A 3). Ce qui frappe dans cet « avant-propos », ce sont les diverses positions temporelles qui se révèlent: quoiqu'il n'y ait aucune durée explicite de la « collaboration » de « Stendhal » avec « l'aimable auteur », leur « rencontre » a lieu sans doute peu avant la date qui accompagne la signature. En situant donc le récit premier au « 23 juillet 1827 », nous pouvons caractériser l'avant-propos comme une série d'oscillations anachroniques entre le temps actuel de « Stendhal »-conseiller et divers moments au passé. On remarque plusieurs analepses qui ne suivent pas la ligne de l'histoire (donc hétérodiégétiques), notamment la comparaison que fait « Stendhal » entre « notre siècle » et « le

siècle qui finit en 1789 », l'époque napoléonienne fonctionnant comme période intermédiaire explicite (A 5). Mais la grande majorité des analepses sont homodiégétiques, selon un mélange de positions temporelles qui s'approchent progressivement du présent de « Stendhal »[5]. Puis, au temps actuel, « Stendhal » précise plusieurs détails:
    1) les divergences politiques qui existent entre lui et « l'auteur »;
    2) ensuite, une appréciation littéraire à propos de la différence d'atmosphère qu'il remarque entre les deux époques, réflexions qui se terminent avec la prolepse suivante:

> En parlant de notre siècle, nous nous trouvons avoir esquissé deux des caractères principaux de la Nouvelle suivante. Elle n'a peut-être pas vingt pages qui avoisinent le danger de paraître satiriques; mais l'auteur suit une autre route; mais le siècle est triste, il a de l'humeur, et il faut prendre ses précautions avec lui, même en publiant une brochure qui, je l'ai déjà dit à l'auteur, *sera oubliée au plus tard dans six mois*, comme les meilleures de son espèce (A 5; nous soulignons);

    3) la sollicitation aux lecteurs d' « un peu de l'indulgence que l'on a montrée aux auteurs de la comédie des *Trois Quartiers*. Ils ont présenté un miroir au public; est-ce leur faute si des gens laids ont passé devant ce miroir? De quel parti est un miroir? » (A 5).
    Enfin, dans le dernier paragraphe, « Stendhal » insiste que le lecteur « note » à la fois la vanité de « l'auteur », « la fierté à l'infini dans ce cœur-là », et l'anonymat nécessaire pour cette « femme qui se croirait vieillie de dix ans si l'on savait son nom » (A 6). Et il termine l'avant-propos avec une formule elliptique qui souligne l'étonnement que l'on pourrait ressentir à la lecture du roman: « D'ailleurs un tel sujet!... » (A 6). Non seulement Stendhal exploite ainsi les possibilités des niveaux temporels de la narration en créant cette supercherie initiale, il établit également une distance entre le temps de « Stendhal »-conseiller, qui commente les circonstances de la rédaction de ce texte et les « façons de parler naïves » qui s'y trouvent, et le temps de la narration un peu plus éloigné de « l'auteur ».
    Malgré les limites implicites que Stendhal s'impose dans *Armance* devant la variation des niveaux narratifs, on y repère néanmoins plusieurs formes des nombreuses intrusions de « l'auteur » qui ramènent le récit au temps de la narration:
    —Les références « instantanées » au récit passé, comme « les blessures légères dont nous venons de parler » (A 38), ou au récit présent,

comme « à l'époque où nous sommes parvenus » (A 228) et « à l'époque dont nous parlons » (A 235).

—La connaissance privilégiée des sentiments des personnages: « Pour la première fois de sa vie, son âme était entraînée à son insu » (A 51), et « Ces cœurs bien jeunes . . . ne voyaient pas que ces moments fortunés ne pouvaient être que de bien courte durée » (A 233); ou l'incertitude à propos de ces sentiments: « Je ne sais quelle politesse marquée . . . effarouche sa misanthropie » (A 100), et « Je ne sais si c'est au sang sarmate qui circulait dans ses veines, ou à ses malheurs si précoces qu'Armance devait la faculté d'apercevoir d'un coup d'œil tout ce qu'un changement soudain dans la vie renfermait de conséquences » (A 119-20).

—De nombreux propos, de longueur variable, qui ressemblent à des maximes et que l'on ne peut pas attribuer aux monologues intérieurs des personnages: « Voilà comment on juge dans le monde des choses de sentiment » (A 73), et « L'amour le plus heureux a ses orages; on peut même dire qu'il vit autant de ses terreurs que de ses félicités » (A 102)[6].

—Les intrusions qui, selon G. Blin, « subviennent au besoin de la régie »[7].

—Les interventions qui constituent un « commerce direct et familier avec le lecteur »[8].

On note enfin une intervention qui mélange apparemment le temps de la narration avec le temps de l'histoire et crée des ambiguïtés quant à l'instance narrative elle-même. Le chapitre XIV se termine au temps de la narration lorsque le narrateur intervient pour préciser, d'abord, que « ce n'est pas sans danger que nous aurons été historiens fidèles. La politique venant couper un récit aussi simple, peut faire l'effet d'un coup de pistolet au milieu d'un concert »; puis, qu'« Octave n'est point un philosophe et il a caractérisé fort injustement les deux nuances qui, de son temps, divisaient la société. Quel scandale qu'Octave ne raisonne pas comme un sage de cinquante ans? » (A 146). Suit une note que l'on ne peut attribuer avec certitude ni à l'instance narrative de « Stendhal »-conseiller, ni à celle de « l'auteur » à cause des indices temporels qu'elle contient[9]:

> On n'est pas assez reconnaissant envers le ministère Villèle. Les trois pour cent, le droit d'aînesse, les lois sur la presse ont amené la fusion des partis. Les relations nécessaires entre les Pairs et les Députés ont commencé ce rapprochement qu'Octave ne pouvait prévoir, et heureusement les idées de ce jeune homme orgueilleux et timide sont encore moins exactes *aujourd'hui* qu'elles ne l'étaient *il y a quelques mois*;

mais c'est ainsi qu'il devait voir les choses d'après son caractère donné. Fallait-il laisser incomplète l'esquisse d'un caractère bizarre parce qu'il est injuste envers tout le monde? C'est précisément cette injustice qui fait son malheur. (A 146; nous soulignons)

Il n'est pas du tout clair à quels points de repère temporels correspondent « aujourd'hui » et « il y a quelques mois », à ceux de la narration de « l'auteur » (c'est-à-dire le temps de la « rédaction ») ou à ceux de « Stendhal » (le temps de la « correction »). Il s'agit peut-être du dernier, puisque la question posée dans l'avant-dernière phrase semble provenir de celui qui s'occupe de corriger le style du roman, c'est-à-dire l'objection d'avoir laissé « incomplète l'esquisse d'un caractère bizarre ». De toute manière, c'est le seul exemple de ce genre d'ambiguïté du temps de la narration dans *Armance*, où Stendhal a fait ressentir à plusieurs moments la voix, et donc la temporalité, du narrateur, tout en limitant l'étendue de l'emploi de cet élément temporel.

La durée temporelle et les effets itératifs

Une référence historique particulière permet apparemment de préciser avec justesse l'époque où se déroule l'histoire d'*Armance:* « Armance se souvint qu'Octave lui avait dit le jour où l'on apprit la prise de Missolonghi... » (A 184), c'est-à-dire peu après le 22 avril *1826*. Donc, l'histoire du premier roman de Stendhal, correspondant à une durée temporelle d'à peu près seize mois, doit se dérouler d'une période peu avant les « derniers beaux jours de l'automne » en *1825* (A 13), c'est-à-dire des mois d'octobre-novembre pendant lesquels ont lieu les premiers événements du roman, jusqu'à l'époque imprécise après la date du suicide d'Octave seize mois plus tard, le « 3 mars » en *1827* (A 303). Pourtant, d'autres références historiques infirment cette datation trop précise[10], et on ne peut se fier non plus au sous-titre du roman en tant qu'indice chronologique, « Quelques scènes d'un salon de Paris en 1827 », puisque Stendhal affirme que « le titre était *Armance. Anecdote du XIXe siècle*. Le second titre a été inventé par le libraire. Sans emphase, sans charlatanisme, rien ne se vend, disait M. Canel »[11]. Donc, bien qu'il s'agisse évidemment d'un sujet contemporain à l'écrivain, c'est-à-dire de l'atmosphère politique et sociale des dernières années de la Restauration, il vaut mieux, nous semble-t-il, se référer à la durée temporelle dans *Armance* à partir de *l'an I* du déroulement interne de l'histoire (1825 ou 1826, peu importe) jusqu'au mois de mars de l'an III. Or, en calculant le tempo de cette période selon la « constance de vitesse », c'est-à-dire le rapport entre la durée chronologique de l'histoire et la longueur du texte (DR 123), les mouvements d'accélération et de ralentissement de la vitesse* se révèlent par la représentation des jalons principaux de l'histoire et de l'articulation temporelle correspondante du récit[12]:

Le déroulement temporel d'*Armance*

Division	Longueur du texte (en chapitres)	Durée chronologique	Date
I.			
1. Introduction	1 (I)	6 semaines	nov-décembre
2. La loi d'indemnité/ Réflexions	3, 5 (II-V)	4 jours	14-18 décembre
II.			
1. Distance	1, 5 (V-VI)	4 mois	décembre-avril
2. Rapprochement	2, 5 (VII-IX)	5 jours	mi-avril
3. Interaction	6, 5 (IX-XV)	2 mois	avril-juin
III.			
1. Révélation/Départ d'Octave	5 (XVI-XX)	3 jours	fin juin
2. Duel/Guérison	3 (XXI-XXIII)	54 jours	jusqu'à la fin août
IV. Automne à Andilly	1, 5 (XXIV-XXV)	3, 5 mois	sept-décembre
V.			
1. Les fiançailles	3, 5 (XXV-XXVIII)	2 semaines	à la mi-décembre
2. Le complot	1 (XXIX)	plusieurs semaines	à la mi-janvier
3. La fausse lettre	1 (XXX)	11 jours	à la fin janvier
4. Le mariage/ Le départ	1 (XXXI)	31 jours	début février au 3 mars (+)
	31 chapitres	16 mois	

Ayant souligné que, pendant le XIXe siècle, deux des procédés du rythme temporel étaient habituellement employés, l'alternation entre le sommaire et la scène dramatique (ou même dialoguée), G. Genette remarque que l'on discerne aussi chez Stendhal l'emploi de la pause descriptive qui pulvérise les descriptions par l'intégration systématique de l'action avec les rêveries des personnages (DR 135). Nous nous proposons d'étudier en profondeur la durée temporelle dans *Armance* en regardant l'agencement de ses procédés dans les divisions ébauchées ci-dessus:

1. L'ellipse *: Bien qu'aucune division ne soit purement elliptique, on peut en repérer plusieurs dans lesquelles l'ellipse constitue la forme dominante d'accélération temporelle. Par exemple, dans l'introduction (I.1), la présentation de la période qui suit le retour d'Octave chez ses parents oscille entre l'ellipse, le sommaire et de nombreuses analepses. Les ellipses principales de cette division initiale, liées à plusieurs sommaires, se répartissent ainsi: d'abord, dès l'arrivée d'Octave chez de Malivert se déroule une période assez elliptique qui inclut les sommaires où se présentent les visites de Mme de Malivert chez les médecins et qui dure jusqu'aux « derniers beaux jours de l'automne » (A 13). Puis, à la fin de cette division commence une série de journées consécutives qui continuera dans la sous-division suivante: à la suite de ses visites chez les médecins et lors des « derniers beaux jours de l'automne », Mme de Malivert propose à Octave qu'il monte à cheval, suggestion à laquelle Octave résiste « longtemps » (jusqu'en décembre). Alors, le cadeau du cheval anglais que la mère donne à son fils déclenche la série de trois journées consécutives, et pendant le troisième jour et le soir, Octave et sa mère s'entretiennent longuement, sous forme d'une scène dialoguée par laquelle se termine le premier chapitre (A 14-18). Deux ellipses précises se révèlent donc dans le même paragraphe de cette division: d'une part, la période pendant laquelle Octave « refusa longtemps » de monter à cheval jusqu'à ce que sa mère « fit amener dans l'écurie un superbe cheval anglais » (A 14); d'autre part, les deux jours qui précèdent l'entretien de Mme de Malivert avec son fils.

Un autre exemple de l'emploi de l'ellipse se situe dans la période d'automne à Andilly (IV), c'est-à-dire le prolongement de la guérison d'Octave, qui dure de la fin août de l'an II jusqu'au mois de décembre. Cet épisode révèle l'emploi important des sommaires pour présenter la durée assez vague et elliptique de presque quatre mois. Après l'installation à Andilly, qui « fut brillant pendant le mois de septembre comme un village d'eaux » (A 226), l'atmosphère heureuse se révèle avec une brève scène dialoguée. Suit un mouvement accéléré traduit par quelques sommaires liés à un effet itératif*[13], et le récit revient au « lendemain » de l'arrivée d'Octave à Andilly (A 230), c'est-à-dire le jour 58 de la série de journées consécutives de la division précédente. Puis, le mouvement du récit s'accélère par une ellipse: « Outre la société habitant au village, beaucoup de voitures arrivaient de Paris, et y retournaient après souper. Ces jours sans nuage passèrent rapidement » (A 232), suivie de plusieurs sommaires et d'effets itératifs (A 234-35). Ensuite, les sommaires de l'analepse, où se présentent les activités du chevalier de Bonnivet, se résument temporellement dans la phrase, « à peine revenu auprès de [son père], *en moins de deux mois* il parvint à s'emparer complètement de l'esprit de ce vieillard, l'un des fins courtisans de l'époque » (A 240-41; nous soulignons). Suivent d'autres groupes d'ellipses et de sommaires, en l'occurrence la description de l'atmosphère religieuse à Andilly dans laquelle se trouvent encore quelques effets itératifs (A 241, 244), et la division se termine avec le sommaire du mois pendant l'absence d'Armance, présenté tantôt selon la focalisation* de cette dernière, tantôt selon celle d'Octave.

Enfin, le double dénouement du mariage et du départ d'Octave et d'Armance (V.4) est fortement elliptique: dix jours après « la découverte de la prétendue lettre d'Armance » (A 295), « le mariage se fit » (A 300), et les semaines qui suivent, lors du voyage à Marseille et du retard de huit jours avant le départ d'Octave, sont très elliptiques malgré quelques pauses des réflexions du héros (A 300-01). Puis, après la séparation du couple, le voyage d'Octave et les étapes de sa maladie jusqu'à la mort se déroulent dans une durée toujours assez vague, quoique située par des sommaires, et les dernières phrases montrent les ellipses abruptes et finales: « Le genre de sa mort ne fut soupçonné en France que de la seule Armance. Peu après, le marquis de Malivert étant mort, Armance et Mme de Malivert prirent le voile dans le même couvent » (A 303). Le procédé de l'ellipse, souvent lié aux sommaires, fonctionne donc comme le cadre du mouvement de la durée temporelle, cadre à l'intérieur duquel l'histoire se déroule d'une manière généralement plus ralentie.

2. Le sommaire*: Comme nous venons de voir, le sommaire joue un rôle central dans *Armance* comme procédé d'accélération du récit par lequel se développent plus ou moins précisément les détails de l'histoire. Mais, tout en s'agençant, comme l'ellipse, à d'autres procédés de la durée, le sommaire est le mécanisme dominant dans plusieurs sous-divisions du roman. Par exemple, dans les accélérations de quatre mois et de deux mois qui caractérisent la durée, respectivement, des sous-divisions de la «distance» (II.1, 1, 5 chapitres) et de l'«interaction» (II.3, 6, 5 chapitres) entre Octave et Armance, les sommaires dominants se lient à d'autres procédés qui nuancent la progression temporelle rapide:

—de nombreux effets itératifs révèlent le passage d'une durée vague, mais présentée avec la description des circonstances de l'éloignement, puis de l'interaction d'Armance et d'Octave[14];

—l'emploi des analepses instantanées, surtout dans la sous-division II.1, signale le déroulement de toute une période temporelle[15];

—une ellipse s'insère dans la sous-division II.1 pour accélérer le mouvement de l'hiver au printemps (A 74-75), ou dans la division III.2, le saut de quarante jours pendant la guérison d'Octave (A 218-21);

—quelques séries toujours brèves de journées consécutives se développent dans la sous-division II.3 non seulement avec des scènes descriptives (dans les chapitres IX à XIII), mais aussi avec des scènes dialoguées (surtout les chapitres XIV et XV).

Enfin, dans la sous-division du «complot» (V.2), le mouvement accéléré des sommaires est ralenti d'abord par plusieurs scènes dialoguées (A 274-80), puis par l'échange de lettres qui commence lorsqu'Octave s'installe à Paris (A 280-83). Alors, la scène descriptive de la visite d'Octave chez M. Dolier est suivie du sommaire et des scènes qui montrent les démarches entreprises par le chevalier de Bonnivet pour suggérer à M. de Soubirane, d'une manière oblique, l'utilité de la ruse d'une fausse lettre comme moyen de brouiller Octave avec Armance (A 283-89).

3. La scène*: Les scènes descriptives et dialoguées sont les deux procédés de ralentissement employés le plus fréquemment dans *Armance*, et comme nous venons de le suggérer, ces formes ne sont pas limitées aux sous-divisions à dominante ralentie: d'une part, plusieurs chapitres sont presque entièrement dialoguées, et avec une seule exception (chapitre XXVII, V.1), ils se trouvent tous dans les sous-divisions plutôt accélérées, II.3 (chapitres XIV et XV) et V.3 (chapitre XXX). D'autre part, la majorité des sous-divisions ralenties (I.2—4 jours; II.2—5 jours; III.1—3 jours; V.1—2 semaines; V. 3—11 jours) se construisent avec les procédés des scènes descriptives liées aux scènes dialoguées, et parfois aux pauses qui proviennent des réflexions des personnages, surtout dans les sous-divisions III.1 et V.3. De plus, la sous-division du duel et de la guérison d'Octave (III.2, chapitres XXI-XXIII) ne se caractérise pas simplement par la combinaison de deux ou même trois procédés de la durée, mais par l'agencement des quatre procédés ensemble: la série de journées consécutives commencée dans la sous-division précédente continue avec l'arrivée d'Octave à Paris (chapitre XXI); le duel se déroule avec l'emploi de scènes descriptives et dialoguées liées aux pauses des réflexions d'Octave, surtout après qu'il a été blessé (chapitre XXII), puis a accepté les soins d'Armance pendant la guérison. Le mouvement temporel commence alors à s'accélérer lorsque des ellipses et sommaires se mêlent aux scènes pour avancer l'histoire, d'abord, jour par jour, et puis, six semaines jusqu'au « soixantième jour après sa blessure » (A 221).

  4. **La pause***: La pause joue un rôle tout à fait fondamental puisque, dans *Armance*, la présentation des monologues intérieurs, situés presque entièrement dans les sous-divisions ralenties, signale des moments-clés de l'évolution sentimentale des personnages. Même si les réflexions d'Octave sont les plus nombreuses, celles d'Armance occupent une place significative, par exemple, sa réflexion (chapitre VII) pendant laquelle elle « était en proie à la plus vive douleur » (A 82), et qui s'enchaîne à la scène dialoguée entre Armance et son amie, Méry de Tersan. Or, on remarque ici, et dans d'autres pauses, l'emploi des analepses simultanées ponctuelles, avec la formule traditionnelle « pendant que », qui donnent même l'impression qu'il s'agit du procédé de « stretch »*, ou d'épaississement diégétique, lorsque ces renvois temporels résultent en un temps de récit apparemment plus long que le temps de l'histoire.

  On pourrait donc conclure, d'une part, que Stendhal tient compte de la durée dans *Armance* d'une façon très délibérée, en détaillant soigneusement les changements temporels, souvent d'heure en heure, et parfois de minute en minute[16]. D'autre part, cet emploi développé des procédés de la durée explique d'une façon générale la raison pour laquelle de nombreux lecteurs ont mal apprécié ce roman: nous pouvons déjà apercevoir dans quelle mesure la combinaison des mouvements de la durée complique la compréhension d'une histoire délibérément énigmatique. Car l' « exemple massif » de paralipse (DR 212), c'est-à-dire l'omission de l'information essentielle que contient le secret d'Octave, sert à relier, dès le début du roman, les mouvements saccadés de la durée aux éléments à la fois de l'ordre (de par cette lacune antérieure) et de la focalisation. Il est vrai que cette première vue de l'élaboration temporelle dans *Armance* ne révèle qu'un emploi assez classique des procédés de la durée. Mais, comme nous le verrons, la complexité peu classique de ce premier roman de Stendhal est créée par l'agencement de ces éléments avec ceux de l'ordre temporel, à partir d'une subversion constante de la narration linéaire et chronologique, d'où l'impression d'une confusion narrative pour le lecteur non-averti.

Structures de l'ordre temporel

Afin d'examiner l'articulation des anachronies narratives, considérons le développement temporel du premier chapitre d'*Armance* qui correspond au *topos* formel du genre épique déjà noté, c'est-à-dire l'ouverture narrative *in medias res* suivie d'une analepse explicative. Ce chapitre se divise en onze positions temporelles qui s'échelonnent sur vingt-sept segments narratifs. Les positions temporelles se situent chronologiquement ainsi: 1) avant et jusqu'à la Révolution; 2) l'émigration et la jeunesse d'Octave; 3) du retour de l'exil en 1814 jusqu'à l'entrée d'Octave dans l'Ecole Polytechnique; 4) les dix-huit mois d'Octave à l'Ecole; 5) le retour d'Octave chez de Malivert; 6) dans le récit premier, à partir du désir de M. de Malivert de retenir son fils, jusqu'aux visites de Mme de Malivert chez certains médecins; 7) ces visites et les discussions de Mme de Malivert avec les médecins lors des « derniers beaux jours de l'automne »; 8) le cadeau du cheval et trois jours après: Octave monte à cheval, puis s'entretient longuement avec sa mère; 9) la nuit de réflexion de Mme de Malivert; 10) ses démarches après cette nuit; 11) un an *après* le retour d'Octave, un commentaire sarcastique de l'oncle d'Octave, le commandeur de Soubirane. D'après l'exemple que présente G. Genette (DR 80-89), nous pouvons représenter l'ordre narratif de ce chapitre en indiquant les onze positions temporelles avec le numéro correspondant et les vingt-sept segments narratifs avec les lettres A à A' (le sigle > indique un rapport de dépendance entre une anachronie et une autre):

A5 - B6 - (C2 > D11) - E6 - F7 - (G2) - H7 - (I1 > J3) - K7 - (L5) - M7 - (N4 (O3) P4) - Q7 - R8 - (S3) - T8 - U9 - (V3) - W9 - (X1 - Y2-4) Z9 - A'10

Dans les quatorze segments de la progression du récit premier (A5, B6, E6-

F7, H7, K7, M7, Q7-R8, T8-U9, W9, Z9-A'10) s'intercalent huit analepses (indiquées entre parenthèses) et une prolepse (D11). Les analepses servent en général à expliquer le physique et le caractère d'Octave (C2, A 8; L5, N4 (O3) P4, A 12-13; V3, A 19), les malheurs de sa famille avant, pendant et depuis l'émigration (G2, A 10; I1>J3, A 11; S3, A 14), et le caractère du commandeur de Soubirane (X1 - Y2-4). Or, ces anachronies se caractérisent de la façon suivante: d'une part, la prolepse (D11) dépend (<) des traits de la personnalité d'Octave révélés dans l'analepse C2 et soulignés par la conversation entre lui et le commandeur qui se termine ainsi: Octave, «... Que je voudrais pouvoir rendre mon âme pure au Créateur comme je l'ai reçue! —Miracle! s'écria le commandeur. Voilà depuis un an, le premier désir que je vois exprimer par cette âme si pure qu'elle en est glacée! » (A 9). D'autre part, toutes les analepses sont de la forme ponctuelle, mais certaines s'agencent avec d'autres anachronies pour constituer des structures plus complexes: par exemple, l'analepse N4, « Le séjour de cette école lui avait été cher, parce qu'il lui offrait l'image de la retraite et de la tranquillité d'un monastère », est suivie d'un renvoi antérieur, « Pendant longtemps Octave avait pensé à se retirer du monde et à consacrer sa vie à Dieu ... », avant de revenir à l'analepse initiale, « Mais en cherchant à mieux connaître les vérités de la religion, ... », puis au récit premier, «... et ses idées étaient bien changées; celles de son père ne l'étaient point » (A 13). Un autre exemple de l'agencement des analepses est le renvoi à propos du caractère du commandeur de Soubirane, forme d'analepse qui montre un mouvement de la durée, non dans le présent, mais dans le passé (l'abréviation *rp* renvoie au « récit premier »):

> *rp* (W9): Ce mot [*flâner*] était du commandeur, qui, malgré ses soixante ans, avait autant de prétentions pour le moins/
> *analepse* (X1): qu'en 1789;/
> *analepse étendue* (Y2-4): seulement la fatuité du raisonnement et de la profondeur avait remplacé les affectations de la jeunesse qui ont du moins pour excuse les grâces et la gaieté./
> *rp* (Z9): Cet exemple d'une dissimulation aussi facile effrayait Mme de Malivert. (A 20)

Enfin, la progression du récit premier, du segment Q7, « On jouissait des derniers beaux jours de l'automne qui, à Paris, est le printemps » (A 13), jusqu'au segment A'10 (au dernier paragraphe du chapitre) n'est interrompue que par trois brèves analepses ponctuelles, et constitue la « constance de vitesse » du refus initial d'Octave jusqu'à la résolution de Mme de Malivert d'encourager son fils à se présenter souvent au salon de Mme de Bonnivet (A 21). Donc, malgré la prolepse insérée, ce chapitre d'introduction suit un développement classique en fournissant les données historiques et descriptives qui préparent l'histoire subséquente.

A la lumière d'une analyse complète de la segmentation temporelle d'*Armance*, nous pouvons éclairer l'importance stylistique des anachronies dans le flux narratif et préparer l'examen ultérieur de leur rapport au réalisme subjectif[17]. D'abord, l'emploi des prolepses dans *Armance* est assez limité car, à part la prolepse d'introduction dans le chapitre I déjà notée, on n'en trouve que sept exemples qui ne proviennent pas du temps de la narration. D'abord deux prolepses se manifestent directement vis-à-vis du récit premier: *rp*, « Ce jour-là, son âme . . . éprouvait simplement la crainte d'avoir condamné trop légèrement *un ami*. Octave ne regarda pas une seule fois Armance », *prolepse*, « mais de toute la soirée, ses yeux ne laissèrent échapper aucun de ses mouvements ». *rp*, « Il débuta à son entrée dans le salon par faire une cour marquée à la duchesse d'Ancre » (A 47); et *rp*, « Octave, qui ne trouvait plus rien à dire, se fit descendre au Gymnase. . . . », *prolepse*, « Armance comprit, les jours suivants, qu'Octave cherchait à deviner quelle était la personne préférée . . . », *rp*, « Dès le lendemain » (c'est-à-dire de l'entretien avec Octave au jardin anglais) « Armance parla au baron. . . . » (A 97-100). Les cinq autres prolepses se situent dans des structures analeptiques complexes, et deux ne sont des prolepses que par rapport à la structure analeptique dans laquelle elles s'insèrent, et non pas par rapport au récit premier[18]. Par contre, les trois autres se constituent comme prolepses vis-à-vis du récit premier, mais toujours dans des structures analeptiques[19].

Etant donné le rôle mineur de la prolepse et de sa manifestation fréquente en conjonction avec les analepses, c'est bien cette dernière forme qui montre la fonction stylistique de l'anachronie dans *Armance*. A partir des traits analeptiques que nous avons signalés au chapitre précédent, la répartition des analepses se précise, d'abord, à la fois selon les caractéristiques de leurs structures et de leurs fonctions[20]: d'une part, et de façon générale, elles sont externes* (c'est-à-dire l'amplitude* de l'analepse étant à l'extérieur du récit premier), et tantôt partielles*, tantôt complètes* (c'est-à-dire se terminant parfois en ellipse ou se liant au récit premier), et d'autre part, elles sont d'habitude homodiégétiques* (c'est-à-dire en suivant le fil diégétique principal), et tantôt complétives* (ou les renvois, qui comblent une lacune dans l'histoire), tantôt répétitives* (ou les rappels, qui reprennent des événements déjà mis en scène). A la lumière de quelques exemples déjà cités, l'épisode du jeune laquais, de la blessure d'Octave et des conversations subséquentes liées à cet incident (chapitre III) révèle des exemples d'analepses homodiégétiques (à propos d'Octave), externes (avant le début du récit premier), et partielles (sans ramener l'analepse directement au moment où le récit premier était interrompu). Deux autres exemples, cette fois des analepses hétérodiégétiques, se manifestent parfois sous forme externe, en l'occurrence la référence au duc de... qui, *depuis trente ans*, « n'avait pas fait une invitation dont les habiles n'eussent pu deviner le pourquoi » (A 75); et parfois sous forme interne* (le champ temporel étant à l'intérieur du récit premier), en l'occurrence l'événement qui résulte en l'héritage « d'une fortune agréable » par Armance, la mort de ses « trois oncles au service de Russie » qui a lieu « durant les troubles de ce pays », c'est-à-dire pendant l'hiver de l'an I à l'an II (A 245). On repère même un exemple d'une analepse homodiégétique mixte*, c'est-à-dire où la portée est antérieure au début du récit premier (« Quelques mois avant la soirée des deux millions », A 37), tandis que l'amplitude de l'analepse la situe bien à l'intérieur du récit premier: « C'était seulement en présence de sa cousine qu'Octave osait quelquefois penser tout haut », donc *après* la soirée des « deux millions » (A 41).

    Le rapport très étroit entre l'emploi des analepses et la complexité stylistique d'*Armance* se révèle à partir de quelques exemples précis du mouvement habituel entre récit premier et analepses. Après le retour au récit premier à la fin du chapitre VIII, où Octave « se fit descendre au Gymnase » (A 97) à la suite de l'entretien avec Armance dans le jardin anglais, le récit retourne à la veille (un renvoi partiel*) au début du chapitre IX lorsqu' « une idée était apparue à Armance » (A 99). La prolepse que nous venons d'étudier ci-dessus, liée à la réflexion subséquente, se présente aussitôt (« Armance comprit, les jours suivants . . . »), et puis le récit revient au fil du récit premier, « Dès le lendemain, Armance parla au baron . . . » (A 100). A la fin de ce mouvement du récit premier, se trouve une oscillation entre des analepses et le récit premier:

récit: [Octave] s'était, grâce à Dieu, interdit toute admiration exclusive jusqu'à
premier   l'âge de vingt-six ans. Le mot imprévu frappa Armance comme un
              coup de foudre; de sa vie elle n'avait été aussi heureuse./

analepse 1: rappel partiel	Dix fois peut-être *depuis sa nouvelle fortune,* Octave avait parlé devant elle de l'époque où il songerait à se marier./
récit premier	A la surprise que lui causa le mot de son cousin, elle s'aperçut qu'elle l'avait oublié. Cet instant de bonheur fut délicieux./
analepse 2: renvoi complet	Tout occupée *la veille* de la douleur extrême que cause un grand sacrifice à faire au devoir, Armance avait entièrement oublié cette admirable source de consolation. . . . Comme Octave venait d'avoir vingt ans,/
récit premier	Armance pouvait espérer d'être sa meilleure amie encore pendant six ans et de l'être *sans remords.* Et qui sait, se disait-elle, j'aurai peut-être le bonheur de mourir avant la fin de ces six années? (A 100-01)

Plusieurs traits de ces deux analepses diffèrent: l'analepse 1 est un rappel partiel dans la mesure où elle reprend un événement déjà mis en scène, mais sans le lier finalement au récit premier, tandis que l'analepse 2, en tant que renvoi complet*, est précisément l'inverse puisqu'elle comble une lacune antérieure tout en revenant au récit premier. De plus, ces analepses correspondent à deux catégories différentes, la première étant une analepse instantanée* liée à un effet itératif, la seconde étant de forme ponctuelle*.

Il existe aussi plusieurs exemples analeptiques où se manifestent des mouvements de la durée à l'intérieur d'un groupement d'analepses en série. Par exemple, la sous-division II.1 débute avec l'éloignement d'Octave et d'Armance, et alors se développe un groupement analeptique complexe où sont présentées les origines d'Armance:

récit premier	Octave voyait un obstacle qui le séparait du bonheur . . . Sa vie avait un but nouveau, il désirait passionnément reconquérir l'estime d'Armance; ce n'était pas une entreprise aisée. Cette jeune fille avait un caractère singulier./
analepse 1a: renvoi/*rp* de l'analepse	Née sur les confins de l'empire russe vers les frontières du Caucase, à Sébastopol où son père commandait, Mlle de Zohiloff cachait sous l'apparence d'une douceur parfaite une volonté ferme, digne de l'âpre climat où elle avait passé son enfance.

analepse 1b dans l'analepse: renvoi	/Sa mère, proche parente de Mmes de Bonnivet et de Malivert, se trouvant à la cour de Louis XVIII à Mittau, avait épousé un colonel russe.... Mais le père et le grand-père... avaient vu rapidement diminuer leur fortune.
analepse 2: renvoi/*rp* de l'analepse	La mère d'Armance mourut en 1811; elle perdit bientôt après le général de Zohiloff, son père, tué à la bataille de Montmirail. Mme de Bonnivet... n'hésita pas à la faire venir en France..../
analepse 3a: rappel/*rp* de l'analepse	On voit qu'à peine âgée de dix-huit ans, Mlle de Zohiloff avait déjà éprouvé d'assez grands malheurs.... Cette sérénité parfaite... s'alliait chez elle à l'esprit le plus fin, et lui valait une considération au-dessus de son âge. (A 54-55)/
analepse 3b: renvoi/analepse dans l'analepse	... Dès son enfance, ses sentiments pour des bagatelles de son âge avaient été si violents qu'elle se les était vivement reprochés./
analepse 4: renvoi/*rp* de l'analepse	Elle avait pris l'habitude de se juger peu relativement à l'effet produit sur les autres, mais beaucoup relativement à ses sentiments d'aujourd'hui, dont demain peut-être le souvenir pouvait empoisonner la vie. ... On voyait qu'Armance ne se permettait pas une foule de choses que l'usage autorise et que l'on trouve journellement dans la conduite des femmes les plus distinguées./
temps de la narration	Enfin, je ne doute pas que sans son extrême douceur et sa jeunesse, les ennemies de Mlle de Zohiloff ne l'eussent accusée de pruderie.
analepse 5a: rappel/analepse dans l'analepse	L'éducation étrangère qu'elle avait reçue, et l'époque tardive de son arrivée en France,/
analepse 5b: renvoi/*rp*	servaient encore d'excuse à ce que l'œil de la haine aurait pu découvrir de légèrement singulier dans sa manière d'être frappée des événements, et même dans sa conduite./
récit premier	Octave passait sa vie avec les ennemies que ce singulier caractère avait suscitées à Mlle de Zohiloff. (A 56-57)

Nous détaillons longuement les éléments de ce groupement analeptique afin de préciser les divers glissements temporels qui s'y succèdent. La plupart des analepses sont homodiégétiques (sauf peut-être 1b); les unes sont externes (1a, 1b et 2), les autres internes au récit premier global, ce qui fait que le groupement analeptique entier est de forme mixte. De plus, il s'agit, d'une part, du mouvement de la durée dans l'analepse principale qui fonctionne alors comme le récit premier du groupement, à partir de la naissance d'Armance (1a), en passant par la mort de ses parents et son arrivée en France (2), puis par l'examen des facettes de son caractère à dix-huit ans (3a, 4 et 5b); d'autre part, des analepses ponctuelles ou instantanées s'insèrent dans ce mouvement de la durée, c'est-à-dire les circonstances du mariage de sa mère (1b), un trait de son caractère qui se manifeste « dès son enfance » (3b), et la référence à sa vie à l'étranger et à son « arrivée tardive en France » (5a).

Enfin, on repère des exemples des deux types d'analepse simultanée dont les plus nombreuses sont de forme ponctuelle. Par exemple, à la fin du chapitre XXVI se présentent plusieurs analepses simultanées: *rp* « Octave siffla une troisième fois comme onze heures venaient de sonner; . . . Vers les onze heures et demie Octave rentra chez lui. Armance . . . était si troublée qu'elle se trouvait hors d'état de marcher. » *simultanée*, « Il était évident qu'Octave donnait un signal, on allait répondre, ou bientôt il sortirait de nouveau »; *rp*, « Onze heures trois quarts sonnèrent à l'horloge du château, ensuite minuit » (A 256). Alors se développent des analepses simultanées en série:

récit premier	En s'avançant dans le corridor, elle aperçut dans l'ombre, à la fenêtre près de l'escalier, une figure qui se dessinait sur le ciel, elle reconnut bientôt M. de Soubirane./
simultanée	Il attendait son domestique qui lui apportait une bougie, et/
récit premier	au moment où Armance immobile regardait la figure du commandeur/
analepse	qu'elle venait de reconnaître,
simultanée	/la lumière de la bougie qui commençait à monter l'escalier parut au plafond du corridor. . . ./
récit premier	Immobile de terreur, elle perdit deux secondes, et le domestique arrivant sur la dernière marche de l'escalier,/
simultanée	la lumière de la bougie donna en plein sur elle, et/
récit premier	le commandeur la reconnut. Un sourire affreux parut sur ses lèvres. (A 256-57)

Quant à l'analepse simultanée durative, plusieurs exemples se situent dans le chapitre VII. D'abord, la transition qui suit les réflexions d'Octave dans le premier paragraphe s'effectue au début du paragraphe suivant: « Pendant qu'Octave en proie à un étonnement profond tâchait de se rappeler exactement ce qui venait de lui arriver, . . . Armance était en proie à la plus vive douleur » (A 82). D'où procèdent les réflexions de l'héroïne suivies de son entretien avec Méry de Tersan. Alors, une deuxième transition a lieu: « Pendant qu'Armance pleurait dans sa chambre, Octave . . . se rapprocha des femmes qu'il négligeait ordinairement pour les arguments religieux de Mme de Bonnivet » (A 87). Deux analepses ponctuelles simultanées interrompent cette formule de transition, qui doit donc être répétée: « Pendant qu'Armance était dans une sorte de délire, Octave . . . non seulement parla à toutes les femmes qui avaient des nièces, mais encore il aborda quelques-unes de ces mères redoutables qui ont jusqu'à trois filles » (A 87-88).

Ce bref aperçu du fonctionnement de certaines formes anachroniques montre que les analepses les plus nombreuses, les rappels partiels, consistent en une auto-désignation temporelle des points divers du passé récent dans l'histoire, tandis que sa forme corollaire, le rappel complet, désigne des moments au passé liés au récit premier. Quant aux renvois, ils fournissent des renseignements variés afin de remplir les lacunes narratives et d'enrichir avec de nombreux détails complémentaires le mouvement du récit premier. En ce qui concerne la construction des anachronies, les exemples les plus nombreux sont ceux d'une analepse précédée et suivie de segments du récit premier. Et parfois, comme le révèle le long exemple ci-dessus, on remarque des constructions d'analepses en série entre lesquelles s'insèrent d'autres renvois ou rappels.

2. La temporalité narrative et le réalisme subjectif

Comme nous l'avons suggéré en abordant l'examen de la durée au premier chapitre, la subjectivité du roman stendhalien est constituée d'une articulation temporelle liée directement à l'expression des sentiments et aux diverses perspectives des personnages principaux. C'est dans la *Filosofia nova* que Stendhal insiste sur l'importance de cette temporalité subjective pour le style romanesque, trait que souligne aussi Jean-Pierre Richard: « Le *tempo* de la vie intérieure s'accélère ou se ralentit en effet selon le climat du moment, son degré de relâchement ou de tension » (*Littérature et sensation* 42). Et Jean-Marie Gleize de renchérir sur cette observation:

> Le changement de rythme dans l'écriture est indice de crise: de la mise en crise du « donné », du « réel » ou de l'évidence, du vraisemblable reçu; . . . Bien sûr, l'histoire du personnage-héros peut se lire selon l'axe de ce qui, successivement et inéluctablement, lui arrive, mais il y a une autre histoire, plus difficile à énoncer selon la rhétorique du Code civil, qui s'ordonne autrement, qui est, comme dit le narrateur du jardin Malivert, « divisée en compartiments bizarres » dont ne saurait rendre compte la narratologie naïve. L'intensification de l'écriture prend donc cette valeur: il y a quelque chose de plus, un excès qui pousse, intraitable[21].

Il conclut que « cette hétérogénéité du texte, nous la retrouvons figurée dans la diégèse » par le recours d'Octave « à l'écriture, une écriture cryptographique, à la fois plus dense et plus lacunaire » (« Bordures » 48), mais figurée également dans le récit, selon nous, par les procédés de l'ordre et de l'itération agencés aux effets de la durée. La meilleure façon de tenir pleinement compte du développement de l'emploi stendhalien de la temporalité romanesque est donc l'examen de ces procédés de la durée et de l'ordre comme moyens de transformer l'articulation temporelle en une fonction des crises qui agitent les personnages.

Ce réalisme subjectif peut se clarifier d'abord du point de vue de la durée par une comparaison des événements de l'histoire avec les variations temporelles correspondantes au niveau du récit. Nous avons vu que l'ellipse est le procédé principal de variation rythmique dans deux segments, dans la période qui mène aux fiançailles d'Octave et d'Armance (division IV), et dans la période entre leur mariage et le suicide (sous-division V.4), périodes qui correspondent, respectivement, à quatre mois et à quatre semaines (à peu près 31 jours). La division IV commence avec un laps de temps pendant lequel « jamais Octave n'avait été aussi heureux » (A 226), période décrite d'abord comme « des jours sans nuage [qui] passèrent rapidement », mais ensuite comme « ces moments fortunés [qui] ne pouvaient être que de courte durée » (A 233). Après l'analepse de l'introduction du chevalier de Bonnivet (au début du chapitre XXV), cette division se termine avec l'absence d'Armance pendant un mois, le manque de contact direct entre les protagonistes, et la rupture du bonheur qui en résulte, se manifestant alors par une accélération temporelle. La sous-division V.4 (le double dénouement du roman) consiste en plusieurs ellipses d'à peu près huit jours chacune, de la période du mariage jusqu'au départ d'Octave, puis à la période avant sa mort. L'emploi dominant des ellipses correspond donc à ces moments extrêmes de rapports personnels, pendant lesquels le bonheur est pleinement ou apparemment atteint, du moins provisoirement, ou pendant l'absence physique et spirituelle d'une telle réalisation du bonheur.

Nous avons remarqué aussi que la majorité des segments narratifs dans *Armance* (sous-divisions I.2, II.1 et 2, III.1 et 2, V.1 et 3) sont construits de nombreuses scènes ponctuées de pauses (c'est-à-dire des réflexions et parfois des sommaires). Comme le montre le tableau du déroulement temporel ci-dessus, toutes ces divisions (sauf II.1 et III.2) correspondent nettement au ralentissement du tempo, où l'intensité des moments particuliers de l'histoire se distingue nettement des émotions fugaces qui se manifestent dans les sous-divisions accélérées. De plus, ces moments particulièrement ralentis de l'histoire constituent les points focaux du roman: la soirée où s'annonce le vote de la loi d'indemnité (I.2), soirée à partir de laquelle se mettent en pratique les résolutions diverses d'Octave; les réflexions et les rencontres d'Octave et d'Armance à la suite de l'aveu d'estime (II.2); la révélation à Octave de son amour pour Armance, suivie du départ abrupte d'Octave (III.1); les événements qui mènent aux fiançailles (V.1); et les effets néfastes pour Octave de la fausse lettre (V.3).

Il faut considérer les sous-divisions II.1 et 3, III.2 et V.2 comme des exemples exceptionnels de l'agencement des éléments de la structuration temporelle vis-à-vis de l'expression sentimentale dans l'histoire. Dans les sous-divisions II.3 et V. 2, les périodes de mouvement temporel ralenti sont ponctuées d'accélérations surtout par le procédé des sommaires. Mais ni l'une ni l'autre ne révèle un contraste entièrement net entre les tempos accélérés et ralentis. D'une part, dans la division V.2, un seul chapitre (XXIX) d'une durée de dix-huit jours comprend la période qui suit les fiançailles d'Octave et d'Armance, et il s'agit d'une période tout à fait troublée: d'abord, les scènes dialoguées de l'aveu raté par Octave suivies du déjeuner « silencieux et froid » (A 273-78); ensuite, l'oscillation entre les sommaires et les pauses de l'échange de lettres entre Octave et Armance; puis, les sommaires des hésitations d'Octave et de sa consultation embarrassée avec M. Dolier au sujet du secret; enfin l'oscillation entre sommaires et scènes dialoguées où se révèlent les démarches de M. de Soubirane et du rival d'Octave, le chevalier de Bonnivet, pour subvertir le projet de mariage. D'autre part, tout en ressemblant à la division V.2 par la présentation d'une période agitée (celle de l'interaction croissante entre les personnages principaux), la sous-division II.3 (avec une durée de deux mois) consiste en plusieurs segments de deux ou trois journées consécutives interrompus par les sommaires de longueurs tantôt précises, tantôt vagues. Ces accélérations par les sommaires sont pourtant juxtaposées aux scènes dialoguées qui interviennent dans les chapitres XII et XIII et qui dominent complètement les chapitres XIV et XV, c'est-à-dire la conversation entre Octave et Armance qui ralentit sensiblement le tempo, mais pendant laquelle se prépare le ralentissement central de la division suivante.

Une combinaison semblable de procédés temporels se révèle dans la division II.1, où il s'agit de l'obsession d'Octave de gagner l'estime d'Armance, tandis que celle-ci « ne lui adressait plus la parole pour les choses personnelles à eux » pendant la période entière de quatre mois (A 73). Pourtant, le mouvement accéléré de l'hiver au printemps (A 73-76) est précédé de plusieurs sommaires ponctués de scènes et de pauses qui contiennent les réflexions d'Octave à la suite de la soirée des « deux millions » (A 53-71). Autrement dit, malgré le passage accéléré de quatre mois, le tempo dans les chapitres V et VI oscille entre procédés accélérés et procédés plus ralentis lors de l'inquiétude d'Octave à cause de l'absence de rapports personnels avec Armance. Puis le mouvement s'accélère de nouveau dans le chapitre VI avant la pause où sont renouvelés leurs rapports lorsque Armance avoue son estime pour Octave (A 79). Quant à la sous-division III.2, dont nous avons étudié en détail l'agencement complexe des procédés temporels, elle commence avec les diverses scènes qui précèdent et suivent le duel, c'est-à-dire la provocation et la préparation, le duel lui-même (A 193-99), la rédaction par Octave d'une note à Armance et de son testament (A 200-03). Le tempo progresse plus rapidement dans le chapitre XXII avec les sommaires du parcours d'Armance entre Paris et Andilly, c'est-à-dire au moment du danger de la mort d'Octave. Puis, cette accélération assez uniforme se transforme dans le chapitre XXIII: il s'agit, d'une part, du ralentissement par les scènes dialoguées (chapitre XXIII) pendant lesquelles Octave, convaincu de l'imminence de sa mort, s'ouvre enfin à Armance et lui parle de son amour pour elle (A 213-17); d'autre part, le mouvement devient de plus en plus accéléré dans la période de la guérison d'Octave et du bonheur du jeune couple, présentée d'une façon rapide par deux sauts elliptiques de huit et de quarante jours, ponctués de quelques scènes/pauses de leurs entretiens et réflexions (A 217-23).

Cette comparaison des éléments du récit avec le déroulement de l'histoire nous amène donc aux conclusions suivantes: d'abord, tandis que l'ellipse fonctionne d'une façon quasiment dominante dans la période de rapports joyeux et d'absence de ces rapports entre les protagonistes (IV) aussi bien que dans la période de simulacre de tels rapports (V.4), les sommaires, « pulvérisés » souvent par les scènes descriptives et dialoguées et les pauses, servent à présenter les émotions intenses des périodes de sentiments troublés. Ensuite, alors que l'emploi des scènes descriptives et dialoguées dans les sous-divisions II.3 et V.2 permet de souligner les brèves périodes de haute tension émotive, dans les sous-divisions II.1 et III.2, l'oscillation entre les extrêmes temporels (de la pause à l'ellipse) souligne l'importance d'une période particulièrement décisive du rapprochement personnel entre Octave et Armance.

Or, la comparaison de ces procédés dominants de la durée avec les anachronies offre une perspective encore plus large de la conjonction entre le réalisme subjectif et l'articulation temporelle. Nous venons de voir que le développement de la durée dans les sous-divisions d'*Armance* correspond à une répartition ternaire entre deux extrêmes (la domination soit des ellipses/sommaires, soit des scènes/pauses) et un groupement intermédiaire où se mélangent à peu près tous les procédés afin de traduire l'expression des émotions hautement intensives (II.1 et 3, III.2, V.2). Or, vu que les analepses se répartissent aussi en trois groupes, c'est-à-dire de développement anachronique minime (sous-divisions III.1 et 2, V.3 et 4), moyen (sous-divisions II.1, 2 et 3, V. 1 et 2) et maximal (sous-divisions I.1 et 2, et IV), on peut envisager l'agencement des procédés de l'ordre et de la durée selon une grille à entrées multiples:

L'agencement de la durée et de l'ordre temporels

Procédés de la durée	ellipses/ sommaires	durée mixte	scènes/ pauses
Développement anachronique			III.1
Minime:	V.4	III.2	V.3
Moyen:		II.1 II.3 V.2	II.2 V.1
Maximal:	IV	I.1	I.2

Cette répartition des sous-divisions à la lumière de l'ordre et de la durée suggère une nouvelle configuration de rapports qui complique l'opposition apparente entre les extrêmes temporels de la durée. D'abord, les sous-divisions de développement anachronique maximal (I.1 et 2, IV), séparées quant à la durée, se rejoignent dans la mesure où la variation la plus intensément rétrospective de l'histoire correspond aux moments des extrêmes émotifs, soit de la « noire tristesse » d'Octave, c'est-à-dire l'agitation autour de la soirée des « deux millions » (I.1 et 2), soit du bonheur extrême, mais vite épuisé, suivi de l'isolement d'Octave et des calomnies contre Armance lors de son absence (IV). Par contre, les sous-divisions de développement anachronique minime (III.1 et 2, V.3 et 4), à durées différentes, partagent les positions centrales et finales de l'exposition directe des émotions des personnages en constituant deux versants de la transformation du destin d'Octave: sa compréhension de l'amour qu'il ressent pour Armance (A 157-58) et les suites presque fatales de cette prise de conscience (III.1 et 2), puis sa découverte de la lettre trompeuse et le résultat finalement mortel (V.3 et 4). Quant aux sous-divisions de développement anachronique moyen, elles correspondent aux mouvements de durée soit ralentis, soit mixtes, c'est-à-dire l'exposition sentimentale plutôt troublée qui n'atteint pourtant pas l'extrême émotif des sous-divisions de l'accélération par les ellipses. Or, en liant les sous-divisions du développement anachronique moyen à celles du développement maximal, on constate à la fois qu'elles comprennent ensemble les deux-tiers de l'exposition de l'histoire, et que les anachronies sont alors les plus développées dans les divisions focales du conflit spirituel où (avec l'exception de la division IV) les procédés de sommaire et surtout de scène et de pause créent de nombreuses variations du tempo. Ainsi, cet agencement du développement anachronique avec les éléments de la durée révèle-t-il des données fondamentales pour comprendre la progression narrative dans *Armance*: tandis que l'attention du lecteur est secouée par les crises subjectives et chaotiques au niveau de l'histoire, un jeu temporel simultané et complémentaire a lieu au niveau du récit par les combinaisons multiples des éléments de la durée et de l'ordre.

Cette complexité temporelle se reflète dans ce que Geneviève Mouillaud appelle les figures de *oui* et de *non*, de l'amour qui est pur mais possible-impossible dans *Armance*: « Oui: c'est dans ce monde, ni dans un autre ni dans un rêve intérieur, qu'il faut chercher un idéal; non, jamais dans ce monde il ne se trouve à l'état pur »[22]. Car l'expression de ces figures, où la « rencontre [de valeur et réalité] est un possible hors d'atteinte » (G. Mouillaud 520), correspond aux mouvements temporels de sommaire/scène/ pause dans la mesure où ce conflit possible-impossible se traduit par les cycles de crise, de fuite et de réconciliation à travers ces rythmes temporels variés[23]. Et comme nous l'avons vu, la juxtaposition des anachronies aux éléments de la durée lie ces mouvements anachroniques aux conflits émotifs des personnages: en tant que sauts rétrospectifs et prospectifs par rapport à l'idéal impossible du présent, les anachronies révèlent de nouveau l'oscillation effrénée et conflictuelle entre l'idéal d'un amour présent et le refus d'un tel idéal. A l'autre extrême, et temporel (du récit) et émotif (de l'histoire), se situent les « moments privilégiés », périodes pendant lesquelles « l'irréel » fonctionne. Selon G. Mouillaud, « L'accent peut être mis sur la presque-présence plutôt que sur l'absence, sur le rêve à portée de la main plutôt que sur l'obstacle. . . . La question de la réalité, avec ses froides réponses par oui ou par non, est mise entre parenthèses » (« Stendhal et le mode irréel » 536). Ces moments privilégiés de la possibilité de l'amour, donc, de « l'irréel », s'accélèrent dans les sous-divisions à dominante elliptique (IV et V.4) et dans certaines sous-divisions à durée mixte (II.3, III.2, V.2), et constituent la suspension du temps qui « n'a lieu que pour les héros; l'irréel a le droit d'être présent mais seulement à leurs yeux. Pour le lecteur, ces moments sont menacés et déjà niés par le temps qui continue à passer dans le roman et ramènera le cours inévitable du réel » (« Stendhal et le mode irréel » 537), d'où l'importance dans ce roman du thème essentiel, l'impossibilité de l'amour entre Octave et Armance[24].

Or, ce paradoxe thématique de l'amour possible-impossible, étroitement lié à l'oscillation temporelle entre les procédés de la durée et de l'ordre, s'attache non seulement à des aspects thématiques voisins, mais aussi à d'autres domaines critiques comme les perspectives psycho- et socio-analytiques. Le paradoxe de l'amour possible-impossible forme un faisceau thématique avec les thèmes du bonheur, de la douleur et de l'énergie étant donné, selon Pierre Barbéris, qu' « *Armance* est un texte de la crise et du dilemme de l'énergie »[25]: au début du roman, on remarque que la vie « normale » d'Octave consiste en « l'habitude de chercher toujours à juger de la quantité de bonheur dont il jouissait dans le moment présent » (A 53)[26]. Cette « fermeté d'âme » ne se transforme que lentement et s'accompagne d'une dépense énorme d'énergie, force qui semble rayonner autour de lui, par exemple, dans cette supplication d'Octave qui a un effet immédiat sur Armance:

« Indiquez-moi une action au monde par laquelle je puisse regagner la place que j'avais autrefois dans votre cœur, et *à l'instant* elle est accomplie ». Ces dernier mots, prononcés *avec une énergie contenue et profonde*, furent trop forts pour le courage d'Armance... et faisant un effort pour parler et ne parler qu'en amie: « Vous avez toute mon estime », lui dit-elle. (A 78-79; nous soulignons)

Mais Octave lui-même commence à remarquer la différence entre les mouvements rapides du bonheur et sa manière d'être habituelle: « Il reconnut qu'une légèreté de tous les moments rend tout esprit de suite impossible » (A 103). La transformation du caractère d'Octave par le contact fréquent avec le bonheur se manifeste plusieurs fois au courant de l'histoire:

Il faut avouer que dans toutes ses démarches il y avait un peu de l'enivrement que donne ce genre de bonheur que l'on ne s'avoue pas à soi-même; *la vie coulait pour lui rapidement et avec délices.* Ses raisonnements sur lui-même ne portaient plus l'empreinte de cette logique inexorable, dure et se complaisant dans sa dureté, qui pendant sa première jeunesse avait dirigé toutes ses actions. (A 134-35; nous soulignons)

Et au centre du roman, le soir même où Octave se rend compte de son amour pour Armance, le lien entre bonheur, énergie et temporalité est décrit d'une façon explicite:

Jamais Octave ne s'était trouvé dans une position aussi fatale à ses serments contre l'amour. Il avait cru plaisanter comme de coutume avec Armance, et la plaisanterie avait pris tout à coup un tour grave et imprévu. Il se sentait entraîné, il ne raisonnait plus, il était au comble du bonheur. Ce fut *un de ces instants rapides que le hasard accorde quelquefois*, comme compensation de tant de maux, *aux âmes faites pour sentir avec énergie.* La vie se presse dans les cœurs, l'amour fait oublier tout ce qui n'est pas divin comme lui, et *l'on vit plus en quelques instants que pendant de longues périodes.* (A 156; nous soulignons)

Malheureusement, toute cette ouverture progressive vers le bonheur et l'énergie de l'amour s'accompagne des moments sombres de l'extension temporelle et de la dépense d'énergie qui caractérisent les « accès d'humeur noire qu'[Octave] pouvait à peine dissimuler » (A 273). Comme l'affirme

Jean Starobinski, « aux moments extrêmes du bonheur parfait, la perception aura totalement disparu. Le bonheur tel que le décrit Stendhal implique un intense suspens de la conscience réfléchie, une véritable perte de soi »[27]. Mais, c'est précisément le « moi » qu'Octave ne peut pas perdre; il ne peut se donner que rarement à ce bonheur qui est « une totale désinsertion du monde, la conscience étant abolie, et le corps tout entier secoué par le cataclysme qui ne laisse plus de place pour une "attention au plaisir" » (Starobinski 225). Au contraire, Octave existe d'habitude dans un bouillonnement à la fois émotif et énergétique de sentiments contradictoires qui le secouent sans cesse, et la source de ce conflit intense est « l'excès qui pousse, intraitable » (J.-M. Gleize, « Bordures » 48), c'est-à-dire la « paralipse » ou lacune de base dans *Armance*, l'omission de l'aveu d'Octave du texte. Cette énigme de plus en plus perceptible résulte en l'opposition centrale (surtout dans les sous-divisions exceptionnelles II.1 et 3, III.2 et V.2) entre la force croissante de l'aveu à faire et l'impossibilité chez Octave de « se reposer du temps, [de] prendre sa pause dans l'histoire qui le dépossède » (M. Crouzet, « Le réel dans *Armance* » 59).

Or, à ce faisceau thématique se rattache aussi des perspectives psycho- et socio-analytiques: on peut comprendre *Armance*, d'une part, comme le récit de l'incapacité d'Octave d'énoncer la parole et d'établir alors un rapport avec l'Autre[28], et d'autre part, comme « le roman de l'entropie comprise comme impuissance, de l'énergie comme pure dégradation vaine dans un contexte épistémique, idéologique et historique partagé entre le passé et l'avenir »[29]. Puisque la possibilité irréelle de la parole, de l'amour, d'une affirmation quelconque de puissance, est contredite par le fait qu'Octave ne peut percevoir l'Autre qu'en termes de sa propre image, on pourrait dire qu'il est en quelque sorte pris au piège du stade du miroir. Il est donc mis en face de l'impossibilité du *réel*, l'impossibilité de concilier le conflit de classes avec le conflit personnel[30], c'est-à-dire les devoirs aristocratiques réels, mais impossibles, avec le saint Devoir qui règne dans sa vie et le réduit à l'état d'impuissance[31]. Or, M. Crouzet éclaircit ces interprétations politiques et pathologiques, « exclusives l'une et l'autre, et identiques quant au résultat »: « L'*impotentia* n'est pas sociale, et ne saurait l'être, mais ce qui est une *tristesse* a son lieu d'élection dans la morosité nobiliaire: elles se soutiennent l'une l'autre, elles s'approfondissent mutuellement, et c'est cet accord, ce jeu de reflets entrecroisés, ce jeu de va-et-vient entre politique et désir qui constitue le *problème* d'Octave » (« Le réel dans *Armance* » 35, 44). Ce va-et-vient trouve son analogue au niveau du récit dans l'agencement complexe des procédés de l'ordre et de la durée, et surtout à partir de la « paralipse » de base qui correspond textuellement à l'enigme thématique motrice de l'histoire, l'impossibilité pour Octave de se soumettre au siècle, de « se maintenir dans sa Différence en restant indifférent à l'expérience temporelle »[32]. Ainsi, la raison de l'échec des rapports entre Octave et Armance se situe-t-elle au-delà de l'impuissance (sexuelle et sociale) d'Octave et au-delà de l'impossibilité de communication entre lui et Armance. Il s'agit surtout de l'impossibilité même de leur éthique[33], ce qui contribue encore à expliquer la tension thématique au niveau de l'histoire et la complexité temporelle correspondante au niveau du récit.

Cette lecture souligne la manière dans laquelle certaines énigmes textuelles qui ont déconcerté les contemporains de Stendhal et parfois des critiques modernes d'*Armance* sont liées à l'entrecroisement apparemment chaotique de plusieurs systèmes intrinsèques de signification, aux niveaux de l'histoire et du récit. Or, cet agencement de niveaux met en valeur le réalisme subjectif stendhalien, c'est-à-dire le rapport étroit des niveaux textuels avec les thèmes du bonheur et de la douleur, de l'amour et du devoir, enfin de la vie et de la mort. La dynamique de la stylistique temporelle, c'est-à-dire la combinaison des procédés de la durée et de l'ordre, sert donc à lier la surface narrative à l'articulation thématique, psychanalytique et idéologique du roman, et à établir ainsi le jeu temporel comme un trait essentiel de la stratification romanesque dont nous pourrons repérer les diverses caractéristiques dans les romans stendhaliens de la maturité.

Chapitre III
Le vraisemblable temporel dans
Le Rouge et le Noir

TANDIS QUE L'ANALYSE D'*ARMANCE* a souligné l'importance du croisement, voire de l'interdépendance, des procédés de la durée et de l'ordre temporels, l'examen du *Rouge et le Noir* insistera sur les éléments de la durée comme procédés temporels prédominants. Mais, la question du rythme dans *Le Rouge et le Noir* n'a pas toujours retenu la place qu'elle mérite dans la critique stendhalienne si l'on considère que le sous-titre que Stendhal a choisi pour ce roman contemporain, « Chronique de 1830 », a plutôt amené les exégètes à se pencher sur les rapports entre les événements historiques et la progression narrative. Henri Martineau en a établi la chronologie en partant de la seule date précise de l'œuvre, celle de l'anniversaire de la mort de Boniface de La Mole, le 30 avril, l'année de la représentation d'*Hernani*, 1830. A partir de ces précisions temporelles, il affirme que cinquante-huit mois constituent « les termes d'un délai . . . où il est parfaitement possible d'enfermer la courbe de l'histoire »[1]. Michel Baumont soutient la justesse générale de cette chronologie, mais constate que « l'on peut . . . se demander si le roman depuis le chapitre XVII [du second livre], garde la moindre vraisemblance »[2]. Selon lui, les anachronismes historiques et les contradictions avec l'atmosphère politique transforment cette œuvre en un « récit impossible » (Baumont 350), et Pierre Barbéris estime que le manque de rigueur quant à la temporalité dans *Le Rouge et le Noir* aboutit au « délire chronologique » de la fin[3]. Ces réflexions critiques soulèvent le problème général de la définition du vraisemblable, mais aussi le problème plus immédiat, et plus fondamental, de l'emploi de la temporalité narrative par Stendhal dans ce roman. Car il est fort douteux que Stendhal se soit soucié de la chronologie aussi peu que le prétend H. Martineau, et de la manière si peu réfléchie que suggère P. Barbéris, étant donné le souci évident et constant de la temporalité qui se révèle dans toute l'œuvre stendhalienne. De plus, il nous semble peu plausible de soutenir, comme le fait M. Baumont, que le résultat de la négligence supposée à l'égard de la chronologie est l'absence de vraisemblance temporelle dans une majeure partie de l'œuvre. Nous nous proposons donc d'étudier la nature du vraisemblable temporel et le fonctionnement de ses procédés aussi bien que les rapports que cette temporalité maintient avec le développement du réalisme subjectif dans *Le Rouge et le Noir*.

1. Le vraisemblable temporel et les références historiques

Le concept du vraisemblable a été prise en considération par Julia Kristeva, qui le distingue nettement de la *vérité* qu'elle définit en tant que « discours qui ressemble au réel ». Le vraisemblable, selon J. Kristeva, « sans être vrai, serait . . . un "réel" décalé . . . qui . . . n'a pas besoin d'être vrai pour être authentique »[4]. De même, à propos de Stendhal, Jean Pouillon affirme que « l'intérêt de *Le Rouge et le Noir* ne vient pas de ce qu'on peut en lire l'intrigue dans la chronique des tribunaux, mais de la compréhension intime que nous procure Stendhal » (*Temps et roman* 46), et selon Geneviève Mouillaud, ce problème est d'autant plus frappant chez Stendhal que « [le] vraisemblable stendhalien . . . est nouveau à son époque, fondateur de lui-même »[5]. Etant donné que cette création d'un vraisemblable temporel nouveau implique une conception de la temporalité qui diffère de celle de la temporalité linéaire, Jan Miel souligne la distinction husserlienne entre le temps « objectif », c'est-à-dire le temps mesuré à l'horloge, et le temps phénoménologique, et il évoque alors le mode de subjectivité qui établit le mode temporel d'un roman en liant le temps du déroulement narratif au mode de conscience temporelle de l'auteur[6]. Ces perspectives nous permettent d'affirmer le lien étroit chez Stendhal entre la création d'un vraisemblable nouveau et le développement de la temporalité subjective, car celle-ci nous rappelle, d'une part, la conception définie par Georges Blin des « restrictions de champ »[7], et d'autre part, le réalisme subjectif que H. Ishikawa appelle le « miroir . . . inégal et déformant » du roman stendhalien (« Réflexions » 174). Or, c'est Stendhal lui-même qui en résume les traits principaux en tant que peinture des « passions et divers sentiments qui agitent [les] âmes [des personnages] »[8], et nous voudrions donc insister encore sur l'hypothèse à la base de cette étude, que nous avons d'ailleurs pu confirmer déjà plusieurs fois : loin de négliger la temporalité, et en l'occurrence, celle du *Rouge et le Noir*, Stendhal crée une restriction du champ temporel qui se manifeste par l'agencement du flux chronologique de l'histoire à la durée temporelle et subjective du récit. Cet agencement comprend évidemment le principe souligné par Grahame C. Jones de la subordination du tempo de la narration « aux besoins profonds du développement des caractères [du roman stendhalien] ou de la signification profonde de l'histoire »[9]. Notre tâche consiste alors à mettre en place les moyens par lesquels Stendhal développe une temporalité subjective dans *Le Rouge et le Noir* qui transforme le temps linéaire pour établir le « "réel" décalé » du vraisemblable nouveau[10].

Comme point de départ, considérons le problème des références historiques vis-à-vis des jalons temporels du déroulement narratif du roman. L'indice temporel initial qui se repère au début du *Rouge et le Noir* situe le récit premier « un beau jour d'automne » (RN 1 : 14) lors de la promenade de M. et Mme de Rênal et peu avant l'arrivée de Julien Sorel chez eux. Pourtant, comme l'indique H. Martineau, « Julien est chez M. de Rênal depuis quelques semaines quand ses frères, quelques jours avant la Saint-Louis, le rencontrent, le battent et le laissent évanoui sur le sol. La Saint-Louis est fêtée le 25 août », tandis que le récit premier au moment de cette scène se situe au moins un mois plus tard (« Chronologie » 534). Puis, dans les chapitres suivants (ch. VII-VIII), le déroulement chronologique progresse assez rapidement pendant l'installation de Julien chez de Rênal, suivie de la période de neuf journées consécutives lors de l'attendrissement de Mme de Rênal (ch. IX-XVI). Or, on peut dater cette période très précisément puisqu'elle commence pendant les derniers jours du mois d'août, après l'arrivée de Julien chez de Rênal, et se déroule du 28 août au 5 septembre[11]. Suivent plusieurs semaines pendant lesquelles « le temps volait » à la suite du « dernier vendredi du mois » (RN 1 : 168), c'est-à-dire du mois de septembre ou d'octobre. Or, la date de l'annonce de l'arrivée du roi de ***, le 3 septembre, est d'autant plus curieuse que le récit premier a bien dépassé le début de septembre, à moins que l'on considère l'épisode du roi de *** une analepse durative, mais sans indice textuel à cet égard. Cet épisode fonctionnerait ainsi comme un exemple de l'éblouissement de Mme de Rênal à l'époque où « le temps volait » lors de ses rapports avec Julien (ch. XVIII-XIX)[12]. De toute manière, la période qui suit l'attendrissement initial se déroule très vite, avec seulement une pause de cinq journées consécutives lors de l'épisode des lettres anonymes et juste avant le départ définitif de Julien pour Besançon pendant l'hiver de l'an III de l'histoire[13]. Puis, le déroulement temporel suit un rythme assez accéléré pendant la période d'à peu près dix mois avant le départ de Julien pour Paris[14]. Or, pendant la dernière nuit de Julien avec Mme de Rênal avant ce départ, et même une fois en route, Julien se réfère quatre fois à la première période de leur amour: « —Je viens vous voir après quatorze mois d'une cruelle séparation . . . —Après quatorze mois de malheur . . . » (RN 1: 371), « Quelle différence avec ce qui était il y a quatorze mois! pensa Julien » (RN 1: 373), « Le reste de l'entrevue [de Julien et Mme de Rênal] se confondait déjà avec les premières époques de leurs amours, quatorze mois auparavant » (RN 2: 10). Ce qui frappe ici, c'est que « les premières époques » avaient lieu au moins seize mois avant ce départ pour Paris, puisqu'on est à la fin de l'automne de l'an III (ou à la fin de décembre 1828, selon H. Martineau, « Chronologie » 535). Ainsi, Julien commet-il ces lapsus sans doute sous l'influence de l'exaltation de cette dernière rencontre avec Mme de Rênal, tandis que la mémoire de celle-ci est plus exacte en se disant, « ainsi . . . après un an d'absence » (RN 1: 377) puisque cette « cruelle séparation » ne date que de l'hiver.

Dans le livre II, après la période des sept journées consécutives de l'arrivée de Julien à Paris à la fin de l'automne de l'an III (ch. I-III), son arrivée chez de La Mole se situe dans une autre division accélérée dont nous préciserons les jalons temporels en considérant les procédés de la durée. Ce n'est qu'avec le retour de Mathilde d'Hyères, et avec l'arrivée de la période de l'anniversaire de la mort de Boniface de La Mole le 30 avril (ch. VIII-IX), que le mouvement se ralentit, d'abord pendant les trois mois d'attendrissement entre Julien et Mathilde d'avril à juillet 1830 (ch. X-XII)[15]; ensuite, pendant la période vers la fin de juillet 1830 lors de la séduction et des revirements subséquents (ch. XIII-XX); puis, pendant les quinze jours de la mission secrète de Julien en septembre (ch. XXI-XXIV)[16]; enfin, pendant les mois de la « campagne » d'attendrissement et, enfin, de l'amour entre Julien et Mathilde en automne 1830 (ch. XXV-XXXI)[17]. Suivent alors les semaines de négociation entre Julien et M. de Rênal après la « lettre fatale » de Mathilde[18], puis l'arrivée d'une autre lettre, celle de Mme de Rênal, qui provoque les coups de pistolet dans l'église de Verrières. Enfin, le mouvement accéléré de l'histoire avant le procès n'est indiqué que par un seul indice temporel, les deux mois à peu près pendant lesquels Julien « n'avait songé à Fouqué » (RN 2: 402), tandis que le mouvement des deux mois avant l'exécution est défini par le delai de l'appel que Julien ne fait que sous l'influence de Mme de Rênal: « "Viendras-tu me voir tous les jours pendant ces deux mois?" » demande Julien, et elle répond: « — Je te le jure. Tous les jours, à moins que mon mari ne me le défende. —Je signe! s'écria Julien » (RN 2: 456).

Notons quelques erreurs temporelles de la part des personnages quant à leur propre chronologie: d'abord, Mathilde fait un lapsus en défendant Julien face aux remarques critiques des habitués de l'hôtel de La Mole: « C'est l'homme le plus distingué que nous ayons vu cet hiver » (RN 2: 150), hiver qu'elle a dû passer à Hyères avec sa mère (RN 2: 93). Ensuite Julien se trompe à l'époque de la seconde période d'attendrissement du livre II, c'est-à-dire au moment où il dépense tant d'énergie pour vaincre l'amour de Mathilde: en réfléchissant à son désespoir passé ressenti au séminaire, il se dit, « Le printemps suivant, onze petits mois après seulement, j'étais le plus heureux peut-être des jeunes gens de mon âge » (RN 2: 321). D'une part, si l'on calcule ces onze mois à partir du départ de Julien du séminaire en décembre (1828), ce moment heureux ne se placerait pas au printemps, mais en automne. D'autre part, si l'on considère la période de ses quinze premiers mois à Paris, Julien s'ennuie mortellement pendant le premier printemps (1829), et commence seulement à s'entendre avec Mathilde en mai 1830, dates qui ne se placent pas en tout cas onze mois après son départ du séminaire. Nous ne suivons alors P. Barbéris ni lorsqu'il propose la date assez équivoque « 1829 Début (?) » pour l'arrivée de Julien au séminaire avec le « raisonnement simple » qu'« à la fin de l'hiver 1830 en effet, Julien est chez les La Mole et, par deux fois, Stendhal établit une comparaison entre le printemps qui va commencer et le printemps précédent, alors que son héros était au séminaire », ni lorsqu'il affirme qu' « il ne fait aucun doute que ce séjour au séminaire se situe de part et d'autre du printemps 1829 » (*Sur Stendhal* 102). Car le déroulement chronologique interne du roman nous mène à conclure que ce séjour a lieu pendant l'année entière de 1828, et qu'au printemps 1829, Julien vient d'arriver à l'hôtel de La Mole. De même, il ne s'agit pas d'« une inadvertance de Stendhal, commentant après coup son œuvre dans le projet d'article de 1836: "au bout d'une année Julien est devenu moins gauche dans ce salon . . ." » (*Sur Stendhal* 102)[19], puisqu'un an après son arrivée chez de La Mole, c'est-à-dire en hiver 1830, Julien s'occupe justement de l'activité diplomatique qui couronne son apprentissage d'un comportement socialement convenable.

A part ces quelques lapsus chronologiques faits donc par les personnages, certaines références plutôt historiques poseraient des problèmes dans *Le Rouge et le Noir*, selon M. Baumont qui en critique longuement l'invraisemblance, surtout dans le livre II: la fureur contre le succès d'*Hernani* (RN 2: 127); la lance du Bédouin (2: 148) et le courage « aujourd'hui, à courir à Alger » (2: 173, références à l'expédition d'Alger de juin-juillet 1830); le désir de Mme de Rênal d'aller se jeter aux pieds de Charles X en 1831 (2: 481). On pourrait y ajouter les références aux représentations de *Manon Lescaut* à l'Opéra (2: 317), le lapsus déjà signalé de l'annonce de la visite du roi de ***, et surtout les nombreux pilotis, repérés par P.-G. Castex, qui désignent les diverses allusions d'actualité de la deuxième partie du roman[20]. Pourtant, non seulement la définition précédente du vraisemblable que suggère J. Kristeva, de ce « "réel" décalé », nous semble pertinente pour répondre à ces objections, mais l'observation suivante de M. Crouzet, à propos du chapitre intitulé « La note secrète » (RN 2: ch. XXI), pourrait s'étendre à l'œuvre entière: « Plus qu'une histoire réelle, qui affleure sans cesse, mais déguisée dans tout le roman, nous avons ici une histoire possible, une histoire créée "poétiquement", plus vraie ou plus vraisemblable que la vraie histoire, et qui ramène en dernier recours aux distinctions traditionnelles de l'histoire et de la "poésie" »[21]. Il nous semble que ces « lapsus » indiquent plutôt la conception particulière et le souci évident de la temporalité chez Stendhal qui aboutissent à la création d'un vraisemblable romanesque grâce auquel l'auteur empêche délibérément l'œuvre fictive de devenir histoire.

Le souci stendhalien de la temporalité narrative peut s'appliquer aussi au développement des traits du temps de la narration, quoique négligeable dans *Le Rouge et le Noir* par rapport à la diversité que nous avons soulignée dans les nouvelles et les *Chroniques italiennes*. Tout en relevant à vrai dire du domaine des « intrusions » de l'auteur et de la « voie oblique » de Stendhal déjà bien étudiées par d'autres chercheurs[22], ces traits correspondent, d'une part, à la narration ultérieure*, et d'autre part, à la narration d'abord homodiégétique en vertu de la présence du narrateur-témoin initial, mais très vite hétérodiégétique à cause de sa disparition[23]. Mais, en général, les interventions du temps de la narration dans *Le Rouge et le Noir* font partie d'un canon descriptif « typiquement extra-temporel »; selon G.

Genette, le narrateur, « abandonnant le cours de l'histoire, . . . se charge, en son propre nom et pour la seule information de son lecteur, de décrire un spectacle qu'à proprement parler, en ce point de l'histoire, personne ne regarde », canon auquel Stendhal se soustrait « en pulvérisant les descriptions, et en intégrant presque systématiquement ce qu'il en laissait subsister à la perspective d'action — ou de rêverie —de ses personnages » (DR 134-35). Les traits des interventions au temps de la narration correspondent pour la plupart à ceux que nous avons identifiés dans le chapitre précédent, surtout à la tendance du narrateur du *Rouge et le Noir* d'introduire très souvent ses jugements personnels dont l'exemple le plus connu est celui où le narrateur affirme qu' « un roman est un miroir qui se promène sur une grande route » (RN 2: 223-24)[24]. Signalons pourtant trois autres traits du temps de la narration dans ce roman: d'abord, les commentaires du narrateur en forme d'adresse directe au lecteur (RN 1: 8-9, 14, 41; 2: 22) et même en forme de « discussion » avec le lecteur (RN 2: 11)[25]; ensuite, les « ellipses qualifiées » du narrateur qui ajoutent « à l'indication purement temporelle une information de contenu diégétique de genre: "quelques années *de bonheur* se passèrent" » (DR 139)[26]; enfin, la précision par « l'éditeur » de ses propres références chronologiques[27], et la « discussion » entre « l'auteur » et « l'éditeur » à propos de la politique dans un roman (RN 2: 258)[28].

2. La temporalité subjective et les effets de la durée et de l'ordre

Le déroulement chronologique et les procédés de la durée

Le résumé précédent des jalons temporels suggère le rôle important, voire essentiel, que jouent les mouvements rythmiques de la durée dans *Le Rouge et le Noir*, liés souvent aux effets itératifs, et nous pouvons montrer ces mouvements en présentant les rapports entre le déroulement de l'histoire et l'articulation temporelle du récit[29]:

Le déroulement temporel dans *Le Rouge et le Noir*—Livre I

Division	Longueur du texte (en chapitres)	Durée chronologique	Date
I.			
1. Introduction	1, 5 (I-II)	temps de la narration	extra-temporel (jusqu'en 1826)
2. L'arrivée de Julien	4, 5 (II-VI)	5 jours	automne 1826
3. L'installation chez de Rênal	2 (VII-VIII)	10 mois	automne 1826- été 1827
II.			
1. L'attendrissement	7, 5 (IX-XVI)	9 jours	28 août- 5 sept 1827
2. L'envol du temps	1, 5 (XVI-XVII)	4 semaines	octobre 1827
3. « Un roi à Verrières »	2 (XVIII-XIX)	5 jours, puis quelques semaines	3 au 8 sept automne 1827
4. Les lettres et l'éloignement	4 (XX-XXIII)	5 jours, puis 3 mois	jusqu'en hiver 1828
III.			
1. Le séminaire	2 (XXIV-XXV)	2 jours	en hiver 1828
2. « Les tristes journées »	2 (XXVI-XXVII)	4 mois	jusqu'en juin 1828
3. La Fête-Dieu	1 (XXVIII)	2 jours	12 au 13 juin
4. « Le premier avancement »	2 (XXIX-XXX)	6 mois, puis 3 jours	jusqu'à la fin de l'automne 1828

Ce schéma nous montre précisément les variations du tempo entre les sous-divisions accélérées (I.3, II.2 et 4, III.2 et 4) et ralenties (I.2, II.1 et 3, III.1 et 3). On remarque dans la division III les mouvements temporels particulièrement équilibrés entre les laps de temps courts (les deux jours des sous-divisions 1 et 3) suivis de périodes plus longues (de quatre mois et six mois). Des variations de tempo semblables existent également dans le livre II:

Le déroulement temporel—Livre II

Division	Longueur du texte (en chapitres)	Durée chronologique	Date
I.			
1. L'arrivée de Julien à Paris	3 (I-III))	7 jours	à la fin de l'automne 1828
2. L'installation chez de La Mole	4 (IV-VII)	15 mois	décembre 1828 à l'hiver 1830
II.			
1. Le premier attendrissement	5 (VIII-XII)	3 mois	printemps 1830
2. La séduction et les revirements	8 (XIII-XX)	1 mois	juillet-août 1830
III.			
1. La mission secrète et le plan de bataille	4 (XXI-XXIV)	15 jours	septembre 1830
2. Le second attendrissement et l'amour	7 (XXV-XXXI)	2 mois	oct-nov 1830
3. L'éloignement	4 (XXXII-XXXV)	2, 5 mois	déc 1830-févr 1831
IV.			
1. Jusqu'au procès	6 (XXXVI-XLI)	3 mois	jusqu'à la fin mai
2. L'exécution	4 (XLII-XLV)	2 mois	jusqu'au début juin 1831

La deuxième partie du roman commence par le même développement rythmique que nous avons repéré dans la première division du roman, c'est-à-dire le ralentissement des chapitres de l'arrivée de Julien (chez de Rênal et de La Mole) suivi de l'accélération de son installation. Or, le tempo des cinq sous-divisions centrales du livre II constitue un ralentissement considérable, en l'occurrence la période de neuf mois présentée en vingt-quatre chapitres. Mais, à l'intérieur de ce mouvement généralement ralenti se trouve une oscillation intense entre accélérations et ralentissements de portées* temporelles réduites:

72 LA TEMPORALITÉ ROMANESQUE CHEZ STENDHAL

L'oscillation rythmique des divisions II et III—Livre II

Division	Longueur du texte (en chapitres)	Durée chronologique	Date
II.			
1. Le premier attendrissement	a) 2, 5 (VIII-X) b) 1, 5 (X-XI) c) 1 (XII)	2 jours 6 semaines 3 jours, puis 6 semaines	29-30 avril 1830 au début juin jusqu'à la fin juillet
2. La séduction et les revirements	a) 4 (XIII-XVI) b) 1 (XVII) c) 3 (XVIII-XX)	3 jours 5 jours 3 semaines	fin juillet début août à la fin août
III.			
1. La mission secrète et le plan de bataille	a) 2, 5 (XXI-XXIII) b) 1, 5 (XXIII-XXIV)	une nuit 2 semaines	début septembre mi-septembre
2. Le second attendrissement et l'amour	a) 2 (XXV-XXVI) b) 2 (XXVII-XXVIII) c) 2 (XXIX-XXX) d) 1 (XXXI)	1 mois 2 semaines quelques semaines 2 jours	mi-octobre début novembre jusqu'à la fin novembre fin novembre
3. L'éloignement	a) 2 (XXXII-XXXIII) b) 2 (XXXIV-XXXV)	9 jours 2 mois	début décembre début février 1831

Lié à cette oscillation constante entre ralentissements (II. 1a, 2a et b, III. 1a et 2d) et accélérations (II. 1b, 2c, III. 1b. 2a, b, et c) dans ces sous-divisions est le mouvement temporel assez accéléré de la sous-division de l'éloignement (III.3). Ce mouvement fonctionne comme une zone de transition entre les sous-divisions ralenties précédentes et la division IV (de l'emprisonnement de Julien). Or, le déroulement temporel de cette dernière division rappelle l'équilibre rythmique de la période finale correspondante du livre I (les dix mois au séminaire):

L'oscillation rythmique de la division IV—Livre II

Division	Longueur du texte (en chapitres)	Durée chronologique	Date
IV.			1831
1. Jusqu'au procès	a) 1 (XXXVI)	au moins 4 jours	février
	b) 1 (XXXVII)	2 mois	avril
	c) 3 (XXXVIII-XL)	plusieurs semaines	début mai
	d) 1 (XLI)	1 jour	mai
2. L'exécution	a) 3 (XLII-XLIV)	11 jours	à la fin mai
	b) 1 (XLV)	2 mois	à la fin juillet

A la lumière de cette répartition des rythmes de la durée, nous commençons à comprendre de quelle façon le réalisme subjectif du *Rouge et le Noir* se traduit par le mouvement temporel: dans les trente chapitres du livre I où se présente une période de vingt-huit mois (la division II.1-4, de l'attendrissement à l'éloignement), l'auteur amplifie cinq mois à travers les quinze chapitres d'une période extrêmement agitée de la perspective émotive des personnages. Puis, un peu plus que la moitié des vingt-neuf mois du livre II se concentre dans les accélérations des sept premiers chapitres, tandis que les quatorze mois qui restent se divisent entre trois périodes majeures du développement émotif: six mois et demi, à partir du premier attendrissement jusqu'à l'annonce de la grossesse de Mathilde, racontés en vingt-quatre chapitres (les divisions II et III. 1-2); deux mois et demi, de l'éloignement de Julien jusqu'aux coups de pistolet, racontés en quatre chapitres (la sous-division III.3); et les cinq mois d'emprisonnement, racontés en dix chapitres (la division IV). Cet agencement du rythme de la durée avec la temporalité subjective se manifeste alors par un double mouvement: d'une part, par le ralentissement des grandes périodes centrales d'attendrissement (livre I: cinq mois; livre II: six mois et demi) dans la moitié de chaque partie du roman (respectivement, quinze et vingt-quatre chapitres); et d'autre part, par l'accélération des divisions de transition afin de traduire l'absence de tout engagement sentimental de la part du héros (livre I, la sous-division I.3: deux chapitres/dix mois; livre II, I.2: quatre chapitres/ quinze mois). Cette variation extrême des rythmes fournit à l'auteur un premier moyen pour « peindre les passions et les divers sentiments qui agitent » les personnages et pour exprimer son mode de conscience temporelle. Nous pouvons approfondir ces perspectives en considérant l'élaboration des procédés de la durée:

    1. Accélérations (ellipse/sommaire): Comme les tableaux précédents de l'articulation temporelle l'indiquent, les sections principales dans chaque livre dominées par les procédés d'accélération temporelle sont les deux sous-divisions de l'installation de Julien, soit chez de Rênal (I.3, livre I), soit chez de La Mole (I.2, livre II), et les sous-divisions de l'éloignement, soit de Verrières (II.4, livre I), soit de l'hôtel de La Mole (III.3, livre II). Le mouvement temporel de l'installation de Julien chez de Rênal se développe avec des ellipses et sommaires interrompus par de courts ralentissements de journées consécutives. Puis, ce mouvement s'accélère à partir de la fin du chapitre VI (« Sa gloire s'étendit si rapidement dans la ville, que peu de jours après . . . », RN 1: 59; « Julien sut si bien faire que, moins d'un mois après son arrivée . . . », 1: 59). L'accélération continue dans les chapitres VII et VIII, avec un mouvement de dix mois exprimé par des références aux saisons, aux appointements payés à Julien, par la présentation des indices temporels tantôt précis (« un mois », 1: 72; « trois jours », 1: 80), tantôt vagues (« Quelques temps », 1: 72; « quelques jours après », 1: 73; « peu à peu », 1: 84), par l'emploi de l'imparfait duratif, et par plusieurs formules itératives comme « Ils se parlaient sans cesse, et avec un intérêt extrême, quoique toujours de choses fort innocentes. . . . "[Mme de Rênal] change de robes deux ou trois fois par jour" » (1: 87).

    L'installation de Julien à l'hôtel de La Mole s'effectue d'une manière semblable, mais avec peu de ralentissements aussi précis que dans la sous-division II.4 (livre I). Après le récit des premiers jours à l'hôtel, le mouvement temporel s'accélère au début du chapitre V (livre II) avec le paiement à Julien du troisième quartier de ses appointements qui marque le passage de six mois depuis son arrivée (RN 2: 61). Les références à la Fête-Dieu situent l'époque du duel avec le chevalier de Beauvoisis en juin de l'an IV (2: 74), et à partir de la convalescence de Julien après ce duel (chapitre VI), une période de trois mois environ passe avec l'indication, « On voyait Julien à l'Opéra avec le chevalier de Beauvoisis; cette liaison fit prononcer son nom » (2: 76). Une troisième accélération a lieu au chapitre VII à partir de l'attaque de goutte de M. de Rênal, « prolongée par les grands froids de l'hiver » de l'an IV à l'an V (2: 82), et le mouvement temporel de cette période continue avec l'activité de Julien, résumée par M.

de La Mole qui remarque que Julien, « sans s'en douter, est depuis six mois employé dans la diplomatie » (2: 88).

Les accélérations des deux périodes d'éloignement de chaque livre (II.4 au premier, III.3 au second) consistent en réalité de plusieurs oscillations très variées entre les procédés d'accélération et de ralentissement, et nous considérerons ci-dessous la sous-division II.4 (livre I) comme un exemple particulier de la combinaison de ces procédés. Quant à la sous-division III.3 (livre II), c'est-à-dire la deuxième période d'éloignement, elle commence au moment où Julien quitte l'hôtel après le ralentissement de neuf jours autour de la « lettre fatale » de Mathilde au marquis de La Mole dans laquelle elle annonce sa grossesse (ch. XXXII-XXXIII). Le mouvement temporel de six semaines des négociations subséquentes se manifeste par plusieurs indices déjà signalés, et s'accélère ensuite avec le voyage de Julien, maintenant annobli, à Strasbourg. Cette période aboutit à l'accélération tant commentée par les stendhaliens et que nous examinerons dans la troisième section de ce chapitre, celle des retours à Paris, puis à Verrières, suivis des coups de pistolet.

2. **Ralentissements (scène/pause)**[30]: L'emploi développé des procédés de ralentissement se trouve dans les sous-divisions de l'arrivée de Julien (I.2 au livre I, I.1 au livre II) et surtout dans les périodes centrales d'attendrissement, les sous-divisions II.1-3 (livre I) et II.1-2, III. 1-2 (livre II). La période ralentie au début du livre I se déroule en trois moments: la description de Verrières par le « voyageur parisien » se termine avec une analepse qui interrompt l'introduction du récit premier lors de la promenade de M. et Mme de Rênal. Puis, une série de scènes s'ensuit avec la décision de prendre Julien comme précepteur (RN 1: 21), la négociation entre M. de Rênal et le père Sorel pendant les deux jours suivants (ch. IV-V) et enfin les scènes et les pauses des diverses réflexions de Julien pendant la journée de son départ qui comprend le détour à l'église et les premières heures chez de Rênal (ch. V-VI). Puisque le mouvement temporel dans cette sous-division est ralenti principalement par la présentation des personnages et de leur milieu social, on peut conclure alors que ce mouvement temporel est subordonné aux besoins du développement narratif.

L'arrivée de Julien à Paris au début du livre II prolonge le ralentissement, déjà examiné, par lequel se termine le livre I. D'abord, au chapitre I, le voyage à Paris constitue le premier élément de ce ralentissement, et si on le compare aux autres trajets dans le roman (par exemple, entre Besançon et Verrières; entre Paris et Metz, Strasbourg, ou Verrières), on remarque que c'est le seul pendant lequel s'établit la progression de la durée, grâce à la scène dialoguée de l'entretien entre Falcoz et Saint-Giraud (RN 2: 3-10). Ensuite, bien que cinq jours passent assez rapidement entre l'arrivée de Julien à Paris et l'entrée définitive dans l'hôtel de La Mole (2: 25), le ralentissement se maintient par les scènes dialoguées des conseils de l'abbé Pirard (2: 11-19) et de la première rencontre de Julien avec le marquis de La Mole, et enfin par les scènes de la première journée de Julien chez de La Mole, avec un troisième entretien au dîner (2: 30-33). Le passage assez rapide des deux journées suivantes (ch. III) précède l'accéleration marquée dans le chapitre IV par laquelle cette sous-division se termine. Ainsi, ces scènes dialoguées, comme les scènes descriptives au début du livre I, servent-elles à situer à la fois le milieu politique général de l'époque et le milieu social particulier où se trouve Julien.

C'est donc surtout dans les deux périodes d'attendrissement que l'on distingue clairement l'emploi des procédés de ralentissement comme éléments de la temporalité subjective par laquelle se constitue le vraisemblable nouveau du *Rouge et le Noir*. Dans le livre I, ce flux temporel continu est signalé au début du chapitre IX avec l'indice « [L]es regards [de Julien] le lendemain, quand il revit Mme de Rênal, étaient singuliers » (RN 1: 93). Selon les précisions de H. Martineau, Julien pense au devoir à accomplir le soir du 28 juillet (l'an II), l'accomplit le soir du 29, reçoit l'augmentation de salaire le matin du 30, voyage de Vergy à Verrières et retourne pendant cet après-midi (1: 108-12), et s'assied de nouveau auprès de Mme de Rênal le même soir (ch. XI, 1: 113-20) (« Chronologie » 534). Ensuite, il rend visite à Fouqué pendant les trois jours de congé (ch. XII) et est encore au jardin le soir du 2 août (ch. XIII), à la fin duquel Mme de Rênal réfléchit, « Nous vivrons à l'avenir comme nous vivons depuis un mois » (RN 1: 141), c'est-à-dire depuis l'arrivée des grandes chaleurs (1: 90). La journée suivante (le 3 août) « fut ennuyeuse pour Julien » (ch. XIV, 1: 145), malgré un voyage à Verrières, et le soir du lendemain (le 4 août), « une idée ridicule lui vint . . .—Madame, cette nuit, à deux heures, j'irai dans votre chambre » (ch. XV, 1: 150). Le titre du chapitre suivant, « Le lendemain », souligne l'importance de cette journée du 5 août, car après une deuxième nuit d'amour (du 5 au 6), le fil de neuf journées consécutives est rompu: « En peu de jours, Julien, rendu à toute l'ardeur de son âge, fut éperdument amoureux » (1: 159).

Dans le livre II, les six mois et demi de la période à partir du premier attendrissement jusqu'à l'éloignement sont présentés d'une façon plus complexe, mais révèlent des ressemblances assez claires avec la période correspondante du livre I. L'époque de l'amour entre Julien et Mathilde est précédée par trois mois où ils s'approchent progressivement l'un de l'autre pendant leurs nombreux entretiens et réflexions (la sous-division II.1). Puis, une période de vingt journées consécutives d'amour et de revirements commence au début du chapitre XIII (la sous-division II.2) et englobe les lettres d'amour envoyées par Mathilde (ch. XIII-XIV), l'« affreuse soirée » remplie des réflexions de Julien (ch. XV), la première nuit d'amour et le revirement subséquent (ch. XVI-XVIII), les semaines de douleur de Julien, et enfin une seconde nuit d'amour suivie du second revirement de Mathilde (ch. XIX-XX). Ce fil de journées consécutives est interrompu au chapitre XX, « Il lui semblait [à Julien] qu'une chose apporterait à sa douleur un soulagement infini: ce serait de parler à Mathilde. Mais cependant qu'oserait-il lui dire? C'est à quoi *un matin* à sept heures il rêvait profondément lorsque tout à coup il la vit entrer dans la bibliothèque » (RN 2: 239; nous soulignons), et le lendemain, au chapitre XXI, le marquis fait appeler Julien pour participer à la mission secrète (la sous-division III.1).

    Les ressemblances entre les périodes de ralentissement démontrent leur fonction commune en tant que points focaux du développement et narratif et émotif. Mais ces périodes se distinguent l'une de l'autre par les formes de mouvement temporel qui les suivent. Dans le livre I, le tempo s'accélère nettement pendant les semaines d'amour à Vergy où « le temps volait » (RN 1: 169). Ce mouvement se ralentit avec la visite (anachronique) du roi de ***, et s'accélère de nouveau jusqu'à l'arrivée des « lettres anonymes » (ch. XX). Mais si cette accélération abrupte du mouvement temporel existe pendant la période d'amour entre Julien et Mme de Rênal, il n'en est rien pendant la période d'amour correspondante entre Julien et Mathilde. C'est ainsi que se dévoile le lien entre le mode de conscience temporelle de l'auteur et la subjectivité qu'il exprime dans ce roman, par l'intermédiaire du narrateur: « L'amour de tête », dit-il, « a plus d'esprit sans doute que l'amour vrai, mais il n'a que des instants d'enthousiasme; il se connaît trop, il se juge sans cesse; loin d'égarer la pensée, il n'est bâti qu'à force de pensées » (RN 2: 222-23). Alors que Julien perd même l'habitude de réfléchir en faisant l'expérience de « l'amour vrai » avec Mme de Rênal (RN 1: 202), l'amour de tête de Mathilde lui est d'abord incompréhensible, et « il en fut la victime » (RN 2: 225). Ce n'est qu'après avoir rigoureusement mené la campagne de lettres à la maréchale de

Fervaques que Julien s'habitue à cet amour de tête et triomphe: « Mon roman est fini, et à moi tout le mérite. J'ai su me faire aimer de ce monstre d'orgueil, ajoutait-il en regardant Mathilde » (RN 2: 376).

3. Accélérations et ralentissements mixtes et équilibrés: Le mélange et l'équilibre des procédés d'accélération et de ralentissement révèlent d'autres traits du réalisme subjectif et du souci de Stendhal de traduire les passions des personnages par les mouvements rythmiques du récit. Comme nous l'avons indiqué ci-dessus, la sous-division II.4 (livre I), celle des « lettres anonymes » et de l'éloignement progressif de Julien, est composée d'une variété complexe d'effets rythmiques: après l'accélération qui suit l'épisode de la visite du roi de *** à Verrières, l'entretien d'Elisa avec M. Valenod, puis l'arrivée d' « une longue lettre anonyme » le même soir (RN 1: 203), déclenchent une nouvelle période d'oscillation temporelle. Le chapitre XX se caractérise par la suspension presque complète du déroulement temporel lorsque Julien lit la lettre de Mme de Rênal le lendemain (jour 2), lettre dans laquelle s'insère une deuxième lettre que Julien doit composer de mots coupés d'un livre et collés sur la « feuille de papier bleuâtre » de Valenod (RN 1: 205-11). Puis, le chapitre XXI commence avec l'analepse des réflexions de M. de Rênal pendant la nuit précédente (1: 213-20), et le récit premier reprend lorsqu'« il rencontre cette femme qu'il eût voulu voir morte » (1: 220), c'est-à-dire Mme de Rênal. Après la scène dialoguée des époux (1: 221-33), suit l'entretien bref pendant lequel Mme de Rênal annonce à Julien le congé que son mari avait accordé au jeune précepteur. Le chapitre XXII est dominé par une autre forme de développement ralenti, les longues scènes descriptives de l'arrivée de Julien à Verrières, puis du dîner chez Valenod le soir 5, enfin l'effet itératif des « dîners du même genre » auxquels il assiste « d'après les ordres de Mme de Rênal » (1: 246). Le retour subit de Mme de Rênal à Verrières se développe avec les scènes descriptives et dialoguées, et le chapitre XXII se termine avec l'analepse de « l'activité redoublée » de Valenod « depuis les craintes que lui avait laissées la visite de M. Appert » (1: 251-54). Enfin, au chapitre XXIII, les scènes descriptives et dialoguées de l'adjudication et de la soirée avec le signor Geronimo précèdent l'accélération des « semaines solitaires » que Julien passent à Verrières (1: 265), et de l'ellipse finale lorsque « l'automne, une partie de l'hiver passèrent bien vite » (1: 267). Cet exemple des procédés mixtes d'accélération et de ralentissement traduit les sentiments particulièrement troublés, tantôt « l'excès de bonheur », tantôt « des jours funestes » (1: 266), de la période de l'amour qui précède l'éloignement inévitable de Julien. Mais, d'autres sous-divisions révèlent des mélanges de procédés rythmiques plus équilibrés: par exemple, la période du séminaire (la division III, livre I) représente une étape nécessaire de la formation de Julien, et par cela-même, cette période constitue une zone de transition entre la province et Paris. Comme le montre le tableau du déroulement temporel du livre I, il existe dans sa dernière division un équilibre évident entre ralentissements, c'est-à-dire les jours de l'arrivée de Julien à Besançon et de son activité à la Fête-Dieu, et accélérations, c'est-à-dire des périodes de quatre et six mois dans « cet enfer sur la terre » du séminaire (I: 289). La période de l'emprisonnement du livre II présente apparemment un équilibre semblable, mais comme le tableau de l'oscillation rythmique de cette division (IV) le souligne, l'équilibre est moins égal que dans la division correspondante du livre I. Il est pourtant intéressant de noter que ce dénouement constitue à la fois une zone inverse de transition pour Julien, de Paris à la province, et l'étape ultime de sa formation, où il refuse l'amour de tête et choisit « l'amour vrai », et ainsi la voie privée de la recherche du bonheur[31]. Cette dernière section se rattache aussi à la période d'attendrissement entre Julien et Mme de Rênal du livre I, car une fois que « l'amour vrai » est choisi, « [le bonheur] n'existe que dans les brefs moments, et des moments aussi rares que brefs » (Poulet, « Stendhal et le temps » 410). La brièveté du moment rare d'amour dans le livre I se manifeste par la rupture du fil des neuf journées consécutives (II.1) et par les ellipses et sommaires des mois à Vergy qui passent presque inaperçus (II.2-4). Dans le livre II, la rupture des vingt journées consécutives de la sous-division II.2 n'est pas aussi abrupte puisque les jours sont précédés et suivis de périodes du mouvement temporel presque aussi ralenti, quoique moins bien précisé. Mais, dans la division IV (livre II), la rupture se répète par le passage de plusieurs mois dans les deux sous-divisions de cette section finale. Ainsi, ces variations du tempo manifestent clairement le lien fondamental entre les procédés de la durée et l'élaboration sentimentale de l'histoire, c'est-à-dire entre le flux et le reflux des passions qui agitent les personnages et l'agencement correspondant des effets rythmiques du récit.

Les anachronies comme effets rythmiques

Pendant l'analyse précédente, nous nous sommes référés à plusieurs exemples des éléments analeptiques qui interrompent la progression linéaire tantôt accélérée, tantôt ralentie de l'histoire. Bien que toutes les formes d'analepses énumérées ci-dessus au premier chapitre aussi bien que de nombreuses prolepses paraissent dans *Le Rouge et le Noir* [32], il faut constater que les anachronies jouent généralement un rôle subalterne vis-à-vis des procédés de la durée dans chaque partie du roman. Ce manque de développement anachronique est d'autant plus frappant que l'étude d'*Armance* nous a montré le fonctionnement important et l'agencement souvent complexe des analepses dans un roman bien plus court. Si les anachronies n'occupent pas la place dominante des éléments temporels du *Rouge et le Noir*, elles soutiennent néanmoins les effets rythmiques de la durée, surtout par l'élaboration poussée des analepses simultanées et duratives. Nous nous proposons donc d'en étudier plusieurs exemples pour démontrer l'effet rythmique des anachronies et leur lien à l'expression sentimentale des personnages.

La grande majorité des deux formes d'analepse simultanée, à la fois ponctuelle et durative, se trouvent aux moments de haute intensité émotive lors des rencontres ou des séparations des personnages[33]. Par exemple, dans le livre I du *Rouge et le Noir*, l'agitation de la première rencontre de Julien et Mme de Rênal correspond à une série d'analepses simultanées: au moment de l'arrivée de Julien chez de Rênal, Mme de Rênal (au récit premier) « eut pitié de cette pauvre créature, arrêtée à la porte d'entrée ... Mme de Rênal s'approcha, distraite un instant de l'amer chagrin que lui donnait l'arrivée du précepteur ». (*simultanée*) « Julien, tourné vers la porte, ne la voyait pas s'avancer. Il tressaillit quand une voix douce dit tout près de son oreille: —Que voulez-vous ici, mon enfant? » (RN 1: 48). Puis, lorsqu'elle lui parle plus formellement, Julien s'en étonne: (*rp*) « S'entendre appeler de nouveau Monsieur, bien sérieusement, et par une dame si bien vêtue, était au-dessus de toutes les prévisions de Julien: » (*analepse*) « dans tous les châteaux en Espagne de sa jeunesse, il s'était dit qu'aucune dame comme il faut ne daignerait lui parler que quand il aurait un bel uniforme ». (*simultanée*) « Mme de Rênal, de son côté, était complètement trompée par la beauté du teint, les grands yeux noirs de Julien et ses jolis cheveux qui frisaient plus qu'à l'ordinaire » (RN 1: 49). Enfin, l'explication par Julien de ses origines et de son éducation s'accompagne de plusieurs réflexions et actions présentées avec une série d'analepses:

(*simultanée*) Julien se rassurait pendant ce long discours, il examinait Mme de Rênal.... (*rp*) Il eut sur-le-champ l'idée hardie de lui baiser la main. Bientôt il eut peur de son idée.... Peut-être Julien fut-il encouragé un peu par ce mot de joli garçon, (*analepse/itération*) que depuis six mois il entendait répéter le dimanche par quelques jeunes filles. (*simultanée*) Pendant ces débats intérieurs, Mme de Rênal lui adressait deux ou trois mots d'instruction sur la façon de débuter avec les enfants. (*simultanée*) La violence que se faisait Julien (*rp*) le rendit de nouveau fort pâle; il dit, d'un air contraint:
—Jamais, Madame, je ne battrai vos enfants; je le jure devant Dieu.
(*simultanée*) Et en disant ces mots, il osa prendre la main de Mme de Rênal et la porter à ses lèvres. (*rp*) Elle fut étonnée de ce geste, et par réflexion choquée. Comme il faisait très chaud, son bras était tout à fait nu sous son châle, (*analepse*) et le mouvement de Julien, en portant la main à ses lèvres, l'avait entièrement découvert. (*rp*) Au bout de quelques instants, elle se gronda elle-même, il lui sembla (*analepse*) qu'elle n'avait pas été assez rapidement indignée. (RN 1: 53-54)

Ensuite, pendant le congé de trois jours que Julien obtient de M. de Rênal l'été suivant, l'agitation du moment de l'annonce du départ se traduit de nouveau par le renvoi des analepses:

(*rp*) Il n'y a qu'un sot, se dit-il, qui soit en colère contre les autres: une pierre tombe parce qu'elle est pesante. Serai-je toujours un enfant?...
(*simultanée*) Pendant que ces sentiments se pressaient en foule dans l'âme du jeune précepteur, sa physionomie mobile prenait l'expression de l'orgueil souffrant et de la férocité. (*rp*) Mme de Rênal en fut toute troublée. (*analepse*) La froideur vertueuse qu'elle avait voulu donner à son accueil (*rp*) fit place à l'expression de l'intérêt, et d'un intérêt animé par toute la surprise (*analepse*) du changement subit qu'elle venait de voir. (*itération*) Les paroles vaines que l'on s'adresse le matin sur la santé, sur la beauté de la journée, (*simultanée*) tarirent à la fois chez tous les deux. (*rp*) Julien, dont le jugement n'était troublé par aucune passion, trouva bien vite un moyen de marquer à Mme de Rênal combien peu il se croyait avec elle dans des rapports d'amitié; il ne lui dit rien du petit voyage qu'il allait entreprendre, la salua et partit.
(*simultanée*) Comme elle le regardait aller, atterrée de la hauteur sombre (*analepse*) qu'elle lisait dans ce regard si aimable la veille, (*rp*) son fils aîné, qui accourait du fond du jardin, lui dit en l'embrassant: —Nous avons congé, M. Julien s'en va pour un voyage. (RN 1: 123-24)

De même, dans le livre II, la rencontre de Julien et Mathilde est rendue par une analepse simultanée: (*rp*) « On se mit à table. Julien entendit la marquise qui disait un mot sévère, en élevant un peu la voix ». (*simultanée*) « Presque en même temps il aperçut une jeune personne, extrêmement blonde et fort bien faite », (*rp*) « qui vint s'asseoir vis-à-vis de lui » (RN 2: 29). Et l'on retrouve d'autres analepses pendant le premier attendrissement de Julien et Mathilde: par exemple, après l'envoi de la lettre à Mathilde, lorsque Julien se rend à l'Opéra à la fin du chapitre XIII: (*rp*) « Il entendit chanter son ami Geronimo ». (*analepse*) « Jamais la musique ne l'avait exalté à ce point ». (*rp*) « Il était un dieu » (RN 2: 170). Mais, le chapitre XIV débute avec une longue analepse durative: « Ce n'était point sans combats que Mathilde avait écrit. . . . Deux mois de combats et de sensations nouvelles renouvelèrent pour ainsi dire tout son être moral » (2: 171). Suit un sommaire de divers moments et réflexions de Mathilde pendant cette période « de combats » (2: 171-75) avant de rejoindre l'analepse première: « Alors l'orgueil » (*analepse interne*) « qu'on lui avait inspiré dès le berceau » (*analepse première*) « se battait contre la vertu. Ce fut dans cet instant que le départ de Julien vint tout précipiter » (2: 176).

Enfin, toujours dans le livre II, une analepse simultanée ponctue brièvement la discussion entre Julien et Mathilde pendant la première nuit d'amour: (*rp*) « —Je puis paraître, sans exciter de soupçon, dans toutes les parties de l'hôtel, ajoutait Julien . . . » (*simultanée*) « En l'écoutant parler, Mathilde était choquée de cet air de triomphe » (2: 196). Et même leurs rapports amoureux et les réflexions qui les suivent sont présentés d'une façon simultanée: (*rp*) « Mathilde finit par être pour lui une maîtresse aimable. . . . Malgré la violence affreuse qu'elle se faisait, elle fut parfaitement maîtresse de ses paroles ». (*simultanée*) « Aucun regret, aucun reproche ne vinrent gâter cette nuit qui sembla singulière plutôt qu'heureuse à Julien » (2: 198).

Quant aux analepses duratives, plusieurs ne fonctionnent que pour les besoins complétifs de la mise en scène des événements, comme l'analepse initiale de la visite de M. Appert, analepse qui survient au moment de la promenade de M. et Mme de Rênal (RN 1: 15-20); ou le sommaire analeptique de la situation de Julien « après plusieurs mois d'épreuves » pendant la période d'installation à l'hôtel de La Mole (RN 2: 61-63); ou bien encore les analepses simultanées et duratives à la suite des coups de pistolet dans l'église de Verrières (RN 2: 387-89). Mais, d'autres analepses duratives se situent à des moments d'intensité émotive, dont le meilleur exemple est sans doute le développement analeptique à la fin de la première nuit d'amour de Julien et Mme de Rênal: le récit commence avec l'ellipse du récit premier, « Quelques heures après, quand Julien sortit de la chambre de Mme de Rênal, on eût pu dire, en style de roman, qu'il n'avait plus rien à désirer », suivie d'une analepse ponctuelle: (*rp*) « En effet, il devait à l'amour » (*analepse ponctuelle*) « qu'il avait inspiré et à l'impression imprévue qu'avaient produite sur lui des charmes séduisants », (*rp*) « une victoire à laquelle ne l'eût pas conduit toute son adresse maladroite » (RN 1: 153). Puis, on revient au comportement du héros pendant la nuit d'amour:

> (*analepse durative*) Mais, dans les moments les plus doux, victime d'un orgueil bizarre, il prétendait encore jouer le rôle d'un homme accoutumé à subjuguer des femmes: il fit des efforts d'attention incroyable pour gâter ce qu'il avait d'aimable. Au lieu d'être attentif aux transports qu'il faisait naître, et aux remords qui en relevaient la vivacité, l'idée du *devoir* ne cessa jamais d'être présente à ses yeux. Il craignait un remords affreux et un ridicule éternel, s'il s'écartait du modèle idéal qu'il se proposait de suivre. (1: 153)

Le narrateur intervient alors avec son jugement que « ce qui faisait de Julien un être supérieur fut précisément ce qui l'empêcha de goûter le bonheur qui se plaçait sous ses pas ». Puis l'analepse se transforme en mode simultané: (*simultanée*) « Mortellement effrayée de l'apparition de Julien, Mme de Rênal fut bientôt en proie aux plus cruelles alarmes. Les pleurs et le désespoir de Julien la troublaient vivement » (1: 153). Ensuite, la durée avance un peu: « Même quand elle n'eut plus rien à lui refuser, elle repoussait Julien loin d'elle, avec une indignation réelle, et ensuite se jetait dans ses bras » (1: 153). Le chapitre se termine alors avec un autre moment simultané: d'abord, « Le départ de Julien ne fit point cesser les transports qui l'agitaient malgré elle, et ses combats avec les remords qui la déchiraient », puis avec le retour au récit premier, « Mon Dieu! être heureux, être aimé, n'est-ce que ça? Telle fut la première pensée de Julien, en rentrant dans sa chambre » (1: 154). Mais le chapitre suivant commence par une nouvelle analepse:

> Heureusement, pour la gloire de Julien, Mme de Rênal avait été trop agitée, trop étonnée, pour apercevoir la sottise de l'homme qui en un moment était devenu tout au monde pour elle.
> Comme elle l'engageait à se retirer, voyant poindre le jour:

> —Oh! mon Dieu, disait-elle, si mon mari a entendu du bruit, je suis perdue.
> Julien, qui avait le temps de faire des phrases, se souvint de celle-ci:
> —Regretteriez-vous la vie?
> —Ah! beaucoup dans ce moment! mais je ne regretterais pas de vous avoir connu.
> Julien trouva de sa dignité de rentrer exprès au grand jour et avec imprudence. (RN 1: 155-56)

Un autre exemple analeptique remarquable survient au moment de l'exécution de Julien, dont la scène se déroule à partir de la phrase célèbre, (*rp*) « Jamais cette tête n'avait été aussi poétique qu'au moment où elle allait tomber ». (*analepse*) « Les plus doux moments qu'il avait trouvés jadis dans les bois de Vergy » (*rp*) « revenaient en foule à sa pensée et avec une extrême énergie. Tout se passa simplement convenablement, et de sa part sans aucune affectation » (RN 2: 482). Ensuite, le récit remonte deux jours: « L'avant-veille, . . . il avait pris ses arrangements d'avance pour que le matin du dernier jour, Fouqué enlevât Mathilde et Mme de Rênal » (2: 482), puis le récit premier continue, mais pour être vite interrompu par une analepse ponctuelle: « Fouqué . . . passait la nuit seul dans sa chambre, auprès du corps de son ami, lorsqu'à sa grande surprise, il vit entrer Mathilde ». (*analepse*) « Peu d'heures auparavant il l'avait laissée à dix lieues de Besançon ». (*rp*) « Elle avait le regard et les yeux égarés » (2: 483-84). Enfin, l'histoire se termine avec le sommaire des événements qui précèdent l'enterrement de Julien, puis avec une prolepse finale et l'ellipse de la mort de Mme de Rênal:

> (*rp*) Restée seule avec Fouqué, [Mathilde] voulut ensevelir de ses propres mains la tête de son amant. Fouqué faillit en devenir fou de douleur.
> (*prolepse*) Par les soins de Mathilde, cette grotte sauvage fut ornée de marbres sculptés à grands frais en Italie.
> (*rp*) Mme de Rênal fut fidèle à sa promesse. Elle ne chercha en aucune manière à attenter à sa vie; mais trois jours après Julien, elle mourut en embrassant ses enfants. (2: 485)[34]

3. Temporalité et réalisme subjectifs dans *Le Rouge et le Noir*

Nous avons constaté, avec G. Poulet, que la temporalité chez Stendhal se définit comme « un instant rapide, où l'on sent avec énergie » (« Stendhal et le temps » 401), et Gerhard Gerhardi souligne l'importance chez Stendhal de cet « agencement de sentiment et d'action, une compression du flux temporel dans une série de sommets brillamment illuminés » (notre traduction)[35]. Selon lui, « quand il y a une contradiction entre les rythmes internes et externes—entre le métabolisme psychique de l'individu et l'évolution de la société—le résultat est un anachronisme brûlant qui mène à l'impatience et à l'agitation »[36]. Mais les rythmes contradictoires peuvent s'harmoniser: « Ou bien la vitesse des événements s'accélère jusqu'au point où elle se conforme au rythme interne, ou bien le rythme interne se ralentit jusqu'à ce que la contradiction ne se sente plus »[37]. L'examen précédent des procédés de l'accélération et du ralentissement a cerné les diverses manifestations de ces effets rythmiques: d'une part, l'analyse des procédés d'accélération a montré le lien étroit entre les périodes d'installation et entre les périodes d'éloignement des deux livres. Les chapitres d'installation présentent la période de transition entre l'arrivée de Julien (chez de Rênal et à l'hôtel de La Mole) et le début de l'activité amoureuse, de même que les chapitres d'éloignement fonctionnent comme périodes de transition, mais qui résultent de l'activité amoureuse et qui mènent à un changement d'état pour Julien (au séminaire et à la prison). Nous avons remarqué également que la période du séminaire correspond à la période de l'emprisonnement non seulement par l'équilibre généralement évident de leur déroulement temporel, mais aussi par leurs fonctions à la fois comme périodes de transition entre la province et Paris et comme étapes nécessaires de la formation de Julien[38].

D'autre part, l'analyse des procédés de ralentissement a révélé les liens entre les deux périodes d'arrivée de Julien dans chaque livre aussi bien que les ressemblances et les différences entre les deux périodes d'attendrissement. Or, tout en se ressemblant à la fois par le développement thématique (c'est-à-dire du lien entre l'amour, le devoir et l'énergie) et par le mode de déroulement narratif (c'est-à-dire des fils de journées consécutives), les deux périodes d'attendrissement se distinguent par la différence entre les ruptures temporelles subséquentes: l'époque d'attendrissement du livre I se termine avec une rupture temporelle abrupte qui se manifeste par le passage rapide et imprécis des mois de bonheur à Vergy, puis de l'éloignement progressif de Julien de sa vie à Verrières. Par contre, dans le livre II, le mouvement déjà ralenti des mois qui précèdent et suivent la période centrale d'amour ne représente pas une rupture aussi marquée que celle qui se révèle dans le livre précédent. Ces différences tiennent, selon nous, aux expériences amoureuses divergentes de Julien pendant les deux périodes: « l'amour vrai » triomphe dans ses rapports avec Mme de Rênal. Or, de la perspective beyliste, « plus on devient passionné, plus la langue vous manque » (*Filosofia nova* 2: 123), et la période de bonheur entre Julien et Mme de Rênal ne peut se manifester alors que selon un mouvement temporel fortement elliptique. Par contre, entre Julien et Mathilde, l'amour de tête « n'est bâti qu'à force de pensées » (RN 2: 223) qui ralentissent le mouvement temporel avant, pendant et après la première époque d'attendrissement.

Or, le tempo particulier des sous-divisions de l'emprisonnement peut s'expliquer par la « logique textuelle différente », selon Leslie Rabine, du conflit final entre ces deux formes d'amour:

> Même si à un moment donné, le narrateur met en contraste « l'amour de tête » de Mathilde avec « l'amour vrai » de Mme de Rênal, ce parti pris ne s'applique pas à l'ensemble du roman . . . [puisque] une héroïne travaille à centrer le héros et amener l'attention du lecteur à un texte prétendument unifié, tandis que l'autre héroïne travaille à dé-centrer le héros tout en créant une contradiction dans l'esprit de Julien aussi bien que des narrations multiples dans l'ensemble du roman. . . . Dans cette dernière section du roman, [Mathilde] déplace Julien afin de devenir le personnage qui subit le type de développement transformateur réservé d'habitude au héros d'un roman[39].

Il s'agit de la temporalité des visites successives à Julien de Mathilde, puis de Mme de Rênal, c'est-à-dire un groupe de journées consécutives suivi de plusieurs sauts accélérés dans la sous-division IV.1, puis un fil de journées consécutives rompu par l'accélération de deux mois de bonheur avant le ralentissement final de l'exécution. Ces ruptures correspondent à la « fragmentation de la durée » nécessaire, selon Henry Amer, puisque « la continuité de la durée tue l'amour et le bonheur. Pour qu'ils survivent, il faut que par un effort héroïque ou sous la contrainte des circonstances leur règne temporel soit discontinu »[40]. Or, au lieu de former une durée continue, les deux mois de bonheur « se réduisent aux instants si courts que Mme de Rênal peut passer dans les prisons » (Amer 489) et se manifestent, nous l'avons vu, par l'accélération (à la fois par ellipse et sommaire) dans la dernière sous-division du roman.

On peut comprendre donc, surtout à la lumière des mouvements temporels saccadés d'*Armance*, dans quelle mesure les développements rythmiques se révèlent généralement équilibrés dans *Le Rouge et le Noir*, rythme qui traduit l'expression d'une temporalité subjective particulière liée à la création du vraisemblable temporel stendhalien[41]. Il nous semble pourtant que cet agencement étroit, même nécessaire, entre vraisemblable et éléments temporels explique les difficultés que rencontre Pierre Barbéris dans l'élaboration de la « signification politique du temps » du *Rouge et le Noir*. Car, à partir du jugement que « c'est le sous-titre d'ensemble du roman qui commande ici, et la date de la rédaction » (*Sur Stendhal* 102), P. Barbéris établit une chronologie qui nous laisse pourtant perplexe à maints égards. Par exemple, ayant suggéré que le récit, à partir de la période de négociation qui suit la « lettre fatale » de Mathilde à son père, se déroule « en plein délire chronologique », P. Barbéris se fourvoie, selon nous, en calculant le déroulement narratif selon une datation qui néglige les données temporelles internes du roman afin de s'appuyer entièrement sur la chronologie historique contemporaine (*Sur Stendhal* 102-03). Ce manque de perspective analytique en ce qui concerne la temporalité interne ne peut mener qu'à des conclusions très discutables, telles qu'« il fallait d'abord que Julien fût tué sous le gouvernement le plus évidemment haïssable et réactionnaire: celui de la Restauration », et que « le refus de Stendhal de refaire le "plan" de son roman et d'en réorganiser le temps, . . . ce refus de mécaniser l'Histoire, parle finalement plus fort pour l'Histoire en ceci qu'il n'en décalque pas la chronologie, mais qu'il est conforme à son flux profond » (*Sur Stendhal* 107). Car, du point de vue temporel, de quel « flux profond » s'agit-il sinon précisément celui d'un réalisme et d'une temporalité subjectifs dans lesquels les événements de l'Histoire ne figurent pas, ou rarement, pour les héros? Selon le déroulement narratif qui s'établit à partir des éléments temporels internes du *Rouge et le Noir*, c'est précisément à l'époque de la Révolution de Juillet que se déroulent les vingt journées consécutives pendant lesquelles Julien s'applique à séduire Mathilde, et non pas à entreprendre une activité insurrectionnelle. Sans pour autant nier la présence de l'élément révolutionnaire dans *Le Rouge et le Noir*[42], il faut conclure, avec P. Brooks, qu'en évitant d'y inclure les événements de juillet 1830, Stendhal semble suggérer que « finalement on ne peut pas permettre même à l'histoire d'écrire une intrigue impérieuse pour le roman » (notre traduction)[43].

Que Stendhal n'ait pas « établi de plan rigoureux ni de cadre chronologique strict *avant* d'écrire son roman » (*Sur Stendhal* 108) nous semble un point d'autant plus capital que les liens entre les procédés de la temporalité narrative et les oscillations émotives intenses des personnages se révèlent si étroits et cruciaux. Car s'il est vrai que « ce roman mérite pleinement son deuxième sous-titre », comme l'affirme S. Bokobza (*Contribution* 99), c'est à la lumière d'une conception temporelle grâce à laquelle « les chroniques de Stendhal —y comprises *Le Rouge et le Noir. Chronique de 1830* » se révèlent « vouées à l'articulation, à la synchronisation des systèmes de valeurs sociales . . . selon des moyens qui n'excluent jamais le cours actuel de "l'histoire", mais qui ne trouvent leur dimension esthétique ni dans ce qui est passé, ni dans ce qui est présence immédiate, mais dans la façon par laquelle passé et présence s'articulent l'un par rapport à l'autre » (notre traduction)[44]. Cette articulation « historique » particulière chez Stendhal se rapporte à une « stylistique » du vraisemblable dans la mesure où l'auteur croit que « la première qualité d'un style est donc qu'il ne cause pas . . . la plus petite différence entre ce qui existe et ce que le lecteur entendra », c'est-à-dire la nécessité de « faire *du style vrai* » à laquelle s'ajoute une deuxième « qualité », « de savoir choisir les vérités » (*Filosofia nova* 2: 198-99).

Les choix nécessaires pour établir un vraisemblable à la fois historique et stylistique aboutissent à la dissolution momentanée de « l'histoire monolinéaire » du *Rouge et le Noir* et à « une multiplicité d'histoires », et « l'ambiguïté qui dissout provisoirement les dichotomies sert à subvertir les catégories morales, sociales et idéologiques dominantes de la société française des années 1820, et livre une critique cinglante de ces catégories »[45]. La « multiplicité d'histoires » que produit le vraisemblable stendhalien se traduit également par la « chronique » d'amour et de devoir « de 1830 » dont M. Crouzet a précisé les traits stylistiques essentiels à la lumière des liens implicites entre le personnage de Julien et la temporalité qu'effectue *l'effet Sublime*: tantôt les « coups de foudre imprévus et gratuits » de ce personnage inspiré qui « se développe selon le procédé stendhalien de la suppression des "idées intermédiaires", de l'ellipse, ou de la parataxe », c'est-à-dire cette « diction des grandes âmes » qui « se déploie dans la discontinuité spasmodique et tourmentée de l'inspiration »; tantôt « ces longs monologues traversés d'éclairs, hachés d'interruptions, et de silences, égarés dans les pointillés, et revenant en une subtile logique invisible à la marche d'une pensée qui se cherche, plonge dans l'obscurité, ou émerge de l'inconnu d'une découverte », monologues par lesquels « Julien est associé et confronté à la Terreur, à la Révolution, à Dieu, à la Loi, à la Nature, au sens dernier, à lui-même enfin »[46]. Ces traits du vraisemblable temporel stendhalien suggère que la portée du *Rouge et le Noir* ne se limite pas à un message politique selon lequel, « sous les apparences bourboniennes, le vrai pouvoir était déjà aux mains de la bourgeoisie, que c'était la loi bourgeoise qui régnait, qu'on l'imposait déjà au peuple et que là était le vrai conflit » (*Sur Stendhal* 107)[47]. Ce vraisemblable temporel implique aussi la dépense de l'énergie héroïque personnelle, traduite textuellement par la concentration rythmique ralentie à la fois de la poursuite de l'amour et de l'accomplissement du devoir, et par la dispersion rythmique accélérée de la réalisation, quoique fugitive et elliptique, du bonheur.

Un champ critique avec lequel le réalisme et la temporalité subjectifs maintiennent des rapports étroits et fructueux est le domaine psychanalytique[48], et le meilleur moyen d'effectuer ce rapprochement avec la temporalité narrative du *Rouge et le Noir* sera par le biais d'un problème particulier, celui de son double dénouement. Or, il existe autant de réponses à cette question du dénouement que de chercheurs prêts à y répondre[49], et loin de vouloir en ajouter une autre, nous nous proposons de distinguer quelques composantes *temporelles* de ce problème à la lumière de certaines perspectives critiques à la fois narratives et psychanalytiques. A vrai dire, nous croyons que l'étude de Grahame C. Jones complète très précisément la nôtre au sujet du mouvement narratif rapide qui lie le premier dénouement au second: selon lui, la lecture de la lettre de Mme de Rênal révèle à Julien que « le personnage qu'il joue a pris possession de sa personnalité », et « cette image abhorée, il la raiera à sa source. Le crime de Julien est, vu sous cet angle, une tentative de détruire une image de lui-même qui s'est faite chez autrui—et, en l'occurrence, chez Mme de Rênal »[50]. D'où la rapidité du mouvement narratif: puisque « l'action doit succéder à la pensée » et que « l'attentat contre Mme de Rênal est la prochaine étape de [l']évolution spirituelle [de Julien], . . . Stendhal conduit son personnage aussi vite que possible à Verrières. C'est là que la destinée l'attend . . . Ce qui détermine le rythme de la narration de cet épisode, c'est l'impulsion psychologique qui porte Julien à Verrières et la force irrésistible d'une destinée qu'il s'est créée » (Jones, « Le mouvement dramatique » 50).

Il faudrait nuancer cette conclusion, pourtant, en soulignant les rapports à la fois temporels et psychanalytiques qui se révèlent dans ces dénouements[51]. D'une part, depuis le début du roman, et surtout pendant l'épisode parisien, jusqu'au moment où se prépare le premier dénouement, c'est-à-dire où Julien se dit que son « roman est fini » (RN 2: 376), le mode narratif dominant est celui de la « fable métonymique ». Selon R. Schleifer, en renvoyant à Régis Durand, ce mode narratif, qui correspondrait à la Symbolique lacanienne, est « l'accomplissement réussi du "roman familial", un mode linéaire, non-contradictoire, discursif et symbolique » qui reconnaît « le temps et les différences, les représentations symboliques, qu'exige la temporalité » (notre traduction)[52]. D'autre part, les événements qui suivent la lecture de la lettre de Mme de Rênal par Julien arrêtent ce « roman » en lui révélant le texte de la « fable », c'est-à-dire les représentations symboliques du premier mode narratif, et Julien admet même, « —Je ne puis blâmer M. de La Mole ... Quel père voudrait donner sa fille chérie à un tel homme! Adieu! » (RN 2: 384). Cette évidence matérielle de son hypocrisie non seulement crée le « choc » du Réel, mais aussi, en réduisant « Julien à rien ... , c'est nier le temps écoulé » (Landry, *L'imaginaire chez Stendhal* 231), dont l'effet est de faire « agir » Julien brusquement selon la temporalité elliptique du voyage à Verrières et de ses suites immédiates. C'est ainsi que se développe l'autre mode narratif, celui qui correspondrait à l'Imaginaire, lorsque Julien accède au domaine du « "non-sens" métaphorique de la vérité »[53], qui s'oppose à « la cohérence linéaire » du mode narratif de la « fable métonymique » en insistant sur « le discontinu, l'oscillation et la non-différentiation »[54].

Sur le plan narratif, il s'agit de la temporalité particulièrement variable des dernières sous-divisions du roman car, dans ses rapports amoureux renouvelés, Julien se situe pleinement dans un temps nouveau, non plus celui de l'allégorie temporellement linéaire de son « roman », mais celui d'un symbolisme poétique. Selon la perspective greimassienne qu'évoque R. Schleifer, le désir narratif sépare ces modes discursifs « et engendre (ou représente) ainsi l'espace de la temporalité »[55]. Donc le « retour » à Mme de Rênal permet à Julien de retrouver « la *situation* supplémentaire d'avant-Oedipe », de regagner à la fois « le discours du désir sans l'histoire oedipienne »[56], et l'espace où existe le temps « entre le *pouvoir* de sa présence que nous ressentons illusoirement et le *savoir* que nous en articulons »[57]. Mais, puisque toute articulation du temps efface la présence temporelle en la représentant selon un autre mode de conscience (Schleifer 881), la temporalité de cet « amour vrai » final est forcément elliptique.

Il s'agit de ce que Victor Brombert appelle la « valorisation temporelle » de la « découverte du *présent* » par Julien: « Las des jeux de l'énergie et des poses d'héroïsme, libéré des contraintes d'une ambition factice, Julien peut enfin se consacrer pleinement à sa situation actuelle. Il est délivré du temps: dépouillement qui lui permet de saisir le moment privilégié »[58]. C'est ainsi que le réalisme subjectif stendhalien produit une temporalité romanesque qui lie à la fois les strates narratives et psychanalytiques: le moment final du dépassement ultime du temps par Julien peut se comprendre comme manifestation d'une fonction proprement « poétique »[59]. C'est-à-dire qu'au bout de son destin, l'existence de cette tête qui « jamais . . . n'avait été aussi poétique » qu'au moment de l'exécution, se situe alors à l'intersection des deux modes narratifs et temporels possibles qu'incarnent les héroïnes: d'une part, la fable métonymique de la Symbolique chez Mathilde, non seulement avec la transformation évidente de ce personnage, mais surtout avec la cérémonie funèbre finale qu'elle organise afin de dépasser cette étape, vers son propre « roman »[60]; d'autre part, le « non-sens » métaphorique de l'Imaginaire chez Mme de Rênal, l'idéal maternel joint à l'idéal amoureux dans la dernière scène. Il s'agit alors, de part et d'autre, du plein triomphe du désir qui entoure Julien, « cette affirmation désespérée de la vie », comme le dit J. Lacan, « qui est la forme la plus pure où nous connaissons l'instinct de mort » (*Ecrits* 320).

Chapitre IV
L'épuisement de l'énergie temporelle dans *Lucien Leuwen*

L'ANALYSE DU *ROUGE ET LE NOIR* a montré à la fois les rapports décisifs qui lient les procédés de la durée aux procédés de l'ordre, et surtout le fonctionnement de ceux-ci au service de ceux-là. L'étude de la temporalité romanesque dans *Lucien Leuwen* révélera plutôt les traits du rythme temporel à partir de l'élaboration prédominante des éléments de la durée[1]. Or, au contraste net entre les procédés de ralentissement et d'accélération s'ajoutent non seulement les effets assez affaiblis des procédés anachroniques, mais aussi l'emploi développé des éléments de l'itération. Nous voudrions donc nous pencher d'abord sur l'oscillation constante entre les procédés rythmiques principaux aussi bien que sur les rythmes tantôt flous de l'itération, tantôt discontinus des anachronies. L'examen de la manière dont ces rythmes soutiennent les fluctuations des éléments de la durée temporelle nous permettra, d'une part, de préciser quelques liens qui s'établissent entre « le contact [du héros] avec la dimension "temporelle" de l'existence » (Crouzet, LL 1: 38) et l'épuisement de l'énergie temporelle sur les plans à la fois de l'histoire et du récit. D'autre part, nous pourrons souligner ainsi les éléments qui définissent le réalisme subjectif stendhalien dans ce roman.

En abordant l'étude des procédés de la durée dans *Lucien Leuwen*, on se souvient du « thermomètre à peu près infaillible de l'inspiration stendhalienne », signalé par V. Del Litto à propos du « Rose et le Vert » (N 509), c'est-à-dire le rapport inverse entre la nécessité chez Stendhal de dresser un plan du travail en cours et le « degré de chaleur » de son inspiration créatrice. Dans les notes marginales de *Lucien Leuwen*, on en remarque une douzaine dans lesquelles l'auteur présente des calculs chronologiques soit à partir de l'âge des personnages, soit selon des dates précises, et pas moins d'une soixantaine, qui s'intitulent « Plans », dans lesquelles l'auteur ébauche des détails particuliers de l'intrigue[2]. Ellen Constans affirme que l'on peut attribuer les difficultés d'invention au fait que « Stendhal ne peut trouver dans l'ensemble référentiel aucun élément pour étayer les situations fictives à mettre en place. La troisième partie se serait déroulée dans un futur encore vierge et imprévisible. De là un blocage pour l'activité créatrice » (« O temps suspends ton vol » 238). Il nous semble pourtant que l'hésitation croissante de l'auteur quant à la direction narrative se manifeste tant sur le plan de *l'histoire* que sur celui du récit, c'est-à-dire par l'effet d'« épuisement temporel » dans *Lucien Leuwen*, effet qui souligne le lien dans cette œuvre de la temporalité narrative avec le thème-clé chez Stendhal de l'énergie. En effet, c'est Georges Poulet qui nous offre la formule succincte qui sert de trait d'union entre les éléments fondamentaux de cet examen puisque, selon lui, la temporalité stendhalienne se ramène à « un instant rapide, où l'on sent avec énergie » (« Stendhal et le temps » 401). C'est donc précisément à partir des éléments de la temporalité narrative que l'on pourrait repérer l'expression énergétique et sentimentale dans l'univers romanesque stendhalien[3].

Afin de développer la première étape de cette analyse, la mise en place du déroulement chronologique de *Lucien Leuwen*, on peut en diviser les vingt-quatre mois en quatre segments principaux: d'abord, la période du séjour de Lucien à Nancy, de mars 1833 à juin 1834 (les trente-deux premiers chapitres)[4]; ensuite, la période de la rupture entre Lucien et Mme de Chasteller et de l'installation de Lucien à Paris, pendant l'été 1834 (les chapitres XXXIII à XLI); puis, la période du travail au Ministère et de la campagne électorale et ses suites, du mois d'août 1834 à février 1835 (les chapitres XLI à LIV); et enfin, un segment d'une temporalité assez floue[5], en février et mars 1835 (les chapitres LV à LXV), segment suivi du dénouement-éclair (le chapitre LXVI). On y remarque une progression linéaire parfois irrégulière, mais il s'agit généralement d'analepses assez rapides, tantôt de forme *instantanée*, la forme d'analepse la plus commune dans *Lucien Leuwen*; tantôt de formes *ponctuelles* et *simultanées*; enfin, tantôt de forme *durative*, par exemple, l'épisode du camarade Ménuel dans la première partie (chapitre VIII); les actions et sentiments simultanés de Mme de Chasteller et de Lucien lors du retour subit de ce dernier à Paris (chapitres XXXIII-XLI); et dans le dernier segment, les chapitres tout à fait anachroniques (LV et LVI), de l'arrivée de Du Poirier à Paris et du résumé des événements de la session législative. Mais, tout compte fait, les suites linéaires continues dominent le déroulement temporel dans *Lucien Leuwen*, et on pourrait se demander quel est le rapport chez Stendhal entre les effets linéaires plus ou moins développés de l'ordre temporel et l'expression romanesque de l'énergie. A première vue, il faudrait conclure que les romans dans lesquels le déroulement temporel est le moins anachronique (*Le Rouge et le Noir* et *Lucien Leuwen*) expriment l'énergie narrative de la façon la plus directe et la plus claire, tandis que dans les romans avec un ordre temporel plutôt discontinu (*Armance* et *La Chartreuse de Parme*), cette énergie ne s'exprime apparemment qu'avec la plus grande difficulté.

Voilà pourtant une conclusion en trompe-l'oeil puisqu'elle ne tient pas du tout compte de l'élément temporel complémentaire, et dominant dans *Lucien Leuwen*, c'est-à-dire la durée. Car la description des caractéristiques romanesques ébauchée à partir de l'ordre temporel se transforme dès que l'on examine non seulement la longueur du déroulement chronologique, mais surtout les procédés narratifs qui règlent le rythme dans chaque roman. C'est l'emploi des deux formes d'accélération temporelle—l'ellipse et le sommaire—vis-à-vis de l'emploi des deux formes de ralentissement—la scène et la pause—qui est la clé essentielle pour comprendre le rapport profond entre « temporalité » et « énergie ». Par exemple, comme l'examen du *Rouge et le Noir* l'a montré, la progression narrative de cinquante-huit mois se caractérise par une oscillation constante entre les procédés de ralentissement et d'accélération dans les divisions de chaque partie du roman, surtout dans la variation systématique entre modes rythmiques à l'intérieur des divisions centrales du roman. Ces variations équilibrées soulignent le rapport étroit entre l'expression énergétique et le déploiement temporel des sentiments: les procédés de ralentissement servent à traduire l'intensité diffuse de l'énergie sentimentale, tandis que les procédés inverses rompent le mouvement ralenti, arrêtent la diffusion de l'énergie afin de la concentrer en un mouvement d'envol temporel, dû souvent aux sentiments de bonheur. Par contre, dans *Armance*, l'efficacité expressive des effets rythmiques de la durée est constamment ponctuée de ruptures anachroniques. En termes de l'expression énergétique, il faut conclure que la dispersion, le gaspillage même de l'énergie héroïque que traduit ce mouvement temporel saccadé, résulte non seulement de ce que nous avons appelé, avec

G. Mouillaud, le paradoxe thématique de l'amour possible-impossible dans *Armance* (« Stendhal et le mode irréel » 536-37), mais aussi du fait que dans ce premier roman, et à l'encontre du *Rouge et le Noir*, Stendhal met en scène *deux* protagonistes, et divise donc l'expression énergétique entre eux, situation aggravée par la nature fondamentalement hésitante, sinon impuissante, qu'ils incarnent. Enfin, en anticipant sur l'analyse du chapitre suivant, on repère dans les deux parties de *La Chartreuse de Parme* une sous-division de ralentissement maximal déclenchée par l'éloignement de Fabrice du monde et par une course vers la solitude aussi bien que vers l'amour et la mort. Or, c'est le temps d'une intensité solitaire qui unit ces expressions étendues de l'énergie, tandis que cette diffusion énergétique intense s'arrête avec des ruptures accélérées lorsque le temps du monde s'impose de nouveau[6].

1. L'énergie et la durée temporelles

La Division I

Dans *Lucien Leuwen*, Stendhal s'est efforcé de préciser le plan chronologique dans les commentaires marginaux, mais le décalage entre cette ébauche temporelle et le déroulement interne du roman est d'autant plus frappant qu'il précise avoir créé « le plan après avoir fait l'histoire » (LL 2 : 582). Les nombreux détails de ce décalage révèlent, selon nous, la « crise de la temporalité » qui frappe Stendhal lors de la rédaction de *Lucien Leuwen*, c'est-à-dire l'imprécision chronologique liée à l'incapacité de varier suffisamment la durée temporelle et d'équilibrer ainsi l'oscillation entre accélérations et ralentissements. Considérons alors plus précisément les rythmes particuliers de chaque division de *Lucien Leuwen* [7]:

La Division I— Les dix fils de journées consécutives

Procédé rythmique	Longueur du texte (en chapitres)	Durée chronologique	Date
RAL I	I-VI (début)	8 jours	19 au 26 mars 1833
ACC	VI-VII	6 semaines	avril-juin
RAL II	VII	4 jours	juin
ACC	VII	quelques jours	juin
RAL III	VII-X	25 jours (& l'histoire de Ménuel)	juin-mi-juillet
ACC	X	quelques semaines	fin juillet
RAL IV	X-XI	8 jours	début août
ACC	XI-XII	quelques mois	sept-octobre
RAL V	XIII	2 jours	début novembre
ACC	XIV	quelques semaines	mi-fin novembre
RAL VI	XIV-XXI	25 jours	décembre
ACC	XXI	1 mois	janvier 1834
RAL VII	XXI-XXII	2 jours	fin janvier
ACC	XXII	1 mois	fin février
RAL VIII	XXII-XXVII	8 jours	mars
ACC	XXVIII-XXIX	2 mois	jusqu'à mai
RAL IX	XXIX-XXXII	4 jours	mai
ACC	XXXII-XXXIII	15 ou 21 jours	juin
**RAL X	XXXIII-XLI	56 jours	juin-juillet

Ce tableau précise très clairement le mouvement d'oscillation générale entre les deux procédés de la durée, mais nous devons examiner en détail certaines de ces manifestations rythmiques. Par exemple, après le sommaire liminaire qui se déroule selon une temporalité volontairement ambiguë (« C'était à l'époque d'une des célèbres journées de juin, avril ou février 1832 ou 34 », LL 1: 95)[8], le ralentissement initial du roman (RAL I) révèle assez bien le soin que prend Stendhal de maintenir une datation floue tout en présentant néanmoins un point de repère temporel précis. Car, bien que l'année ne soit jamais indiquée exactement, Stendhal insère dans le chapitre IV une date, « le 24 mars 183* » (LL 1: 124), à partir de laquelle on peut suivre précisément le déroulement des huit premières journées du roman, du 19 mars, « Quelquefois [M. Leuwen] plaisantait [Lucien].

"Savez-vous, lui disait-il un jour . . ." » (LL 1: 96), au 26 mars, c'est-à-dire jusqu'à la soirée « terrible » pour Lucien à Nancy huit jours après l'entretien avec son père (LL 1: 151-52). Suit une période plus accélérée de « six semaines » (LL 1: 165) dans laquelle l'emploi de l'itération indique le passage temporel imprécis[9]. Cette période accélérée se termine avec un court ralentissement (RAL II) des « arrêts » de vingt-quatre heures de Lucien, interrompu par l'analepse au temps de la narration qui indique le passage de quelques jours lorsque Lucien écrit à son père[10]. La réponse de celui-ci déclenche le deuxième ralentissement étendu de cette division, le fil continu de vingt-cinq jours qui se développe pourtant en trois mouvements rythmiques distincts: d'abord, les trois jours à partir de la réponse du père de Lucien, lorsque ce dernier se bat en duel, y est blessé, et commence sa guérison en écoutant le récit de Ménuel, ce qui constitue une analepse durative introduite au temps de la narration, « Par forme d'épisode, nous conterons en passant cette vie d'un simple soldat » (LL 1: 178)[11]. Ensuite passent trois journées lorsque M. Du Poirier rend visite à Lucien pendant sa guérison, et après les scènes dialoguées de leurs rencontres, une ellipse survient (« Après trois semaines de retraite forcée . . . » LL 1: 196) pour accélérer le fil jusqu'au jour 24. Puis, le fil continu s'arrête le lendemain, après la visite de Lucien à l'hôtel de Mme de Commercy: « Quelques jours après, Mme de Commercy invita Lucien à dîner » (LL 1: 206).

Le mouvement rythmique oscille ensuite avec de brèves accélérations qui ponctuent deux ralentissements assez courts (RAL IV et V), mouvement où se présentent les premières rencontres de Lucien et les personnages de la société de Nancy pendant environ cinq mois, c'est-à-dire le déroulement chronologique jusqu'au mois de décembre 1833. Or, à cette oscillation entre sommaires et de nombreuses scènes descriptives et dialoguées s'ajoute l'emploi soutenu des effets itératifs, et on peut dire que *Lucien Leuwen* constitue un récit répétitif par excellence, surtout pendant la vie monotone que vit le héros dans le milieu social de Nancy[12]. Pourtant, un autre ralentissement étendu s'ensuit (RAL VI) lors du début des rapports sociaux de Lucien avec Mme de Chasteller, et du fait de sa longueur, ce ralentissement mérite une analyse détaillée. La rencontre initiale entre Lucien et Mme de Chasteller constitue seulement un fil de deux journées, vite rompu par l'indice, « pendant les jours qui suivirent », mais repris aussitôt par l'ellipse, « huit jours après que Lucien avait fait dans son cœur une découverte si humiliante, comme il entrait chez Mme de Commercy, il y trouva établie, en visite, Mme de Chasteller » (LL 1: 249), puis terminé après les présentations faites par Mme de Commercy (1: 251). Ce fil semble s'arrêter au début du chapitre XV avec l'indice imprécis, « il y eut un dîner chez les Serpierre » (LL 1: 253), mais un autre indice temporel dans le chapitre XVI nous permet d'étendre ce fil de journées consécutives: deux jours après le dîner « était le jour de fête d'une auguste personne, maintenant hors de France » (LL 1: 254), et le bal de la marquise de Marcilly se situe au jour 19 du fil continu lorsque « Mme de Chasteller adressa la parole à Lucien et fut presque coquette avec lui. Elle le regardait passer depuis si longtemps, que, *quoique à elle présenté depuis huit jours seulement*, il lui faisait presque l'effet d'une vieille connaissance » (LL 1: 264; nous soulignons). Le mouvement extrêmement ralenti de cette soirée, présenté en quatre chapitres, se traduit non seulement par des scènes descriptives et dialoguées, mais surtout par de nombreuses pauses des réflexions tantôt de Lucien, tantôt de Mme de Chasteller (chapitres XVI-XIX). Mais le fil de journées consécutives continue encore six jours, d'abord avec les démarches de Du Poirier auprès de Lucien pendant deux jours (le lendemain et le surlendemain du bal, LL 1: 295-97); ensuite, avec la rencontre de Lucien et Mme de Chasteller chez Mme de Commercy « cinq jours après le bal » (LL 1: 299); puis avec la réflexion de Lucien assis en face de l'hôtel de Pontlevé et la volupté simultanée que ressent Mme de Chasteller en apercevant par la fenêtre « le feu du cigare de Leuwen » (LL 1: 303). Enfin, ce fil longuement développé se rompt « le lendemain » lorsque « Leuwen agit absolument comme un fou » car « *en peu de jours*, il s'opéra chez Leuwen un changement complet. Dans le monde, on fut émerveillé de sa gaieté et de son esprit. "Il a de mauvais principes, il est immoral, mais il est vraiment éloquent, disait-on chez Mme de Puy-Laurens. —Mon ami, vous vous gâtez", lui dit *un jour* cette femme d'esprit » (LL 1: 304; nous soulignons).

Suivent d'autres oscillations des brèves accélérations dans les chapitres XXI, XXII, et XXIII qui amènent le récit jusqu'au mois de mai, accélérations interrompues par trois ralentissements de plus en plus étendus: les deux jours (RAL VII) des réflexions de Mme de Chasteller et de Lucien à la suite de leur rencontre au bal, et les lettres de ce dernier pendant le mois de janvier 1834 (chapitres XXI-XXII); les huit jours en mars, c'est-à-dire les échanges de lettres[13] et les promenades lorsque, « la première fois depuis trois mois », c'est-à-dire depuis décembre, « [Lucien] se trouvait en présence de cette étrange sensation » (LL 1: 329), jusqu'à la mise aux arrêts pour vingt-quatre heures de Lucien et aux manœuvres du 27e régiment de lanciers (chapitres XXIV-XXVI); enfin, les rencontres de Lucien et Mme de

Chasteller à l'hôtel de Pontlevé et chez Mme d'Hocquincourt (chapitre XXVII). Ce fil continu est interrompu alors par une ellipse typiquement stendhalienne, mais suivie aussitôt d'une intervention ironique au temps de la narration: « Le temps s'envolait rapidement pour notre héros. Mais les amants sont si heureux dans les scènes qu'ils ont ensemble que le lecteur, au lieu de sympathiser avec la peinture de ce bonheur, en devient jaloux et se venge d'ordinaire en disant: "Bon Dieu! Que ce livre est fade!" » (LL 2: 18). Et l'ellipse s'enchaîne aussitôt sur le même plan dans le chapitre suivant (XXVIII) et avec des effets itératifs:

> Nous prendrons la liberté de sauter à pieds joints sur les deux mois qui suivirent. Cela nous sera d'autant plus facile que Leuwen, au bout de ces deux mois, n'était pas plus avancé d'un pas que le premier jour.... Il se bornait à tenter de faire chaque jour ce qui actuellement, à l'heure même, lui faisait le plus de plaisir. Jamais il n'imposait une gêne, une peine, un acte de prudence au présent quart d'heure pour être plus avancé dans ses prétentions amoureuses auprès de Mme de Chasteller dans le quart d'heure suivant. (LL 2: 19)

Ce passage de deux mois se caractérise par la description ralentie d'une soirée typique de dialogues entre Lucien et Mme de Chasteller (chapitre XXVIII) et du sommaire des démarches de Mme d'Hocquincourt vis-à-vis de Lucien (le début du chapitre XXIX).

Or, ces rapports se lient à un autre ralentissement (RAL IX), les quatre jours au mois de mai qui consistent, d'abord, en des scènes descriptives et dialoguées de la société de Nancy (chapitres XXIX-XXX); puis, en des pauses des réflexions de Mme de Chasteller qui comprend la nature des sentiments qui se développent entre Mme d'Hocquincourt et Lucien, et des réflexions de ce dernier lorsqu'il considère son sort (chapitre XXXI); enfin, en la scène dialoguée ponctuée des réflexions des personnages (chapitre XXXII) lorsque Mme de Chasteller « expliqua à notre héros les raisons qui lui faisaient désirer de le voir moins souvent et moins longtemps, tous les deux jours par exemple » (LL 2: 57-58). Cette scène se termine par leurs mouvements de tendresse qui rendent Lucien « ivre de bonheur » (LL 2: 59). Puis, le temps de la narration fait accélérer le récit de nouveau: « Quinze jours ou trois semaines suivirent; ce fut peut-être le plus beau moment de la vie de Leuwen, mais jamais il ne retrouva un tel instant d'abandon et de faiblesse. Vous savez qu'il était incapable de le faire naître à force d'en sentir le bonheur » (2: 59). Ce mouvement plutôt accéléré se traduit non seulement par les procédés itératifs (« Il voyait Mme de Chasteller tous les jours.... Quelquefois, il lui prenait timidement la main, un jour même il tenta de l'embrasser », 2: 59), mais aussi par une analepse simultanée (« Pendant que la pauvre Mme de Chasteller oubliait le monde et croyait en être oubliée, tout Nancy s'occupait d'elle. Grâce aux plaintes de son père, elle était devenue pour les habitants de cette ville le remède qui les *guérissait de l'ennui* », 2: 61). Après la présentation des réflexions continues de Lucien (63-64), les démarches de Mme de Hocquincourt à son égard sont présentées au temps de la narration et avec des indices itératifs: « Cette *folie* de Mme d'Hocquincourt fut *peut-être* ce qui fit le plus haïr Leuwen parmi les hommes *prétendus raisonnables* de Nancy.... Ces messieurs aimaient à parler un quart d'heure tous les soirs à cette femme *si jeune, si appétissante, si bien mise*.... Telle commençait à être sa position, même dans le salon de Mme d'Hocquincourt, et il n'avait plus pour lui absolument que l'amitié de M. de Lanfort et le cas que Mme de Puy-Laurens, *inexorable sur l'esprit*, faisait de son esprit » (2: 64; nous soulignons les jugements au temps de la narration).

La Division II

Nous considérons le long ralentissement suivant (RAL X) comme une division complètement distincte puisqu'il s'agit d'une série d'analepses simultanées duratives où se présentent les activités de Lucien et de Mme de Chasteller pendant une période de presque deux mois lors de leur séparation, racontée en huit chapitres:

La Division II— Les analepses simultanées duratives

Procédé rythmique	Longueur du texte (en chapitres)	Durée chronologique	Date
RAL X 1. XXXIII-XXXVI (à Nancy) (seconde partie: l'adresse du narrateur au "lecteur bénévole")		jours 1-32	juin-juillet 1834
2. XXXVII-XXXVIII (Lucien à Paris)		jours 32-40	"
3. XXXIX-XL (Mme de Chasteller à Nancy)		jours 33-56	"
4. XLI (Lucien à Paris)		jours 40-56	"

Ce tableau indique les quatre mouvements de cette deuxième division:
  1. **Chapitres XXXIII-XXXVI:** Après l'accélération précédente de « quinze ou vingt et un jours », le rythme temporel se transforme de nouveau avec un ralentissement étendu de trente-deux jours à partir du concert qu'organise M. de Sanréal: d'abord, les neuf jours qui suivent le concert lors de la maladie de Mme de Chasteller (chapitre XXXIV); ensuite, le saut elliptique de onze jours depuis la dernière entrevue de celle-ci et Lucien (LL 2: 82, chapitre XXXV); puis, une rupture apparente (« Il arriva qu'*un soir* M. de Pontlevé . . . alla faire sa partie de whist chez Mme de Marcilly », LL 2: 84; nous soulignons) qui est reprise aussi dans le fil de journées consécutives: « Le lendemain, le docteur trouva Mme de Chasteller sans fièvre et tellement bien, qu'il eut peur d'avoir perdu tous les soins qu'il se donnait *depuis trois semaines* » (LL 2: 85; nous soulignons), donc le jour 30 depuis le début des démarches de Du Poirier le jour 9. C'est dans le chapitre XXXVI que se présente la scène qui éloignera définitivement Lucien de Mme de Chasteller, scène soigneusement préparée par Du Poirier et Mlle Bérard (LL 2: 85-88) et qui termine par la nuit des réflexions amères et même d'« une sorte de délire » de Lucien, suivie de son arrivée à Paris le jour 32 (LL 2: 89).
  2. **Chapitres XXXVII-XXXVIII:** Après l'adresse au « lecteur bénévole » par le narrateur qui introduit la seconde partie de *Lucien Leuwen* (2: 91-92), le fil de journées consécutives progresse pendant deux chapitres (XXXVII-XXXVIII), c'est-à-dire les neuf premiers jours (jours 32 à 40) du séjour de Lucien à Paris. Ce ralentissement comporte d'abord une longue conversation entre M. Leuwen et son fils à propos de la position que doit prendre ce dernier (chapitre XXXVII), puis des réflexions de Lucien le même soir (LL 2: 99-102) suivies d'un autre entretien avec son père à l'Opéra (2: 103-05) et de nouvelles réflexions (2: 105-07); enfin, une ellipse de huit jours lorsque Lucien est nommé maître des requêtes « au bureau particulier de M. le comte de Vaize, ministre de l'Intérieur » (LL 2: 107).
  3. **Chapitres XXXIX-XL:** La première analepse simultanée fait remonter le récit au « surlendemain du brusque départ de Lucien » (LL 2: 109), c'est-à-dire le jour 33. La durée du mouvement temporel subséquent reste assez vague pendant l'expression d'étonnement par la société de Nancy à ce départ, y comprise Mme de Chasteller: « Ne m'avoir pas écrit, à moi qu'il jurait de tant aimer, à moi, hélas, dont il voyait tant de

faiblesse!... et je lui ai écrit six fois au moins depuis que je suis malade » (LL 2: 111), c'est-à-dire depuis à peu près un mois. Après une analepse où le narrateur révèle explicitement au « lecteur » les démarches entreprises sous les ordres du marquis de Pontlevé par la directrice de la poste de Nancy, Mme Cunier, pour empêcher toute correspondance entre Lucien et Mme de Chasteller, le mouvement temporel reprend d'abord avec l'entretien entre Mmes de Chasteller et de Constantin qui débute avec l'indice temporel, « six semaines sans un mot de toi » prononcé par celle-ci (LL 2: 112) et se termine par l'indice « et voilà neuf jours qu'il est parti » prononcé par celle-là (2: 116), c'est-à-dire le jour 40 du fil continu. Ensuite, une prolepse au début du chapitre XL détermine les limites de cette analepse simultanée: « Les soupçons de Mme de Chasteller lui fournirent une objection décisive à la proposition de suivre Mme de Constantin à Paris si son mari était nommé député. "N'aurais-je pas l'air, lui dit-elle, de *courir après* M. Leuwen?" Pendant les quinze jours qui suivirent, cette objection occupa seule les moments les plus intimes de la conversation des deux amies » (LL 2: 117). Puis, après le mouvement exact de trois jours lors du départ de Mlle Bérard, le mouvement continu semble être interrompu avec plusieurs indices imprécis (LL 2: 118-20). Mais lors d'une promenade des deux amies au *Chasseur vert*, le fil continu reprend avec l'indice, « ce fut là que l'ultimatum sur le voyage de Paris fut arrêté » (LL 2: 120), c'est-à-dire à la fin des quinze jours annoncés plus haut, donc le jour 55 du fil continu global de cette division. Ce n'est qu'à partir du lendemain que ce fil continu est rompu, avec l'indice: « Le départ arrêté, il y eut de grandes scènes à ce sujet avec M. de Pontlevé.... "Il n'est pas difficile d'être aimable quand on ne se refuse rien", répétait-il *un soir* » (LL 2: 121; nous soulignons). Enfin, après quelques scènes descriptives et dialoguées d'une durée imprécise, c'est le temps de la narration qui intervient pour déplacer le récit vers une deuxième analepse simultanée: « Nous supprimons ici huit ou dix pages sur les faits et gestes de M. Dumoral préparant les élections... Retournons à Paris, chez le ministre de M. Dumoral. A Paris, les manœuvres des gens du pouvoir sont moins dégoûtantes » (LL 2: 124).

4. Chapitre XLI: La deuxième analepse simultanée fait remonter le récit au soir 40, c'est-à-dire au « jour où le nom de Leuwen avait paru si glorieux dans le *Moniteur* » (LL 2: 125), et le mouvement ralenti s'étend par l'emploi des scènes descriptives et dialoguées et par quelques réflexions pendant les premières journées de Lucien au ministère de l'Intérieur (LL 2: 125-30). Puis, comme dans les sections précédentes, le fil continu est interrompu, en l'occurrence avec l'indice, « peu de jours après, Lucien invita à dîner un peintre de beaucoup d'esprit, Lacroix » (LL 2: 130), suivi d'un sommaire et de divers dialogues. Mais le fil est vite repris le jour 48 dans une réflexion de Lucien à propos de M. et Mme de Vaize: « Me voilà, se disait-il, sur le ton de l'intimité avec deux êtres dont je ne connaissais pas la figure il y a huit jours » (LL 2: 131), c'est-à-dire le jour 40. Enfin, ce fil de journées consécutives se termine le même jour que l'analepse simultanée précédente, le jour 56, après une autre ellipse, « Au bout de huit jours de cette vie-là, Lucien fut de retour sur la terre; il avait surmonté l'ébranlement produit par la dernière soirée à Nancy », et avec un effet itératif qui décrit la nouvelle vie de Lucien, « six heures au bureau de la rue de Grenelle le matin, une heure au moins à l'Opéra le soir. Son père, sans le lui dire, l'avait précipité dans un travail de tous les moments » (LL 2: 132).

La Division III

Dans la seconde partie de *Lucien Leuwen*, on retrouve une autre série d'oscillations entre six ralentissements et cinq accélérations:

La Division III— Les six fils de journées consécutives

Procédé rythmique	Longueur du texte (en chapitres)	Durée chronologique	Date
RAL I	XLI	2 jours	août 1834
ACC	XLII	quelques semaines	août-sept
RAL II	XLII	2 jours	septembre
ACC	XLII	quelques semaines	sept-oct
RAL III	XLIII-XLV	18 jours	octobre
ACC	XLV	quelques semaines	novembre
RAL IV	XLVI-LIV	29 jours	9 nov au 7 déc
ACC	LIV	1 mois	décembre
RAL V	LIV	2 jours	décembre
ACC	LIV	1 mois	janvier 1835
RAL VI	LIV	38 jours	janvier-février

Comme ce tableau le montre, les deux premières oscillations aussi bien que la cinquième sont presque identiques, c'est-à-dire des passages de deux jours consécutifs (de scènes descriptives et dialoguées et de réflexions): d'une part, il s'agit d'abord du mouvement par lequel se termine le chapitre XLI, à partir d'« un jour de grand soleil » (LL 2: 133) jusqu'à la longue discussion entre Leuwen père et fils le lendemain soir, suivie d'une rupture, « Pendant les jours qui suivirent cette leçon paternelle . . . » et d'une accélération, traduite par des effets itératifs (LL 2: 145), qui correspond au mouvement des semaines jusqu'au début du mois de septembre. Ensuite, un deuxième fil de deux journées consécutives (RAL II) se situe au chapitre XLII lors de la soirée chez Mme Grandet et du dîner le lendemain, suivi de nouveau du mouvement accéléré de la fin du chapitre, mouvement souligné par un effet itératif, « Lucien était fidèle à sa promesse et, deux fois la semaine, il paraissait dans le salon le plus aimable du *juste milieu* » (LL 2: 148), et par l'entretien entre lui et sa mère (2: 148-50). Puis, vers la fin de cette division, un bref ralentissement de deux jours dans le chapitre LIV interrompt les deux accélérations d'un mois chacune qui l'entourent (LL 2: 321-22).

D'autre part, les ralentissements III, IV et VI se distinguent nettement des mouvements ralentis précédents:

1. Dans le cas des 18 jours consécutifs présentés en presque trois chapitres (RAL III), il s'agit de « la mission la plus délicate et la plus honorable » (LL 2: 151) qu'entreprend Lucien au nom du ministre, celle de l'affaire Kortis (2: 151-75) à la fin de laquelle Lucien s'absente de Paris pour voyager à Nancy[14].

2. Dans l'épisode des activités de Lucien, d'abord, lors de la « campagne amoureuse » que M. Leuwen ordonne à son fils de mener, puis des campagnes électorales en province auxquelles Lucien et Coffe doivent participer (RAL IV), deux détails permettent de situer à la fois le mois et les dates précises de ce fil de journées consécutives: d'une part, la référence, « plusieurs amis du gouvernement trouvaient absurde que la *Tribune* en fut à son centième procès » (LL 2: 249), indique que ces activités ont lieu au courant du mois de novembre 1834[15]; d'autre part, une note dans la marge du texte situe la chronologie à partir du soir 8: « Le dîner a lieu à cinq heures, le 16; le courrier arrive à six heures du soir. Leuwen était arrivé à Caen ou Le Havre le 16 au matin » (LL 2: 506, n. 497). Ainsi, les étapes de ces campagnes se déroulent-elles selon la chronologie suivante:
—l'entretien de M. Leuwen avec son fils a lieu le soir du 9 novembre, et les journées de corvée de ce dernier durent jusqu'au matin du 12 (LL 2: 186-220);

—ensuite, après l'arrêt dans le département du Cher pendant « trente-six heures » (jusqu'à la nuit du jour 5, 2: 249-50), Lucien et Coffe passe une journée entière en voyage (2: 250-52), et puis six jours à « ***, chef-lieu du départment de . . . , où l'on redoutait tant l'élection de M. Mairobert » (2: 252), c'est-à-dire les chapitres XLIX à LIII;
—enfin, les premiers jours du retour de Lucien à Paris correspondent aux jours 13 et 14 lorsqu'il reprend la « campagne » amoureuse (chapitres LIII et LIV), et « quinze jours après », c'est-à-dire le jour 29, « le changement opéré chez M. Leuwen étonnait ses amis: il faisait sa société habituelle de trente ou quarante députés nouvellement élus et les plus sots » (LL 2: 319).

3. Quant au ralentissement VI par lequel se termine cette division, il s'agit d'un mouvement assez rapide de journées consécutives suivies de sauts elliptiques pendant l'activité politique frénétique de M. Leuwen en janvier-février 1835:
—son second discours à la Chambre le jour 4 (LL 2: 323) et les résultats partisans pendant les journées suivantes (2: 324-26);
—plusieurs sauts elliptiques, d'abord les « huit jours au lit » de Leuwen suivis de « sa seconde sortie » le jour 13 (2: 326-28);
—puis, le mouvement rapide jusqu'au jour 36: « Huit jours après », c'est-à-dire le jour 21, « M. Coffe était sous-chef aux Finances avec six mille francs d'appointements et la condition expresse de ne jamais paraître au ministère. "Etes-vous content? dit le ministre des Finances, à la Chambre, à M. Leuwen. —Oui, de vous." Quinze jours après . . . », le jour 36, « la Chambre était toute en conversations » (2: 328);
—enfin, l'affrontement politique à la Chambre et les menées parlementaires des journées suivantes par lesquelles se termine le chapitre LIV.

La Division IV

Dans la division III, la datation précise ne s'est pas faite sans difficultés car, à deux moments, on trouve des indices temporels qui infirment la chronologie interne: d'abord, pendant la « campagne » amoureuse en automne, Lucien se dit, « A demain les affaires », et le narrateur d'ajouter, « Ce demain-là n'était qu'une façon de parler, car quand il éteignit sa bougie les tristes bruits d'une matinée *d'hiver* remplissaient déjà la rue » (LL 2: 195; nous soulignons); ensuite, peu après l'arrivée de Lucien et Coffe à ***, « Leuwen, qui regardait sa montre à chaque instant, craignait les brumes dans *une journée d'hiver* » (2: 264; nous soulignons). Or, les derniers chapitres de *Lucien Leuwen* révèlent des mouvements assez discontinus non seulement en ce qui concerne l'ordre temporel, mais aussi la précision des oscillations rythmiques, surtout comparées aux mouvements des divisions I et III:

La Division IV— Le rythme discontinu jusqu'au dénouement

Procédé rythmique	Longueur du texte (en chapitres)	Durée chronologique	Date
1.			
RAL (analepse-Du Poirier)	LV	2 jours	novembre 1834
RAL (analepse-le général Fari)	LVI	10 jours	décembre 1834
RAL (analepse-la session législative)	LVII	46 jours	nov-déc 1834
2.			
RAL I	LVIII	5 jours	février 1835
ACC	LVIII-LIX	quelques semaines	février-mars
RAL II	LIX-LXIII	9 (ou 21) jours	mars
ACC	LXIII	quelques jours	mars
RAL III	LXIV-LXV	6 jours	mars
3.			
ACC & RAL (le dénouement)	LXVI	17 jours + le voyage	mars-avril

Deux des premiers ralentissements de cette division sont des analepses non pas grâce aux indices analeptiques communs, mais seulement dans la mesure où il est difficile de situer ces ralentissements précisément dans la chronologie interne déjà établie. En ce qui concerne le bref ralentissement de la menace posée par le ministre de l'Intérieur au général Fari, il se situe clairement à la suite des activités électorales de Lucien en province, mais avant (ou pendant) les menées parlementaires de son père: « Un jour, Lucien entra tout ému dans le cabinet du ministre: il venait de voir dans un rapport mensuel de police communiqué par le ministre de l'Intérieur à M. le maréchal ministre de la Guerre que le général Fari avait fait de la propagande à Sercey, où il avait été envoyé, par le ministre de la Guerre, huit ou dix jours avant les élections de Caen » (LL 2: 339). Par contre, si les difficultés de situation temporelle du chapitre LVIII, intitulé « Du Poirier » par Stendhal, se résolvent en partie grâce au maniement habile de ses fragments[16], l'analepse de la session législative pose un problème essentiel de la conception romanesque et temporelle de Stendhal, c'est-à-dire la mise en question des rapports de l'histoire contemporaine vis-à-vis de la création romanesque. Car, tandis que les nombreuses références plus ou moins voilées de Stendhal aux faits actuels dans *Lucien Leuwen* ne correspondent souvent pas au déroulement de la chronologie implicite dans le texte, il ne s'agit pourtant pas pour lui de transformer le roman en histoire. Comme le souligne M. Crouzet:

> Le problème du romancier politique est de construire une vie politique fictive qui soit assez proche de la réalité historique, pour que le « consensus » sur le vraisemblable lui permette d'être compris des lecteurs, et assez éloignée de l'actualité, pour que la fiction se développe librement et enrichisse de ses significations proprement romanesques l'objectivité « satirique » ou journalistique, dont Stendhal affirme simultanément qu'elle est indispensable et mortelle au roman. (LL 2: 58)[17]

Nous voilà encore devant la volonté chez Stendhal d'imposer un « vraisemblable » nouveau, original, grâce au développement du réalisme subjectif, et l'épisode de la session législative illustre bien l'emploi délicat des données historiques par Stendhal, c'est-à-dire cette « marge de flou délibéré, une tendance à concentrer les faits en un seul, et à ramener le divers de l'événement à un cas exemplaire » (Crouzet, LL 1: 58; voir aussi 1: 68). A partir du moment le jour 1 dans cet épisode où « Lucien reçut donc [M. des Ramiers] très bien quant il vint, un matin, lui parler d'affaires » (LL 2: 343), le ralentissement se déroule selon une série de sauts elliptiques grandissants: de « moins de quatre jours après » (2: 344), au jour 15, après « quinze jours de démarches » (2: 345), puis au jour 26, « huit jours après » (2: 345), au jour 34, encore « huit jours après » (2: 346), et au jour 45, « onze jours après » (2: 346)[18].

Dans la sous-division IV.2, le récit premier suspendu à la fin de la division III est repris avec l'oscillation rythmique de l'activité tantôt politique de M. Leuwen, tantôt sentimentale de Lucien[19], c'est-à-dire le ralentissement de cinq journées consécutives de pourparlers à partir de l'entretien de M. Leuwen avec le roi (LL 2: 349-54), puis de l'accélération de l'activité sociale et de la crise ministérielle, ralentie souvent par des entretiens et des réflexions. Ensuite, les rapports progressivement intimes entre Lucien et Mme Grandet, grâce aux négociations compliquées entre celle-ci et M. Leuwen, se traduisent par une série de chapitres dominés par les divers procédés de ralentissement:

Au chapitre LIX, la série de journées consécutives est précédée d'une analepse instantanée qui résume la transformation de l'atmosphère sociale pour Lucien: « Depuis le grand succès que son second discours à la Chambre avait procuré à M. Leuwen, Lucien remarqua qu'il était un tout autre personnage dans le salon de Mme Grandet » (LL 2: 365), analepse qui se répète le soir du jour 1: « Tout cet ensemble de choses durait depuis six semaines... quand, un beau jour, Mme Grandet écrivit à M. Leuwen pour lui demander une heure de conversation le lendemain, à dix heures, chez Mme de Thémines » (LL 2: 368). Ce premier affrontement entre Mme Grandet et M. Leuwen le jour 2 consiste en une scène dialoguée et descriptive entrecoupée par les réflexions des deux personnages, et la description de l'attitude et des pensées de M. Leuwen renforce l'impression de lenteur: par exemple, « Enfin, Mme Grandet passa aux louanges de sa propre sincérité.... M. Leuwen comptait les minutes à la pendule de la cheminée » (LL 2: 368); « D'un autre côté, il est parfaitement exact que, quoique j'aie le plaisir de me moquer un peu d'elle, elle m'ennuie, ou du moins je compte les minutes à la pendule » (2: 369-70). La réponse et le départ abrupts de M. Leuwen inspirent des réflexions à Mme Grandet qui continuent pendant le soir 2 jusqu'au soir 3 (LL 2: 371-79). Puis, le chapitre LX débute avec l'analepse simultanée durative, « Pendant que Lucien s'étonnait, à l'hôtel Grandet, de la physionomie de l'accueil qu'il recevait ce jour-là, Mme Leuwen avait une grande conversation avec son mari » le soir 3 (LL 2: 375), ralentissement qui occupe le chapitre entier.

Ensuite, au chapitre LXI, les réflexions de Mme Grandet ayant abouti à sa demande d'un deuxième rendez-vous à M. Leuwen (le jour 4), une autre discussion s'ensuit pendant laquelle M. Leuwen propose à Mme Grandet un marché surprenant, mais avantageux pour les deux, et elle se sent obligée de consulter son mari. Donc, après un quatrième ralentissement dû à l'entretien de stratégie entre les époux Grandet (chapitre LXII), le chapitre LXIII commence avec l'ultimatum de Lucien et l'invitation directe de Mme Grandet: « Si vous ne répondez pas à mon amour fatal, il ne me reste d'autre ressource que de me brûler la cervelle. —Eh! bien, vivez et aimez-moi.... Votre présence ce soir m'ôterait tout l'empire que je dois avoir sur moi-même pour répondre à tant de monde. Allez parler cinq minutes à mon mari, et venez demain à une heure, à cheval s'il fait beau »

(LL 2: 396). Suivent alors des réflexions de Lucien sur le bonheur, puis l'ellipse des événements de cette soirée:

> « Goûtons bien ce bonheur, pour ne pas le regretter comme un enfant quand il sera passé. »
> Quelques jours après, Lucien, descendant de cabriolet pour monter chez Mme Grandet, fut séduit par l'éclat d'un beau clair de lune. (LL 2: 396)

Cette ellipse rompt ainsi le fil de journées consécutives à l'intérieur du récit premier. Pourtant, les indices marginaux de Stendhal rétablissent le déroulement continu tout en mettant en question de nouveau la chronologie interne puisque le plan de Stendhal, que nous pouvons comparer au déroulement temporel interne, est très précis à cet égard:

Chronologie de Stendhal	Déroulement interne
	Chapitre LXIII
« **1er décembre.** Mme Grandet demande une entrevue le 30 novembre à M. Leuwen. »	mars 1835: jours 1 & 2
« Elle a cette entrevue le 1er décembre, qui lui propose de se donner à Lucien. »	jour 2
« Mme Grandet digère l'espoir du ministère. Nuit d'ambition satisfaite. »	soir 2
« **6 décembre.** Nouvelle conversation entre Mme Grandet et M. Leuwen. »	jour 4
« Scène entre Mme Grandet et son mari sur le ministère. »	soir 4
« **8 décembre.** Intimité. »	soir 8—jour 9
« **10 décembre.** Soliloque de Lucien séduit par une belle lune. »	« quelques jours après » (2: 396): jour 10
« **15 décembre.** M. Grandet fait des phrases et la bête avec le vieux maréchal. »	« Le lendemain » (2: 400): jour 11
« **18 décembre.** Mme Grandet fait entendre à M. Leuwen qu'elle croit être trahie. »	sans indice précis: jour 14
« Désespoir d'honnête homme de M. Leuwen. »	jour 14: Leuwen s'aperçoit des soupçons de Mme Grandet
« **19 décembre.** Sotte confidence de M. Leuwen à son fils. »	« ce même jour » (2: 403): soir 14

Chronologie de Stendhal	Déroulement interne
« Seconde promenade sur les dalles de la place de la Madeleine. (Première promenade quatre jours auparavant, le 15 décembre...) Il pèse l'Amérique.... Vif et doux plaisir à l'Opéra...»	nuit 14 (la première a eu lieu 4 jours auparavant selon le déroulement interne, mais le soir du 10 décembre selon Stendhal)
	Chapitre LXIV
« Il ne paraît pas chez Grandet. Lucien loue un appartement rue Lepelletier. Mme Grandet l'attend dans son salon avec anxiété. Lucien est naturel. Nuit affreuse de Mme Grandet, la première de ce genre qu'elle ait eue. » « **20 décembre.** Lettre à Lucien. »	nuit 14 (analepse) 2h30: lettre de Mme Grandet (2: 416) Vers 3h: réponse froide de Lucien (2: 417)
	Chapitre LXV
« Scène entre Lucien et Mme Grandet. Mme Grandet atterrée, sensation nouvelle pour elle. » (LL 2: 533-34)	jour 15

    C'est avec cette dernière conversation, le cinquième ralentissement de ce genre en six chapitres, que se termine la deuxième étape de l'apprentissage social de Leuwen, car le soir même, après avoir reçu un congé d'un mois du ministre de Vaize, quitté ses parents en leur disant qu'il allait du côté de la Normandie, et rendu une brève visite à Mme Grandet, « il partit pour Nancy, ne regrettant rien à Paris et désirant de tout cœur d'être oublié par Mme Grandet » (LL 2: 428). Enfin, le dénouement au chapitre LXVI débute par l'ellipse de la mort de M. Leuwen, et le retour de Lucien à Paris déclenche un dernier fil de journées consécutives: le jour 1, Lucien rend visite à sa mère, puis au comptoir de M. Reffre (LL 2: 429-31); le lendemain et le surlendemain, « M. Reffre répéta ses offres », puis fait signer le contrat par Lucien et sa mère (2: 431-32). Deux analepses simultanées ponctuelles indiquent les activités parallèles qui occupent Lucien lors de cette négociation: d'abord, « Pendant ces transactions, Lucien vit fort peu de monde.... Lucien fut bien étonné de recevoir une lettre de Mme Grandet,... qui lui assignait un rendez-vous à Versailles, rue de Savoie, numéro 62 » (2: 432-33). Or, le sommaire de cet entretien pénible de « deux heures et quart » constitue une prolepse de courte portée* puisque sa date, le jour 4, ne se révèle qu'après l'analepse simultanée suivante: « Pendant ce temps, Lucien suivait une négociation bien différente avec le vieux maréchal. . . . Quelques jours avant la course à Versailles », le jour 2, « Lucien avait vu entrer chez lui un des officiers du maréchal qui, de la part du vieux ministre, l'avait engagé à se trouver le lendemain », le jour 3, « au ministère de la Guerre, à six heures et demie du matin » (2: 433). Il accepte le poste diplomatique que lui offre le maréchal « le lendemain » (jour 4), et « en revenant de Versailles », c'est-à-dire du rendez-vous avec Mme Grandet, il doit se rendre de nouveau au ministère pour une deuxième discussion avec le maréchal à propos de « sa place de second secrétaire d'ambassade à Capel » (2: 434-35). Les événements s'accélèrent dans les derniers paragraphes avec l'ellipse de huit jours lorsque Lucien reçoit l'avis de sa nomination (jour 12); le départ trois jours plus tard (jour 15); l'arrêt de deux jours sur le lac de Genève (jours 16-17); enfin, la rupture du fil continu pendant le voyage en Italie jusqu'à l'arrivée de Lucien à son poste à Capel (2: 435-36).

2. L'énergie temporelle et le réalisme subjectif

Cet examen détaillé des procédés de la temporalité romanesque suggère plusieurs conclusions: d'une part, on remarque de nouveau comment Stendhal mélange parfois les procédés de l'ordre et de la durée temporels afin de traduire l'agitation émotive des personnages, en l'occurrence dans la division II, où les analepses simultanées correspondent au trouble sentimental profond de Mme de Chasteller et de Lucien lors de leur séparation. Mais, d'autre part, on constate surtout la domination du rythme temporel par les procédés de ralentissement et surtout par l'emploi de nombreuses séries de journées consécutives. Car, jusqu'au chapitre XLII, c'est-à-dire la période de seize mois des divisions de l'épisode de Nancy et des analepses simultanées au moment de la séparation de Lucien et Mme de Chasteller, on repère dix ralentissements en forme de fils de journées consécutives, plusieurs d'à peu près un mois, qui dominent vingt-cinq des quarante-et-un chapitres, tandis que le dixième ralentissement, la série complexe des activités simultanées de Lucien et Mme de Chasteller, comporte une durée entièrement ralentie de presque deux mois en huit chapitres. En ajoutant aux trente-trois chapitres ralentis des divisions I et II les quinze chapitres dominés par les procédés de ralentissement dans les divisions III et IV, on comprend que ces procédés ralentis dominent la structuration temporelle de presque trois quarts du roman.

Ces observations soulignent un autre aspect essentiel, cette fois à propos du rapport entre l'énergie et la temporalité: tandis que le cas d'*Armance* révèle l'effet particulier de la domination anachronique pour l'expression énergétique, un autre effet paraît dans *Lucien Leuwen*, celui du développement extrêmement étendu d'un seul élément rythmique, c'est-à-dire le ralentissement. Etant donné cet emploi des procédés ralentis de la durée et de l'itération temporelles, le résultat du manque d'oscillation équilibrée et soutenue entre les éléments de la durée est un effet d'« épuisement temporel » qui s'exprime non seulement par les traits narratifs repérés ci-dessus, mais aussi directement dans l'expérience politique et sentimentale du héros. Car, soumis à la lourdeur bouffonne du milieu aristocratique à Nancy, Lucien parvient néanmoins à échapper provisoirement à l'ennui grâce à la sensation momentanée de bonheur qu'il éprouve avec Mme de Chasteller, et ceci malgré son tempérament sanguin, donc bien français selon Stendhal[20], qui se manifeste par l'impossibilité de renouveler ses sentiments vu que Lucien, nous dit le narrateur, « était incapable de faire naître [un tel instant d'abandon et de faiblesse] à force d'en sentir le bonheur » (LL 2: 59). Commence alors la deuxième étape de la formation de Lucien lorsqu'il « s'exile » de l'être aimé, et comme le révèle le mouvement temporel ralenti, il se condamne à la vie monotone d'un fonctionnaire qui ne peut que rêver la passion, sans pouvoir la vivre[21]. François Landry décrit bien le dilemme de Lucien:

> Ce qui manque à Lucien c'est l'énergie, par laquelle l'acte a de la valeur parce que son sujet l'accomplit, et non parce qu'il le mesure selon une échelle extérieure à lui. L'amour était possible à Nancy à la façon d'une virtualité qu'il appartient à Lucien de saisir, dans une société pourtant hostile; tandis qu'à Paris, il ne trouve que le simulacre de sentiments dégradés et qu'il doit feindre d'éprouver.... Entre Julien qui progressait grâce à l'appui du marquis de La Mole—et cela n'excluait pas l'affection—et Lucien qui explore la platitude grâce aux millions de son père, la différence est assez manifeste pour qu'on puisse voir dans *Lucien Leuwen* une dépression de l'imaginaire stendhalien, confronté d'un côté à une enquête sur la modernité qui ne rencontre que la médiocrité, et de l'autre à une nostalgie du passé qui se heurte partout au ridicule. (*L'imaginaire chez Stendhal* 247-48)

Mais cette « dépression », et selon nous, la « crise de la temporalité » de Stendhal dans *Lucien Leuwen*, aboutit à une issue, à la fois narrative et discursive. On remarque que Lucien semble reconnaître les contraintes temporelles de sa situation, ne serait-ce qu'à propos de la campagne électorale: « Je sens combien je m'expose en me mêlant aussi activement d'une affaire désespérée. . . . Mes moyens sont ridicules par le peu d'importance que leur donne l'étranglement du temps » (LL 2: 286). Cette prise de conscience du caractère « ridicule » des moyens et de « l'étranglement du temps » peut être comprise comme l'envers narratif de la trahison que Stendhal opère, selon Gabrielle Pascal, de « l'apprentissage [de Lucien], c'est-à-dire, indirectement, [du] père » Leuwen grâce à l'emploi du rire et de l'ironie pour subvertir « l'éducation » du héros par Develroy, Coffe et M. Leuwen[22]. A ce « désir du père » dont l'étranglement du temps et l'épuisement temporel sont les manifestations narratives, est substitué « le désir de soi, encore hésitant mais décisif » (G. Pascal 177). Car ce n'est qu'en abandonnant la quête du meilleur style social, puis en perdant entièrement sa place dans le milieu bourgeois[23], que Lucien dépasse la monotonie de la mondanité pour accéder à une nouvelle façon d'être à laquelle correspond le rythme accéléré de la dispersion temporelle et du déplacement qui caractérisent le chapitre final. Mais cette « libération » ultime de Lucien a un sens à la fois politique et personnel puisque « ce n'est qu'après avoir bu jusqu'à la lie (et très concrètement: la boue de Blois) l'amer calice de la politique que Lucien . . . pourra enfin s'ouvrir à l'ordre vivant du cœur » (Ph. Berthier, « Le jeu préfaciel » 162).

Cette formation mondaine ratée et la libération qui en résulte dépendent autant de la prise de conscience de Lucien lors de la « sotte confidence » de son père que des circonstances familiales tragiques du dénouement. Il est clair alors que la temporalité de cette « mise en scène d'un étouffement, d'une confiscation du moi filial par un père trop bien intentionné »[24] qu'est *Lucien Leuwen* correspond à la lenteur de l'asphyxie qui oppresse le héros jusqu'à ce que la prise de conscience, puis la disparition de la cause de « l'étouffement » lui offrent la possibilité d'une nouvelle identité et de l'émancipation au-delà des contraintes mondaines et filiales[25]. C'est dans cette perspective que l'on doit concevoir l'inachèvement chez Stendhal, comme « une vision du monde et un art », selon J.-J. Hamm, c'est-à-dire un procédé qui « permet de séduire le lecteur, de l'inviter à la rêverie sur les possibles »[26]. La double issue temporelle, à la fois narrative et discursive, de *Lucien Leuwen* contribue à définir l'esthétique stendhalienne de « l'(in)achèvement »: dans un premier temps, le combat incessant de Lucien avec l'ennui et l'impossibilité apparente de trouver le bonheur correspondent si bien à la domination textuelle des procédés de ralentissement qu'au lieu de parler d'un roman inachevé, on pourrait le qualifier avec un néologisme, de roman « surachevé », au sens du mot anglais « overkill », du moins quant à la perspective temporelle. Les derniers paragraphes du roman suggèrent que le héros arrive non seulement à pouvoir se soumettre à « un état d'attendrissement et de sensibilité aux moindres petites choses qui lui eût causé bien des remords trois ans auparavant » (LL 2: 436). Ces paragraphes suggèrent aussi qu'en reconnaissant la nécessité de « prendre envers les gens qu'il allait voir le degré de sécheresse convenable », Lucien commence sa nouvelle vie en suivant et peut-être équilibrant une temporalité double, de soi et du monde, à peine ébauchée ici. Si inachèvement il y a dans *Lucien Leuwen*, ce n'est pas sur le plan discursif, c'est-à-dire du déroulement temporel au niveau du récit, mais sur le plan narratif, de l'épanouissement du héros dans la possibilité de cette temporalité nouvelle dont Stendhal approfondit les traits par rapport aux thèmes de l'amour et la mort dans *La Chartreuse de Parme*.

Chapitre V
Temporalité fictive et réalisme subjectif dans *La Chartreuse de Parme*

DE TOUS LES ROMANS DE STENDHAL, *La Chartreuse de Parme* est celui pour lequel la mise au point du cadre temporel posera le moins de problèmes, puisque les dates limites du roman, du « 15 mai 1796 » à « la fin de 1830 », sont présentées dès les premières pages[1]. Il semble même curieux que, afin de créer un roman vraiment historique, Stendhal abandonne la règle qu'il s'est imposée depuis longtemps et qu'il précise lors de la rédaction de *Lucien Leuwen*, celle de ne pas préciser trop exactement les dates dans le texte[2]. Cet abandon est d'autant plus frappant dans *La Chartreuse de Parme* que l'on repère, en plus des dates liminaires citées ci-dessus, de nombreuses dates précises le long du texte. Pourtant, malgré la chronologie du roman soigneusement établie par Henri Martineau[3], les dates explicites signalées par Stendhal n'en posent pas moins quelques difficultés par rapport au déroulement *interne* du texte, difficultés qui appartiennent souvent à l'ordre des « inadvertances et imprécisions » soulignées avec soin par Raymond Rhéault[4]. Comme nous l'avons vu dans les chapitres précédents, aucune chronologie brute, si exacte qu'elle soit, ne pourrait tenir compte, d'une part, de la « constance de vitesse » sans mettre en valeur le rapport entre la durée de l'histoire et la longueur du texte, d'autre part, des anachronies diverses sans détailler les oscillations textuelles de l'ordre temporel.

Afin de mieux comprendre l'agencement de ces procédés dans *La Chartreuse de Parme*, nous adoptons le plan de travail suivant: nous devons préciser d'abord les différents éléments de la temporalité narrative, c'est-à-dire la manifestation du temps de la narration aussi bien que les procédés de la durée et de l'ordre temporels. Le fonctionnement de ces éléments soulignera quelques ressemblances entre *La Chartreuse de Parme* et les deux premiers romans de Stendhal: d'une part, le même emploi de la durée se repère à la fois dans la *Chartreuse* et dans *Le Rouge et le Noir*, c'est-à-dire l'accélération ou le ralentissement du tempo narratif dans chaque division, et la variation entre ces deux procédés à l'intérieur des sous-divisions temporelles. D'autre part, *La Chartreuse de Parme* se distingue nettement du *Rouge et le Noir*, et ressemble ainsi à *Armance*, en ce qui concerne l'emploi des procédés anachroniques de l'ordre temporel. Dans chacun de ces romans, et à l'encontre de ce qu'affirme G. Poulet à ce sujet[5], la durée (liée aux procédés de l'ordre) est bien l'élément constitutif du flux temporel, surtout dans *La Chartreuse de Parme*, reflétant les états d'âme successifs des personnages et créant ainsi le « miroir . . . inégal et déformant » du réalisme subjectif du roman stendhalien (Ishikawa, « Réflexions » 174). Donc, après la précision des différents éléments de la temporalité romanesque, c'est de la perspective des rapports entre les données temporelles et le réalisme subjectif qu'il nous faudra examiner ensuite l'emploi stendhalien de la temporalité romanesque.

1. Les éléments de la temporalité

Le temps de la narration et les jalons temporels

Dès le début de *La Chartreuse de Parme*, l'« avertissement » liminaire situe le temps de la narration sur plusieurs plans précis. D'abord, « l'auteur » ouvre et termine ses remarques en se distinguant temporellement d'une façon très explicite: « C'est dans l'hiver de 1830 et à trois cent lieues de Paris que cette nouvelle fut écrite; ainsi aucune allusion aux choses de 1839 », c'est-à-dire le « 29 janvier 1839 » (CP 1: 1-5). Puis, « l'auteur » raconte les circonstances antérieures qui inspirent la rédaction de cette « nouvelle »: son passage à Padoue « bien des années avant 1830, dans le temps où nos armées parcouraient l'Europe », son retour à Padoue « vers la fin de 1830 » à l'ancienne maison du « bon chanoine », la promesse qu'il fait au neveu du chanoine de faire « une nouvelle de votre histoire », le cadeau fait par le neveu des « annales » de son oncle, et enfin l'affirmation bien stendhalienne: « Je publie cette nouvelle sans rien changer au manuscrit de 1830 ». Suivent une sorte d'apologie faite par « l'auteur » des « inconvénients » qui résultent du maintien de l'état original du manuscrit, et puis l'excuse formelle (et donc ironique) que « l'auteur » trouve pour s'en disculper: « Je le déclare hautement, je déverse le blâme le plus moral sur beaucoup de leurs actions [des personnages] », et « l'aimable nièce du chanoine avait connu et même beaucoup aimé la duchesse Sanseverina, et me prie de ne rien changer à ses aventures, lesquelles sont blâmables ». Ainsi s'établit-il un temps de la narration qui ressemble à celui qu'emploie Stendhal dans les *Chroniques italiennes*, c'est-à-dire à niveaux multiples, le temps de « l'auteur » (1839) qui renvoie au temps du narrateur (1830), qui renvoie à son tour aux événements ayant lieu à « Milan » à partir de « 1796 » (CP 1: 9)[6].

En ce qui concerne le déroulement chronologique de *La Chartreuse de Parme*, rappelons les dates à partir desquelles il s'établit:

1. Les chapitres I et II: Après les événements des années 1796-1800 suivent le glissement « sur dix années de progrès et de bonheur, de 1800 à 1810 » (CP 1: 29), puis le résumé de la vie à Grianta entre 1800 et 1813 (1: 41), en particulier « l'hiver de 1814 à 1815 » (1: 53), enfin l'annonce faite « le 7 mars 1815 » du débarquement de Napoléon au golfe de Juan, et le départ de Fabrice le lendemain (1: 59). Les étapes de son voyage et l'emprisonnement de trente-trois jours précèdent sa libération « la veille de la bataille de Waterloo » (1: 68), le 17 juin 1815, et les trois jours d'aventures subséquentes auxquelles sont consacrés les chapitres III, IV et V.

2. Les chapitres VIII et IX: Après cinq ans à Naples, entre 1816 et 1821, Fabrice revient à Parme, s'y ennuie en « moins d'un mois » (CP 1: 268), part plusieurs jours après pour rendre visite à sa mère à Belgirate pendant trois jours, puis passe « 50 heures » en voyage pour aller voir l'abbé Blanès à Grianta le jour de la « saint Giovita » (1: 285), vraisemblablement le 15 août 1821 puisque ce jour est également signalé comme « la fête du grand Napoléon » (1: 309).

3. Le chapitre XIII: Les étapes diverses de la cour faite à la Fausta par Fabrice, lors de son exil de Parme, se déroulent à la fin de l'année 1821, puisque « le jour de San Stefano », c'est-à-dire le 26 décembre, « les rapports des espions [du comte M*** au sujet des démarches de Fabrice] prirent une couleur plus sombre » (CP 1: 373).

4. Les chapitres XV à XX: Vers la fin du huitième mois de l'emprisonnement de Fabrice à la tour Farnèse, c'est l'aveu de Clélia Conti qui révèle la date précise de l'incarcération: « Jusqu'au 3 août de l'année passée », 1822, « je n'avais éprouvé que de l'éloignement pour les hommes qui avaient cherché à me plaire. . . . Je trouvais au contraire des qualités singulières à un prisonnier qui le 3 août fut amené dans cette citadelle » (CP 2: 155). Cette réflexion permet de déterminer d'une manière rétrospective les étapes de l'emprisonnement de Fabrice, du moment « après près de trois mois » (2: 128) ou le début de novembre 1822, jusqu'au point de repère « depuis neuf mois » (2: 172), ou le début de mai 1823, date qui précède l'évasion de Fabrice dans les chapitres suivants. La date du 3 août constitue également la dernière date explicite du roman, à partir de laquelle se précise la chronologie de l'histoire à la suite de l'évasion.

Avant de considérer les divers procédés de la temporalité romanesque, il faudrait examiner quelques-unes des étapes de la chronologie établie par Henri Martineau[7]. Quoique sa mise en place soit entièrement satisfaisante en ce qui concerne les grandes lignes du mouvement temporel, certains détails particuliers font problème dans la mesure où ils ne correspondent pas toujours aux données de la chronologie interne:

A. *Août* (1821). Le comte Mosca, pour écarter tout danger de la tête de Fabrice, fait partir celui-ci pour Belgirate, où il doit revoir sa mère. Fabrice quitte Parme *vers le 10 août*. Il passe *3 jours* avec sa mère et une de ses sœurs; quand elles reprennent le chemin de Côme, il les suit pour aller revoir l'abbé Blanès à Grianta, où il arrive pour la San Giovita. (Cette fête est couramment célébrée le 15 février, mais Stendhal l'a placée le 15 août: il faisait très chaud). (**I**) Fabrice rentre à Parme *environ le 20*. En son absence deux ou trois acteurs ont fêté par une orgie la fête du grand Napoléon (*15 août*). . . .

Fabrice, sitôt de retour, est nommé premier vicaire de Mgr. Landriani, archevêque de Parme. Deux jours plus tard (*vers le 25 août*) il se rend surveiller des fouilles à Sanguigna . . . Le lendemain (*26 août*) il y est attaqué par le comédien Giletti. Il le tue au cours du combat . . . (**II**)

Le même jour Fabrice passe le Pô à Casalmaggiore, d'où il gagne Ferrare où il parvient *trois jours* après la mort de Giletti (*29 août*). (**III**)

Puis il parvient *fin août* à Bologne. (**IV**)

Septembre-octobre. —A Bologne, Fabrice retrouve la petite Marietta . . . (**V**). (H. Martineau, *La Chartreuse de Parme* 518-19; nous soulignons, les chiffres entre parenthèses renvoyant aux détails du tableau suivant)

Nous citons ces précisions chronologiques *in extenso* afin de les comparer au mouvement temporel interne du texte que nous établissons en suivant le fil de vingt-quatre jours consécutifs dans les chapitres VIII à XII et en nous basant sur la date-clé du 15 août:

Le mois d'août 1821

Chapitre	Repère Temporel	Page	Date	Evénement
VIII		1: 272-73	7 août	Le retour de Mosca à Bologne; Gina écrit à la marquise del Dongo
	« Trois jours après »	273	10	Fabrice reçoit l'invitation de sa mère
			11	(Un jour de voyage)[8]
	« Trois jours »	274	12-14	La durée de la visite
	« Les cinquante heures »	275		La durée de la course de Fabrice à Grianta
	A « minuit »/à « l'aube »	276-77	15	Fabrice à Vico, puis à Grianta[9]
	C'est « la saint Giovita »	285	"	L'abbé Blanès l'affirme[10]
(I)	« La fête du grand Napoléon »	309[11]		La mammacia de Marietta l'affirme au retour de Fabrice à Parme
IX	A « dix heures du soir »	294	"	Le départ de Fabrice
	« Le jour allait paraître »	296[12]	16	Devant le marronnier
		309	"	A Parme, Giletti menace de tuer Marietta
X	« A deux heures du matin »	300	"	Au bord du lac Majeur
	« Le surlendemain »	301	18	A Parme (entretien avec la mammacia)
XI	« Demain vers les cinq heures » (que dit Fabrice le 18)	311	19	Fabrice doit voir l'archevêque
(II)	« Le surlendemain, de bonne heure » (que dit Fabrice le 18)	316	20	Fabrice dirige les travaux de la fouille de Sanguigna; il tue Giletti, puis s'enfuit

Chapitre	Repère Temporel	Page	Date	Evénement
	« Vers le coucher du soleil »	335	20	La barque arrive, Ludovic aide Fabrice
	« Le surlendemain dans la nuit »	338	22	Fabrice débarque « en toute sûreté dans un bois de vernes »
	« Toute la journée »	338	"	Fabrice « resta caché »
(III)	« Le soir, à la chute du jour »	339	"	Fabrice entre dans Ferrare
XII	« Il n'y avait plus un instant à perdre pour décamper » la même nuit	340	"	Fabrice et Ludovic quittent Ferrare à toute vitesse
	« Ils passèrent la nuit »	341	22-23	Près de Bologne
(IV)	« Le lendemain »	342	23	Fabrice et Ludovic entrent dans Bologne
	« "Je vous cherche depuis six jours" »	347	26	Fabrice rencontre Pépé, valet de sa tante; celui-ci part le même jour
	« Trois jours après le départ de Pépé »	351	29	Fabrice reçoit une lettre de l'archevêque Landriani
(V)	« Le lendemain »	357	30	Fabrice rencontre « la petite Marietta »

Les chiffres romains en caractères gras indiquent les points de repère importants qui distinguent la chronologie de H. Martineau de la nôtre: **(I)** quoique Fabrice se trouve bien à Grianta avec l'abbé Blanès à la date du 15 août et de « la fête du grand Napoléon » selon les deux déroulements temporels, **(II)** il ne s'agit que de cinq jours qui passent, selon nous, entre cette visite et le meurtre de Giletti, **(III)** seulement deux jours entre l'évasion de Fabrice et son entrée dans Ferrare, **(IV)** un seul jour avant l'entrée dans Bologne, et **(V)** une semaine avant la rencontre de Marietta. Mais, ce qui importe est beaucoup moins le décalage entre la précision de ces jalons chronologiques que le soin avec lequel Stendhal élabore la durée temporelle d'un moment tout à fait décisif de l'histoire, élaboration que nous reprendrons dans la section suivante.

B. 26 décembre. — Ce jour, *jour de la Saint-Etienne*, Fabrice voit la Fausta à l'église San Giovanni . . .
    1822. — *Janvier-février*. —Après la promenade aux flambeaux que lui infligea le comte M*** (**I**), Fabrice se réfugie de nouveau à Bologne. Puis il se bat avec son rival et le blesse grièvement. (**II**)
    Mars-mai. —Il va passer *deux mois* à Florence et revient à Bologne. (**III**)
    Juillet. — *Deux mois après* le retour de Fabrice à Bologne, l'instruction pour le meurtre de Giletti est terminée (**IV**). . . . Il y a près d'un an que Giletti a été tué. (H. Martineau, *La Chartreuse de Parme* 519; nous soulignons, les chiffres entre parenthèses renvoyant aux détails de l'analyse suivante)

Les étapes de cet épisode se repèrent précisément à partir de la date indiquée, le 26 décembre: (**I**) la « promenade aux flambeaux » a lieu cinq jours plus tard, le 31 décembre 1821 (CP 1: 382), puis (**II**) le comte M*** est enlevé le 4 janvier 1822, et le duel a lieu « le lendemain », le 5 (1: 387). Or, (**III**) à la suite du duel, « Fabrice se sauva dans Florence; . . . comme le nom de Joseph Brossi n'avait point été prononcé [lors de l'enquête de la police relative au duel], moins de deux mois après, Fabrice osa revenir à Bologne » (1: 391), c'est-à-dire au début de mars 1822. Puis, (**IV**) « après un travail fort savant de près d'une année, et environ deux mois après le dernier retour de Fabrice à Bologne », c'est-à-dire au début de mai, « un certain vendredi, la marquise Raversi, ivre de joie, dit publiquement dans son salon que, le lendemain, la sentence qui venait d'être rendue depuis une heure contre le petit del Dongo serait présentée à la signature du prince et approuvée par lui » (CP 2: 3). C'est ainsi, selon le mouvement temporel interne, que la deuxième partie du roman commencerait au début de mai, si la chronologie que nous propose H. Martineau ne s'imposait pas à cause de la datation explicite, mais imprécise du point de vue interne, de Stendhal:

    3 août. — Fabrice est arrêté à six lieues de Parme comme il se rendait à Castelnovo. Le même soir il est incarcéré à la Tour Farnèse et il revoit Clélia Conti, la fille du gouverneur. (H. Martineau, *La Chartreuse de Parme* 519)

C. Cette date-clé nous permet d'établir alors la chronologie détaillée du fil de trente jours successifs à partir d'un « certain vendredi » chez la Raversi, jusqu'au neuvième jour de l'emprisonnement de Fabrice:

Trente jours successifs, juillet-août 1822

Chapitre	Repère Temporel	Page	Date	Evénement
XIV	« Un certain vendredi »	2: 3	14 juillet	L'annonce de la sentence de Fabrice; Gina se rend au palais et annonce au prince son départ immédiat
	« De neuf heures à onze heures » (la nuit)	17	14-15	Gina écrit à Fabrice et à l'archevêque
	« Le lendemain vers sept heures du matin »	20	15	Le prince ordonne l'arrestation de Fabrice
	« Avant la fin de la seconde semaine »	25	26	La marquise Raversi accueille une trentaine de fidèles à son château
	« Cinq jours après »	27	31	Le départ de Riscara pour Bologne
	« Le premier de ce mois »	57	1 août	Gina et Mosca brûlent « tous les papiers dont la police pourrait abuser »[13]
	« A peine à Bologne depuis deux jours »	28	2	Riscara voit Fabrice avec Marietta
	« Le lendemain matin »	28	3	Fabrice reçoit « la lettre de fabrique génoise », quitte Bologne tout de suite et est arrêté à six lieues de Parme
XV	« Sur les sept heures après midi »	30	3	Fabrice à Parme, puis à la citadelle[14]
	(La soirée)	45-52[15]	3	Les réactions de Clélia et de Gina
XVI	(La nuit)/« l'aube »	54-64	4	Les réflexions de Gina
	« Le lendemain, sur le midi »	64	4	Gina accepte de voir Mosca: entretien
		64-71	4	
		71-73	4	Réflexions de Mosca

LA CHARTREUSE DE PARME   125

Chapitre	Repère Temporel	Page	Date	Evénement
XVII	(l'après-midi)	74-79	4	Entretien: Mosca-Rassi
	« Le lendemain matin » (répété trois fois)	82	5	Trois grandes nouvelles: 1) la mise à mort certaine de Fabrice; 2) la duchesse n'en est plus désespérée; 3) la démission de Mosca du ministère
	« Le jour suivant »	84	6	Entretiens: Mosca-Bruno; Mosca-Rassi
	« depuis huit jours »	92[16]	6	« Le comte savait que... la duchesse avait répandu des sommes folles pour se ménager des intelligences à la citadelle »
XVIII (analepse simultanée)				
	« Le jour de son emprisonnement »	93	3 août	Les réflexions de Fabrice
	« au soir »	107	3	Fabrice cache « la meilleure partie » de son or
	« Dès le lendemain »	101	4	Fabrice pense à Clélia
	« Vers le midi »	105	4	Clélia vient soigner ses oiseaux
	« Le lendemain »	108	5	Fabrice attend avec impatience
	« Le lendemain »	110	6	Clélia ne paraît pas à trois heures
	« Pendant toute cette troisième journée de sa prison »	111	6	Fabrice outré de colère
	« Le lendemain »	113	7	Fabrice fait signe à Clélia
	« Le huitième jour de la prison de Fabrice »	114	11	Le moment « le plus beau de la vie » de Fabrice
	« Le lendemain »	115	12	Le jour « de grand désespoir de la duchesse »
	« Une nuit »	115	Rupture	

Les procédés de la durée temporelle

Ayant ainsi vérifié la justesse de la chronologie proposée par H. Martineau, avec quelques menues corrections de notre part, nous sommes en mesure de présenter le plan général du déroulement temporel dans *La Chartreuse de Parme*:

Le déroulement temporel dans *La Chartreuse de Parme*

Division	Longueur du texte (en chapitres)	Durée chronologique	Date

Livre Premier

I. 1. L'introduction	1, 5: I-II	Presque 19 ans	Mai 1796-mars 1815
2. Waterloo	3, 5: II-V	5, 5 mois	Du 7 mars 1815 à la fin août 1815
II. 1. L'éducation	2, 5: VI-VIII	Presque 6 ans	Automne 1815-août 1821
2. L'aventure	4, 5: VIII-XII (voir A, ci-dessus)	24 jours	Du 7 au 30 août 1821
III. L'exil	1: XIII	6, 5 mois (ou 11 mois: voir B ci-dessus)	Automne 1821-mars (juillet) 1822

Livre Second

I. 1. La capture et ses suites	5: XIV-XVIII (voir C ci-dessus)	30 jours	Du 14 juillet au 12 août 1822
2. L'emprisonnement	4: XIX-XXII	9 mois	Août 1822-mai 1823
II. 1. L'évasion	3: XXIII-XXV	20 mois	Mai 1823-jan 1825
2. Le vœu de Clélia	2, 5: XXVI-XXVIII	14 mois	Hiver 1825-mai 1826
III. Le dénouement	0, 5: XXVIII	4, 5 ans	Mai 1826-fin 1830

On remarque que le déroulement temporel dans *La Chartreuse de Parme* comporte généralement une oscillation entre accélérations (livre premier: I.1, II.1, III; livre second: I.2, II.1 et 2 et III) et ralentissements (livre premier: I.2, II.2; livre second: I.1). Mais la conclusion que suggèrent ces observations, celle d'une domination apparente du mouvement des procédés d'accélération, néglige les nuances importantes fournies grâce à l'oscillation subtile des procédés plus ralentis de la durée qui fonctionnent au sein de chaque division. Considérons alors l'exemple le plus frappant de l'accélération, le déroulement de 19 ans par lequel commence ce roman.

Au début de l'introduction (chapitres I et II), le mouvement narratif commence avec un sommaire à partir de la date liminaire du chapitre I, « le 15 mai 1796 », date de l'entrée de Napoléon dans Milan. Ce sommaire aboutit à la description du lieutenant Robert, hébergé au palais de la marquise del Dongo, et un autre sommaire s'ensuit, présenté sur le plan du temps de la narration, c'est-à-dire des propos du lieutenant lui-même présentés au narrateur: « —De la vie je ne fus plus mal à mon aise, me disait le lieutenant Robert » (CP 1: 16), sommaire dans lequel s'insère une scène dialoguée entre Gina et le lieutenant. Ensuite, le narrateur continue avec une ellipse, « Cette époque de bonheur imprévu et d'ivresse ne dura que deux petites années », « jusqu'en avril 1799 » (CP 1: 20-21)[17], suivie d'abord d'un sommaire de la vie chez del Dongo pendant les « treize mois » qui suivent le départ des Français (CP 1: 23-26), puis d'un sommaire où le narrateur introduit le héros, Fabrice, qui est né « lorsque les Français furent chassés », et a deux ans « lorsque tout à coup ce général Bonaparte ... entra dans Milan » pour la deuxième fois, en 1800 (CP 1: 26). Suit l'ellipse de « dix années de progrès et de bonheur, de 1800 à 1810 » (1: 29), après laquelle se présente un sommaire de la jeunesse de Fabrice à Milan, puis au palais del Dongo. Ce genre de sommaire descriptif continue dans le chapitre II, où plusieurs références révèlent le mouvement temporel sommaire: la vie boudeuse du marquis del Dongo « pendant treize années de 1800 à 1813 » (CP 1: 41), et ses activités « après la chute de Napoléon » (1: 42-46); « la vie la plus élégante » de Gina « depuis quinze ans » (1: 25) et sa vie avec Fabrice à Grianta (1: 48-53) « pendant l'hiver de 1814 à 1815 », jusqu'à la date où commence l'aventure de Waterloo « le 7 mars 1815 » (1: 53), donc à la fin de l'introduction[18]. Soulignons aussi la ressemblance entre le début du roman et son dénouement, la division III du livre second, où une période de quatre ans et demi se déroule dans les toutes dernières pages du roman[19].

A partir de la sous-division I.2, l'épisode de Waterloo, le récit se développe avec une oscillation beaucoup plus complexe, mais sa durée de cinq mois et demi, présentée dans le tableau précédent, n'indique pas la vraie nature de la « constance de vitesse ». Après la scène dialoguée de la discussion entre la marquise del Dongo, Gina et Fabrice au sujet du départ de ce dernier (CP 1: 54-59), les trois premiers mois de l'aventure de Fabrice se résument dans un sommaire de cinq pages (1: 59-64), c'est-à-dire son voyage en France, le séjour à Paris, l'arrivée à la frontière, l'arrestation et l'emprisonnement de « trente-trois longues journées » (1: 64), suivis de la mise en liberté par laquelle se termine le chapitre II, « après trente-trois jours de fureur » (1: 67), « à la veille de la bataille de Waterloo » (1: 68-69), le 17 juin 1815. Ce n'est qu'au début du chapitre III que se ralentit le rythme narratif lors des trois journées pendant lesquelles Fabrice assiste aux événements de Waterloo (le 18, 19 et 20 juin 1815) qui sont narrés dans de nombreuses scènes descriptives et dialoguées et dans quelques pauses, c'est-à-dire des réflexions de Fabrice à partir du chapitre III jusqu'au début du chapitre V. Suit une accélération par l'oscillation entre les procédés habituels: le sommaire de la guérison de quinze jours à Zonders et le départ de Fabrice (CP 1: 139-44), l'ellipse de quinze jours à Amiens, le sommaire du voyage Amiens-Paris, puis Paris-Genève, dans lequel se trouve l'ellipse des deux arrestations de Fabrice (1: 147). Dès l'arrivée secrète de Fabrice à Grianta, le mouvement ralenti recommence, d'abord avec la scène de l'accueil par la marquise et Gina (1: 150-52), puis avec la scène descriptive et dialoguée de la rencontre de Fabrice et Clélia Conti sur la route de Milan (1: 152-60), enfin avec l'oscillation entre scènes et sommaires des démarches de Gina à Milan pour assurer « l'exil » de Fabrice à Romagnano (1: 160-73). Ainsi la vraie nature du mouvement temporel ralenti dans la sous-division I.2 se précise-t-elle: des cinq mois et demi qui s'y présentent, les trois premiers et les deux derniers mois se déroulent dans un chapitre et demi, où l'on trouve toute la gamme des procédés temporels de la durée (c'est-à-dire la dernière moitié du chapitre II et le chapitre V entier); tandis que la période des trois jours de Waterloo, traduite seulement par les procédés de scène et de pause, constitue deux chapitres entiers du récit.

La division suivante (II.1, livre premier) correspond aux sous-divisions II.1 et II.2 du livre second dans la mesure où l'oscillation entre les procédés d'accélération et de ralentissement se répète: dans la période de « l'exil » à Romagnano et de l'éducation de Fabrice, une période de presque *six ans* se résume en *deux chapitres et demi* dans la sous-division II.1, livre premier; les démarches de Gina, pendant une période de *vingt mois* après l'évasion de Fabrice de la tour Farnèse, occupent *trois chapitres* dans la sous-division II.1, livre second; l'éloignement pendant *quatorze mois* de Clélia à cause de son vœu et les démarches correspondantes de Fabrice se déroulent dans *deux chapitres et demi* de la sous-division II.2, livre second. Par contre, comme nous l'avons indiqué dans le premier tableau ci-dessus (la section A), les *vingt-quatre jours* de l'aventure de Fabrice (la sous-division II.2, livre premier) occupent *quatre chapitres et demi*. Enfin, dans la dernière sous-division du livre premier, on remarque une oscillation temporelle semblable à celle de la sous-division I.2 du même livre: après le ralentissement de vingt-quatre jours de la sous-division II.2, les *six mois et demi* (ou onze mois) du chapitre XIII sont présentés en trois étapes: 1) une accélération des mois d'automne 1821 (CP 1: 359-73), 2) un ralentissement de onze jours, du 26 décembre 1821 au 5 janvier 1822 (1: 373-90), 3) l'accélération finale de deux mois (1: 390-91). Mais, comme nous l'avons souligné en comparant le texte de Stendhal avec la chronologie de H. Martineau, ce dernier mouvement de deux mois constitue en réalité une accélération de *six mois*, jusqu'au 14 juillet 1822 où commence la période ralentie de trente jours, c'est-à-dire les cinq premiers chapitres du livre second (la sous-division I.1) que nous avons considérés ci-dessus dans le deuxième tableau (la section C).

C'est dans la sous-division suivante, I.2 du livre second, que l'on remarque une manifestation du mouvement temporel dont nous avons vu une tentative initiale dans « Ernestine », mais qui ne se répète nulle part dans les autres romans de Stendhal, c'est-à-dire un mouvement où l'accélération et le ralentissement se produisent simultanément:

La durée simultanée de la sous-division de l'emprisonnement (I.2, livre second)

Chapitre	Repère Temporel /	Page	Date	Evénement
XX	« 173e nuit de sa captivité »	2: 143	22 jan jour 1	Fabrice apprend que « depuis quatre mois on faisait ces signaux toutes les nuits »
	« Le lendemain à une heure après minuit »	143	23/1 jour 2	« Entretien »: Fabrice-Gina
	« le lendemain »	145	24/1 jour 3	La lettre de Clélia

Chapitre	Repère Temporel	Page	Date	Evénement
XX	« Il y avait de cela plus de deux cent jours »	147	(fin février)	Depuis la dernière fois que Fabrice a parlé à Clélia
	« Cinq jours »/« cinq journées cruelles »	149	29/1 jour 8	L'absence de Clélia
	« Après sept longs mois de prison »	150	(3 mars)	Les réflexions de Fabrice
	« Après cinq jours de combats affreux »	150	29/1 jour 8	La décision de Clélia
	« La nuit »	154	29/1	La « maladie » de Fabrice
	« Le lendemain matin »	154	30/1 jour 9	Fabrice interroge Clélia
	« Depuis près de huit mois »	155	(fin mars)	L'entrevue à la chapelle de marbre noir
	« Le troisième jour après cette entrevue »	158	2/2 jour 12	Le message écrit de Gina à Fabrice
	Il reste à Fabrice « onze années et quatre mois » de prison	159	(début avril)	La lettre de Gina
	« Le lendemain »	163	3/2 jour 13	« Fabrice eut peur »
	« Le matin du cinquième jour qui suivit la première entrevue »	164	4/2 jour 14	Entrevue décidée pour le soir: deuxième entrevue
	« Le lendemain »	166	5/2 jour 15	La pâleur de Clélia
	« Le lendemain »	167	6/2 jour 16	Un autre message écrit
	« Depuis neuf mois »	172	(début mai)	Fabrice après neuf mois
	« Le lendemain soir »	173	7/2 jour 17	Gina fait des signaux à Fabrice
	« Ce fut huit jours après qu'eut lieu le mariage de la sœur du marquis Crescenzi »	173	15/2 jour 25	L'imprudence de Gina
XXI	(analepse:	174-89		Gina et Ferrante Palla)
	« On célébra le mariage de la sœur du marquis Crescenzi »	189	15/2 jour 25	La rencontre de Gina et Clélia

Chapitre	Repère Temporel	Page	Date	Evénement
XXI	« Le jour commençait à paraître »	195 199 201-02	16/2 jour 26	Le général Conti « revint un peu à lui »; il fait monter 200 soldats à l'ancien corps de garde
	« Le lendemain, à l'aube du jour »	195	16/2 jour 27	Fabrice reçoit une lettre de Clélia
	« Le matin de ce dimanche »	197	17/2 jour 28	Fabrice à la messe
	« Au bout de neuf mois »	199	(mi-mai)	L'évasion de Fabrice arrive[20]

Bien que ce fil de jours ininterrompu continue jusqu'au jour 43, c'est-à-dire « Un soir... [Clélia] pria son oncle... de l'accompagner chez le général » (CP 2: 222), ce qui nous intéresse particulièrement ici est le mouvement de la durée simultanée. D'une part, les précisions de Stendhal ne pourraient pas être plus explicites: dès la cent-soixante-treizième nuit de captivité de Fabrice, une suite de 43 jours commence, dont les jalons principaux sont le jour 8 (après « cinq journées cruelles »), les jours 12 et 14 (« le troisième jour » et « le matin du cinquième jour » après l'entrevue), le jour 25 (celui du mariage de la sœur du marquis de Crescenzi), les jours 27 et 28 (la veille et le jour de l'évasion), et le jour 43 (le sacrifice de Clélia après « quinze jours » d'incertitude, 2: 221). D'autre part, malgré cette durée explicite de six semaines, Stendhal fait avancer l'histoire *simultanément* du quatrième au neuvième mois de l'emprisonnement de Fabrice. Il serait trop facile d'y voir encore une fois un exemple d'imprécision de la part de Stendhal, et nous reviendrons donc à ce mouvement simultané dans la deuxième partie du chapitre en examinant les procédés de la durée en tant que moyens de l'expression du réalisme subjectif[21].

L'élaboration anachronique

Nous avons vu à plusieurs reprises que, malgré le manque de recherche critique consacrée au problème de l'ordre temporel dans les études stendhaliennes, il s'agit bien d'une technique romanesque dont cet auteur s'est consciemment servi dès ses premiers écrits narratifs. En ce qui concerne *La Chartreuse de Parme*, nous avons déjà souligné le statut de l'ordre temporel par rapport au temps de la narration, doublement ultérieur puisqu'on pourrait considérer la narration entière de *La Chartreuse de Parme* comme une énorme analepse située à l'intérieur d'une autre. Autrement dit, le récit premier (celui de « l'auteur ») renvoie à un événement antérieur, la rédaction du roman en 1830 (l'analepse 1) qui consiste forcément en d'autres propos antérieurs de cette rédaction (l'analepse 2, *La Chartreuse de Parme*). Afin de suggérer la diversité stylistique de l'emploi général des anachronies dans ce roman, considérons d'abord leur manifestation dans l'introduction (chapitres I et II).

Le récit premier de l'histoire se situe en 1796 à partir du début du chapitre I (« Le 15 mai 1796, le général Bonaparte fit son entrée dans Milan », CP 1: 9), et les premiers paragraphes du roman révèlent de nombreuses anachronies:

> ... Les miracles de bravoure et de génie dont l'Italie fut témoin *en quelques mois* réveillèrent un peuple endormi; *huit jours encore avant* l'arrivée des Français, les Milanais ne voyaient en eux qu'un ramassis de brigands, habitués à fuir *toujours* devant les troupes de Sa Majesté Impériale et Royale: c'était du moins ce que leur répétait *trois fois la semaine* un petit journal grand comme la main, imprimé sur du papier sale. (CP 1: 9-10; nous soulignons)

Grâce à l'emploi des références temporelles précises (« en quelques mois », « huit jours avant ») et des effets itératifs (« toujours », « trois fois la semaine »), cette phrase se précise comme une analepse externe* homodiégétique* (DR 90-92). Dans la phrase suivante se trouve une série d'analepses externes hétérodiégétiques* (DR 91), la mise en place succincte de l'histoire des Milanais, série qui se révèle être complète* dans la mesure où elle se relie au récit premier: « Un peuple tout entier s'aperçut, le 15 mai 1796, que tout ce qu'il avait respecté jusque-là était souverainement ridicule et quelquefois odieux » (CP 1: 11), pour remonter aussitôt vers le passé (« Depuis une cinquantaine d'années ... », 1: 11), puis revenir *vers* le récit premier dans le troisième paragraphe (« En 1796, l'armée milanaise se composait de vingt-quatre faquins habillés de rouge », 1: 11), enfin revenir *au* récit premier dans le quatrième paragraphe (« En mai 1796, trois jours après l'entrée des Français ... », 1: 12). Avec l'introduction du personnage du lieutenant Robert (1: 15), on trouve une analepse homodiégétique interne* (DR 90-91): « Après le passage du pont de Lodi, [Robert] prit à un bel officier autrichien tué par un boulet un magnifique pantalon de nankin tout neuf » (1: 15). Or, on revient au temps de la narration de nouveau lorsque le narrateur donne la parole à Robert lui-même pour raconter le dîner chez del Dongo: « . . . De la vie je ne fus plus mal à mon aise, me disait le lieutenant Robert », le « me » désignant évidemment le narrateur qui « écoute » Robert pendant sept paragraphes[22]. Suivent plusieurs analepses externes et homodiégétiques, « Mais depuis l'an 1624 . . . la gaieté s'était enfuie » (1: 20), et « la famille del Dongo . . . fit construire [son château] au XVe siècle » (1: 22). Mais le type d'analepse le plus fréquemment employé est celui qui comble après coup une lacune antérieure du récit, c'est-à-dire l'analepse complétive*, ou le renvoi, comme celle du récit que fait Fabrice à sa mère et à sa tante avant son départ pour la France (CP 1: 55-57).

Ce survol des analepses dans l'introduction met de nouveau en valeur la typologie anachronique que nous avons ébauchée dans le chapitre I. Pourtant, la forme d'analepse qui influence le plus directement la durée dans *La Chartreuse de Parme* est l'analepse simultanée durative:

—la rencontre de Gina et de Mosca au début du chapitre VI, commençant par une analepse instantanée suivie d'une analepse ponctuelle: « Il faut savoir que depuis quelques mois le cœur de Mme Pietranera était attaqué d'une façon sérieuse et par un singulier personnage. Peu après le départ de Fabrice pour la France, la comtesse . . . était tombée dans une profonde mélancolie » (CP 1: 175);

—l'analepse simultanée des huit premiers jours de l'emprisonnement de Fabrice dans le chapitre XVIII, présentée en analepse après les démarches de Gina et de Mosca à la cour pendant cette même période (chapitres XVI et XVII);

—enfin, l'analepse simultanée de la rencontre de Gina et Ferrante Palla au chapitre XXI: « A l'époque de ses malheurs il y avait déjà près d'une année que la duchesse avait fait une rencontre singulière », formule instantanée suivie aussitôt de la formule ponctuelle: « un jour qu'elle avait la *luna* comme on dit dans le pays . . . » (CP 2: 174).

Or, la complexité de l'emploi des analepses en série se révèle clairement à la fin du chapitre XXIV et au début du chapitre suivant, lors du second emprisonnement de Fabrice. Nous pouvons représenter ce mouvement analeptique en divisant cet épisode en 21 segments narratifs (indiqués par les lettres majuscules) qui se répartissent sur neuf positions temporelles (en chiffres):

Les analepses en série—Livre Second, Division II.1

Page	Segments narratifs/ Positions temporelles	Evénement
2: 274	A1 (récit premier)	**Le jour de l'emprisonnement:** « Le comte ne la quitta [Gina] qu'à six heures du matin; elle essaya de dormir, mais en vain. A neuf heures, elle déjeuna avec Fabrice... ; A dix heures, elle était chez la princesse... ; A onze heures, elle vit le prince... »
275	B2 (récit premier)	**Le soir:** Gina s'inquiète
275-	C3 (récit premier)	**Vers minuit:** Gina réagit à la lettre de Fabrice,
277	D3 (récit premier)	court à la citadelle[23]
277	(E2—analepse	**La veille au soir:** à la citadelle, Fabio Conti; Fabrice et Clélia
ch. XXV		
278-80	F2—analepse)	
281	G3 (récit premier)	**Vers minuit:** « Le dîner sonna »
281-86	H4 (récit premier)	**Après le dîner:** les démarches de Clélia
	I5 (récit premier)	à la tour
	J6 (récit premier)	L'arrivée de Fontana
286	(K3—analepse	**Vers minuit:** les démarches de Gina: au palais
287	L3—analepse	devant la princesse, devant le marquis de Crescenzi
288	(M2—analepse intérieure)	"**La veille au soir**": la comédie *dell'arte*
289-92	N4—analepse	**Jusqu'à deux heures:** Gina et le prince
293	O5—analepse)	**Deux heures:** le départ du général Fontana
293-95	P6 (récit premier)	**Deux heures +:** Gina et le prince, le deuxième serment
295	Q7 (récit premier)	**La citadelle:** Gina rencontre Fabrice à la sortie de la prison
295-96	(R6—analepse S7—analepse)	**Après l'arrivée de Fontana:** réaction de Fabio Conti; Fabrice descend de la tour
296	T8 (récit premier)	**Après la sortie:** Fabrice devant le prince
296	U9 (récit premier)	« **Le lendemain** »

Ce schéma s'explique ainsi: à la fin du chapitre XXIV, il y a une progression narrative linéaire A1-B2-C3-D3 (les activités de Gina, sa discussion avec Mosca) suivie d'une première analepse par laquelle se termine le chapitre XXIV et commence le chapitre XXV, c'est-à-dire le retour à la veille au moment de l'emprisonnement de Fabrice (E2-F2). On reprend alors le récit premier et la progression linéaire G3-H4-I5-J6, puis remonte quelques heures (K3-L3-N4-O5) pour raconter les démarches de Gina auprès du prince aussi bien que le départ du général Fontana, et on y remarque une analepse intérieure (M2), un autre retour à la veille. Lorsque le prince s'entretient avec Gina (P6), la progression linéaire continue jusqu'à la libération de Fabrice (Q7), remonte quelques minutes (R6-S7) pour révéler la réaction de Fabio Conti lors du départ de Fabrice avec Fontana, puis reprend avec l'entrevue de Fabrice avec le prince (T8), et « le lendemain de cette grande journée..., le prince se croyait un petit Napoléon » (U9) (CP 2: 296).

Avant de terminer notre étude des anachronies, il nous faut considérer brièvement les manifestations des prolepses. A vrai dire, il y en a très peu, comme c'est le cas pour tous les romans stendhaliens. Sous la catégorie d'*anticipation*, H. Boll Johansen examine le rôle joué par les présages où Stendhal « mêle malice et ambiguïté à leur caractère annonciateur d'avenir.... Le lecteur ne sait plus ce qu'il faut croire: les prédictions [de Fabrice ou de l'abbé Blanès] éveillent sa curiosité mais il ne peut jamais apprécier leur valeur avec sûreté » (*Stendhal et le roman* 142-43)[24]. Etant donné que l'emploi des présages fonctionne comme « un clin d'œil du narrateur au lecteur », Boll Johansen affirme que l'abbé Blanès agit parfois comme narrateur omniscient lorsqu'il offre ses prédictions au sujet de la prison, et peut-être de la mort de Fabrice (*Stendhal et le roman* 143-45)[25]. A cette première forme de prolepse, celle de l'intervention du narrateur, s'ajoutent les interventions suivantes:

—Des exemples conventionnels sur le plan du temps de la narration;[26]

—Les prévisions directes des personnages, tantôt dans leurs conversations[27], tantôt dans les lettres[28], tantôt dans les réflexions[29]. Comme pour les présages, il n'y a jamais de certitude que les événements annoncés dans de telles prévisions aient lieu;

—Les projections narratives, c'est-à-dire des prolepses proprement dites, comme les « quinze jours de prison » et la résistance d'un mois par « un savant homme arrivé du nord » à cause des démarches de Mosca (CP 1: 384-86); la blessure du comte M***, reçue dans le duel avec Fabrice, blessure « qui le retint au lit plusieurs mois » (1: 390); et le bruit de la succession de Fabrice à l'archevêché qui « deux mois après . . . se trouvait dans les journaux de Paris » (2: 259).

Or, il faudrait souligner une forme hybride de prolepse qui montre l'imbrication subtile du temps de la narration dans l'élaboration de la durée, effets temporels qui nous rappellent les interventions sur ce même plan temporel signalées dans les *Chroniques italiennes*:

1) Le chapitre XXI se termine « vers une heure » du matin lorsque Fabrice commence son évasion de la tour Farnèse (CP 2: 198-99), mais le chapitre XXII débute avec un chevauchement temporel, c'est-à-dire un bref retour en arrière ponctuel:

> Dans la journée Fabrice fut attaqué par quelques réflexions sérieuses et désagréables...
>
> Vers le minuit un de ces brouillards . . . s'étendit d'abord sur la ville . . .
>
> Un peu après que minuit et demi eut sonné, le signal de la petite lampe parut à la fenêtre de la volière. Fabrice était prêt à agir; il fit un signe de croix, puis attacha à son lit la petite corde destinée à lui faire descendre les trente-cinq pieds qui le séparaient de la plate-forme où était le palais. (CP 2: 200-01).

2) Le récit premier (*rp*) reprend ici, et la scène descriptive de sa descente est construite avec la juxtaposition des éléments anachroniques et le temps de la narration (*tn*):

> (*rp*) Il arriva sans encombre sur le toit du corps de garde/ (*analepse 1*) occupé depuis la veille par les deux cents hommes de renfort/ (*tn*) dont nous avons parlé./ (*rp*) Par malheur les soldats, à minuit trois quarts qu'il était alors, n'étaient pas encore endormis; / (*analepse 2*) pendant qu'il marchait à pas de loup sur le toit de grosses tuiles creuses, Fabrice les entendait qui disaient que le diable était sur le toit, et qu'il fallait essayer de le tuer d'un coup de fusil . . ./

Dans cette première partie du récit de la descente de Fabrice, l'intervention du temps de la narration reste très restreinte, tandis que la durée temporelle est étendue grâce à deux anachronies, l'analepse instantanée (1), puis l'analepse simultanée ponctuelle (2) des paroles des soldats lorsque Fabrice traverse le toit.

3) Le récit de cette évasion continue ainsi:

> (*rp*) Toute cette belle discussion faisait que Fabrice se hâtait le plus possible en marchant sur le toit et qu'il faisait beaucoup plus de bruit./ (*tn*) Le fait est qu'au moment où, pendu à sa corde, il passa devant les fenêtres . . . , elles étaient hérissées de baïonnettes./ (*prolepse 1-tn*) Quelques-uns ont prétendu que Fabrice toujours fou eut l'idée de jouer le rôle du diable, et qu'il jeta à ces soldats une poignée de sequins./ (*analepse 3-tn*) Ce qui est sûr, c'est qu'il avait semé des sequins sur le plancher de sa chambre, et il en sema aussi sur la plate-forme dans son trajet de la tour Farnèse au parapet, afin de se donner la chance de distraire les soldats qui auraient pu se mettre à le poursuivre. . . ./
>
> (*tn*) Ce qui paraît incroyable et pourrait faire douter du fait/ (*prolepse 2*) si le résultat n'avait pas eu pour témoin une ville entière,/ (*tn*) c'est que les sentinelles placées le long du parapet n'aient pas vu et arrêté Fabrice;/ (*analepse 4-tn*) à la vérité, le brouillard dont nous avons parlé/ (*rp*) commençait à monter,/ (*prolepse 3*) et Fabrice a dit que lorsqu'il était sur la plate-forme, le brouillard lui semblait arrivé déjà jusqu'à la moitié de la tour Farnèse./

L'imbrication du temps de la narration avec les éléments anachroniques se manifeste clairement ici: le narrateur se révèle d'abord, en assurant la véracité, ou non, des propos (« le fait est . . . », « Ce qui est sûr . . . », « Quelques-uns ont prétendu . . . »), et ces dernières interventions se situent dans des anachronies de formes contraires, la prolepse 1 (c'est-à-dire les témoignages ultérieurs) et l'analepse ponctuelle 3 (c'est-à-dire les précautions prises par Fabrice avant d'avoir quitté la cellule). Ensuite, la véracité des propos est encore soutenue à plusieurs reprises: sur le plan du temps de la narration et grâce aux témoignages ultérieurs (prolepse 2); dans l'analepse 4; et dans la prolepse 3 qui se base sur le témoignage de Fabrice lui-même à la suite de ces exploits.

4) La fin du récit de l'évasion contient de nombreux procédés temporels:

> (*rp*) Mais ce brouillard n'était point épais, et il apercevait fort bien les sentinelles dont quelques-unes se promenaient./ (*prolepse 4*) Il ajoutait que, poussé comme par une force surnaturelle, il alla se placer hardiment entre deux sentinelles assez voisines./ (*rp*) Il défit tranquillement la corde . . . Il entendait les soldats parler de tous les côtés, bien résolu à poignarder le premier qui s'avancerait vers lui./ (*prolepse 5*) « Je n'étais nullement troublé, ajoutait-il, il me semblait que j'accomplissais une cérémonie »./

> (*rp*) Il attacha sa corde . . . Enfin il se mit à descendre cette étonnante hauteur./ (*prolepse 6*) Il agissait mécaniquement, dit-il, et comme il eût fait en plein jour, descendant devant des amis, pour gagner un pari./ (*rp*) Vers le milieu de la hauteur, il sentit tout à coup ses bras perdre leur force;/ (*prolepse 7*) il croit même qu'il lâcha la corde un instant;/ (*rp*) mais bientôt il la reprit;/ (*prolepse 8*) peut-être, dit-il, il se retint aux broussailles sur lesquelles il glissait et qui l'écorchaient./ (*rp*) Il éprouvait de temps à autre une douleur atroce entre les épaules. . . . Enfin il arriva au bas de la grosse tour sans autre inconvénient que d'avoir les mains en sang./ (*prolepse 9*) Il raconte que depuis le milieu de la tour, le talus qu'elle forme lui fut fort utile;/ (*rp*) il frottait le mur en descendant, et les plantes qui croissaient entre les pierres le retenaient beaucoup. En arrivant en bas dans les jardins des soldats, il tomba sur un acacia qui,/ (*analepse 5*) vu d'en haut, lui semblait avoir quatre ou cinq pieds de hauteur,/ (*rp*) et qui en avait réellement quinze ou vingt. . . . Il se mit à fuir vers le rempart,/ (*prolepse 10*) mais, à ce qu'il dit, ses jambes lui semblaient comme du coton;/ (*rp*) il n'avait plus aucune force. (CP 2: 201-04)

Comme ce long extrait le montre, le récit de la partie principale de l'évasion est transmis grâce à l'oscillation entre le récit premier et les prolepses (4 à 10), c'est-à-dire le témoignage, rapporté et direct, par Fabrice des étapes de sa descente. Dans tout ce passage, on doit supposer que l'interlocuteur implicite des propos du héros est un narrateur qui a entendu, et peut-être lu, ce témoignage afin de le transmettre à « l'auteur » signalé dans « l'avertissement » du roman. Dans cette analyse de l'imbrication du temps de la narration et des procédés anachroniques dans le récit premier, nous avons voulu souligner le dévoilement de la structure apparemment linéaire de cette scène. Mais il s'agit également, et surtout, d'une énonciation future au sujet d'un événement passé de la perspective, et même avec la voix, de Fabrice, énonciation et perspective liées au témoignage perceptible du narrateur. Ce qui est étonnant, c'est que l'histoire se situe au moment précis du récit où les mêmes événements devraient se dérouler dans le récit premier, d'une part, et d'autre part, que toute la tension de ce moment dramatique est réduite par l'éloignement, soit du « narrateur », soit de Fabrice, des événements au niveau du récit premier[30]. Cette mise en valeur des effets de l'ordre temporel liés intimement à l'oscillation de la perspective des personnages nous mène à la dernière étape de notre étude, l'examen de la temporalité romanesque dans *La Chartreuse de Parme* à la fois en tant que stratégie de l'expression du réalisme subjectif et en tant que manifestation de la temporalité « parallèle ».

2. Temporalité et réalisme subjectifs

C'est grâce aux divers mouvements de la durée que l'on peut envisager les rapports de la temporalité romanesque vis-à-vis du réalisme subjectif dans *La Chartreuse de Parme* comme des oscillations variables selon la sous-division temporelle entre accélérations et ralentissements:

Le rythme narratif dans *La Chartreuse de Parme*

Mouvement temporel	Livre Premier Sous-division/Vitesse	Livre Second Sous-division/Vitesse
Ralentissement maximal	II. 2: L'aventure 24 jours/ 4, 5 ch.	I. I: La capture et ses suites, 30 jours/5 ch.
Oscillation ralentie:	I. 2: Waterloo 5, 5 mois/3, 5 ch.	
parallèle:		I. 2: L'emprisonnement 9 mois/4 ch.
accélérée:	III. L'exil 6, 5 (ou 11) mois/1 ch.	
Accélération maximale	I. 1: L'introduction 19 ans/1, 5 ch. II. 1: L'éducation 6 ans/2, 5 ch.	II. 1: L'évasion 20 mois/3 ch. II. 2: Le vœu de Clélia 14 mois/2, 5 ch. III. Le dénouement 4, 5 ans/0, 5 ch.

Ayant déjà analysé les mécanismes de la durée qui contribuent au fonctionnement de ces mouvements temporels contraires, nous pouvons maintenant établir leur rapport au déroulement narratif de l'histoire: à partir d'un survol sommaire, on constate, d'une part, que les mouvements de ralentissement semblent correspondre, *grosso modo*, aux moments d'intensité émotive, tels que les épisodes de Waterloo (I.2) ou des aventures autour du meurtre de Giletti (II.2) dans le livre premier, la capture de Fabrice et ses suites (II.1) dans le livre second. D'autre part, les mouvements d'accélération correspondraient, d'une façon générale, aux moments de moindre intensité, tels que l'introduction (I.1), l'éducation (II.1) et l'exil de Fabrice (III) dans le livre premier, et toute la dernière partie du roman, de l'évasion au dénouement (II.1, II.2, et III du livre second). Mais une telle généralisation ne tient compte ni des nuances aux extrêmes, ni des oscillations au centre de l'échelle proposée. Il nous faudrait donc examiner les divers traits de chacun de ces mouvements temporels afin de situer précisément les fluctuations du réalisme subjectif à l'intérieur des sous-divisions temporelles du roman[31].

Les sous-divisions de ralentissement maximal, l'aventure de la course à Grianta et du meurtre de Giletti dans le livre premier (II.2) et la capture de Fabrice dans le livre second (II.1), rappellent le procédé semblable dans *Le Rouge et le Noir*, celui de deux périodes ininterrompues de journées successives où se déroulent des événements se distinguant par l'intensité des émotions qui s'y déploient. Or, dans *La Chartreuse de Parme*, bien qu'il s'agisse également des événements liés à la recherche de l'amour, il faut souligner l'importance d'un autre élément fondamental: le fil ininterrompu de 24 jours dans la sous-division II.2 (livre premier) commence à partir des conseils donnés par Mosca au sujet de Fabrice « amoureux » de la petite Marietta: « . . . Quoi de plus simple! dit le comte en riant; . . . Ne doit-il pas aller à Belgirate, voir la marquise de Dongo? Eh bien! qu'il parte. . . . S'il est nécessaire, faites écrire par la marquise » (CP 1: 273). Ce n'est pas simplement pour éloigner Fabrice d'une prétendue liaison amoureuse que Mosca offre de tels conseils; à vrai dire, cette liaison convient tout à fait au comte jaloux, puisque Gina comprend alors « que son idole [Fabrice] avait un défaut » (1: 273). Le retour de Mosca de Bologne ce même jour est dû à des causes très graves: « Le comte revint à Parme sur la nouvelle que Fabrice courait des dangers réels; le Giletti . . . parlait sérieusement de tuer Fabrice » (1: 271). Bien que le comte agisse apparemment pour le bien physique du héros, du point de vue du récit et de sa temporalité, ses conseils déclenchent le mouvement qui mène, au mi-point des 24 jours successifs, à *la mort*, justement celle de Giletti lui-même (voir le tableau dans la section 1.A ci-dessus). La première partie de cette période temporelle existe donc en fonction d'un événement particulièrement décisif pour le déroulement subséquent de l'histoire, cette mort: d'une part, le départ de Fabrice pour Belgirate l'éloigne d'un amour mondain tout en le rapprochant éventuellement d'un meurtre, préparé d'ailleurs pendant son absence par Mosca à son insu en expulsant de Parme la petite troupe d'acteurs; d'autre part, la fuite qui résulte du meurtre ramène Fabrice vers l'amour mondain initial, le jour de l'interruption du fil de journées successives: « Ce jour-là, Fabrice rencontra dans la rue [de Bologne] la petite Marietta » (CP 1: 357).

Notons que dans ce premier exemple d'un ralentissement maximal, la mort est le point focal de l'intensité solitaire vécue par le héros, tandis que l'amour mondain est l'élément qui disparaît pour permettre l'introduction du fil de journées consécutives et qui intervient finalement pour rompre ce fil. Dans la deuxième sous-division de ralentissement maximal, I.1 (livre second), l'effet temporel est le même bien que les caractères de l'amour et de la mort soient inverses. La signature de la sentence de Fabrice par le prince est le point de départ de ce fil de trente jours (voir le tableau 1.C ci-dessus), action qui déclenche une première série de journées continues: l'entretien entre Gina et le prince (CP 2: 7-15), la lettre sollicitée par Gina dans laquelle Mosca omet la phrase « Cette procédure injuste n'aura aucune suite à l'avenir » (2: 15-16). Cette omission permet, d'une part, au prince de condamner Fabrice à douze ans de forteresse (2: 24), et d'autre part, au parti de la marquise Raversi d'ourdir le complot qui aboutit à la capture de Fabrice (2: 27-28). C'est à partir du surlendemain de la capture, le 5 août 1822, qu'une nouvelle agite la société parmesane: « La mise à mort de Fabrice était plus que jamais certaine » (2: 82). Mais, pendant que tout le monde s'occupe de son sort, c'est aussi à partir du 3 août que « Fabrice, qui avait tant redouté ce moment, trouva qu'*il n'avait pas le temps* de songer au malheur » (2: 53; nous soulignons). Car si la semaine suivant la capture est bien remplie pour ses amis et ses ennemis, elle ne l'est pas moins pour le héros: pendant ces huit jours, le temps n'existe pour Fabrice que par rapport aux regards échangés entre lui et Clélia[32]. C'est au neuvième jour que la mort s'impose à cet échange: « Le lendemain » (le jour 30 du fil ininterrompu) « fut le jour de grand désespoir de la duchesse. Tout le monde tenait pour sûr dans la ville que c'en était fait de Fabrice; Clélia n'eut pas le triste courage de lui montrer une dureté qui n'était pas dans son cœur » (CP 2: 115). Or, cette entrée de la mort, venue du monde extérieur, dans les rapports de Fabrice et Clélia entraîne aussitôt la rupture du fil temporel: « Une nuit, Fabrice vint à penser un peu sérieusement à sa tante ... » (2: 115).

On voit donc dans cette deuxième période de ralentissement maximal qu'en s'approchant progressivement de l'amour, Fabrice s'éloigne de la mort, en quelque sorte mondaine dans la mesure où elle est imposée de l'extérieur de ses rapports avec Clélia. Car, jusqu'à la capture de Fabrice, affirme Jean-Luc Seylaz, « nous avions vécu un temps qui était surtout celui de l'événement et du monde. Le temps n'était jamais celui de l'être seul »[33], à part, nous semble-t-il, l'autre période de ralentissement (les aventures avant et après le meurtre de Giletti) pendant laquelle Fabrice vit dans la solitude dominée par la présence de la mort jusqu'à ce que l'amour mondain intervienne. Mais la durée que Fabrice vit en prison est tout autre, comme le souligne J.-L. Seylaz:

> Non plus le temps du monde, mais le temps du cœur. . . . Le temps (tel qu'il est éprouvé et évoqué) est une durée vécue uniquement par les héros, selon un calendrier qui ne recoupe presque jamais celui du monde . . . D'où l'utilité du calendrier que le récit établit avec tant d'application: il fonde et supporte ce temps que le sentiment seul informe, ce temps d'une passion qui se développe selon une chronologie qui lui est propre, et dans une solitude idéale. (« Quelques réflexions » 290-91)[34]

Or, dans ce deuxième ralentissement maximal, c'est au moment où le monde s'impose par l'intermédiaire de la mort qu'est rompu le temps de la solitude se manifestant par l'amour. Autrement dit, le dénominateur commun à la fois de la sous-division de l'aventure (II.2, livre premier), et de la capture et ses suites (I.1, livre second), est le temps d'une intensité solitaire ressentie par le ou les héros, intensité liée à la mort dans le livre premier, à l'amour dans le livre second. Et réciproquement, lorsque le temps du monde s'impose, sous forme d'un amour mondain dans le livre premier, sous forme de la menace mortelle dans le livre second, le ralentissement s'arrête forcément pour que la temporalité accélérée revienne dominer le mouvement narratif.

De cette perspective du rapport constitutif entre l'intensité solitaire et le monde vis-à-vis de la dialectique entre l'amour et la mort, nous pouvons mettre en valeur la répartition des divisions du déroulement narratif et de leurs mouvements rythmiques correspondants: dans la sous-division où se déroule l'aventure de Fabrice à Waterloo (I.2) se révèle le ralentissement le plus étendu des deux exemples d'oscillation du livre premier, une expérience intense vécue par Fabrice comme une sorte de rêverie solitaire dans laquelle surgit constamment le spectre de la mort. Tout ce qui précède et suit les deux chapitres et demi de Waterloo, c'est-à-dire le voyage en France de Fabrice et les suites de son retour à Grianta, ne constitue que des passages banals dans un monde lointain comparés à l'intensité ressentie à Waterloo et traduite par le tempo ralenti. Quant à la sous-division III du même livre, la période d'exil à la suite du meurtre de Giletti, une brève période de onze jours consécutifs s'insère dans le mouvement accéléré qui domine les mois d'exil, et se lie au courage, c'est-à-dire à « une pure détente dans l'instant », selon M. Crouzet (*Stendhal et l'italianité* 134), au moment exalté du risque de la mort lors des événements du duel avec le comte M***. Et c'est Fabrice lui-même qui nous montre le caractère mondain de ses diverses liaisons « amoureuses », correspondant aux accélérations principales du livre premier (les sous-divisions I.1, II.1, et III), dans une réflexion faite en prison au moment de la rupture du deuxième ralentissement maximal:

> Une nuit, Fabrice vint à penser un peu sérieusement à sa tante: il fut étonné, . . . il en était au point de ne presque plus pouvoir comprendre comment il l'avait trouvée si jolie. . . . La duchesse d'A... et la Marietta lui faisaient l'effet maintenant de deux jeunes colombes dont tout le charme serait dans la faiblesse et dans l'innocence, tandis que l'image sublime de Clélia Conti, en s'emparant de toute son âme, allait jusqu'à lui donner de la terreur. (CP 2: 115-16)

Et s'il se rend compte du « charme » dû à la faiblesse et à l'innocence des amours mondains précédents, Fabrice explique clairement la nature de l'intensité solitaire qu'il vit en prison:

> Il sentait trop bien que *l'éternel bonheur* de sa vie allait le forcer de compter avec la fille du gouverneur. . . . Chaque jour il craignait mortellement de voir se terminer tout à coup, par un caprice sans appel de sa volonté, cette sorte de *vie singulière et délicieuse* qu'il trouvait auprès d'elle; toutefois, elle avait déjà rempli de *félicité les deux premiers mois de sa prison*. C'était le temps où, deux fois la semaine, le général Fabio Conti disait au prince: —Je puis donner ma parole d'honneur à Votre Altesse que le prisonnier del Dongo ne parle à âme qui vive. (CP 2: 116; nous soulignons)

Or, ces réflexions surviennent au seuil de la période d'une oscillation parallèle, examinée en détail au cours de notre discussion de la durée (voir le tableau de la durée simultanée ci-dessus), où se déploient simultanément un temps de la solitude, c'est-à-dire le déroulement jour par jour de la liaison amoureuse de Fabrice et Clélia, et un temps du monde, celui du mouvement accéléré des neuf mois de prison, simultanéité par laquelle se crée alors une tension subtile entre ces deux modes temporels. A partir de la « cent soixante-treizième nuit de captivité » (CP 2: 143), d'une part, Stendhal présente un fil de quarante-trois journées consécutives pendant lesquelles Fabrice et Clélia développent le langage qui leur permet de s'exprimer pleinement, communication inscrite dans une temporalité solitaire du cœur. D'autre part, c'est justement cette cent soixante-treizième nuit de captivité que Fabrice apprend que Gina essaie de lui faire transmettre des messages codés depuis quatre mois, dans un langage qui ne participe en aucune façon à la langue intime inventée par Fabrice et Clélia, mais dans un langage qui appartient plutôt au « jeu parmesan du détournement du langage » (P. Brooks, « L'invention de l'écriture » 189), et ainsi à une temporalité mondaine par laquelle s'introduit la mort. Mais la mort de qui? Dans un premier temps, celui de cette durée simultanée dans la sous-division de l'emprisonnement, il s'agit de la mort de Fabrice lui-même: bien que le flux accéléré de la temporalité mondaine semble s'interrompre lors du récit de la nuit de l'évasion de Fabrice, le fil consécutif de quarante-trois jours, celui du temps solitaire du cœur, englobe également les jours qui suivent cette nuit-charnière de l'évasion, et se transforme alors en un temps solitaire du danger mortel de l'évasion. Cette transformation explique par ailleurs l'emploi dans le récit de l'évasion d'un procédé anachronique particulier, l'énonciation proleptique, au temps futur de Fabrice et de la narration, d'un événement passé, l'évasion, mais dont la narration se déroule justement au niveau du récit premier. C'est par une telle distanciation formelle que le temps du monde s'exprime et en même temps semble prolonger la simultanéité de la durée qui caractérise la sous-division de l'emprisonnement.

C'est également dans une perspective de la mort et de son expression temporelle qu'il faudrait comprendre les six derniers chapitres du roman. Tandis que les sous-divisions de mouvement narratif accéléré du livre premier se caractérisent soit par l'exposition (I.1, l'introduction), soit par la transition (II.1, l'éducation), les dernières sous-divisions du roman comportent des mouvements accélérés, mais rompus brièvement par quelques ralentissements: il s'agit, par exemple, de la période anachronique du deuxième emprisonnement de Fabrice, période qui montre la volonté de Fabrice de retrouver le temps solitaire du cœur, mais aussi l'impossibilité de la réalisation de ce désir étant donné la transformation qui s'est opérée dans les rapports entre Fabrice et Clélia. Car, à partir de l'évasion, le climat temporel change profondément, la passion « comporte désormais les ruses du désir avec la volonté ou la loi, c'est-à-dire une tension charnelle. Et le temps du cœur n'est plus absolu: il recoupe le temps du monde » (J.-L. Seylaz, « Quelques réflexions » 291). Or, le meilleur exemple de ce changement est l'ellipse célèbre du « bonheur extrême », et charnel, dont jouissent Fabrice et Clélia: « [Clélia] était si belle, à demi vêtue et dans cet état d'extrême passion, que Fabrice ne put résister à un mouvement presque involontaire. Aucune résistance ne fut opposée » (CP 2: 284)[35]. D'où les mouvements accélérés qui dominent les dernières sous-divisions, où le temps du monde correspond au temps d'un amour, mais aussi d'une mort en quelque sorte motrice. Car c'est surtout dans *La Chartreuse de Parme* que Stendhal préconise la mort comme la matière première de la création romanesque ainsi qu'il le suggère dans l'*Art de composer les romans*: « La page que j'écris me donne l'idée de la suivante: ainsi fut faite la *Chartreuse*. Je pensais à la mort de Sandrino, cela seul me fit entreprendre le roman » (*Romans et nouvelles* 2: 869). On pourrait croire aussi que le fait divers dont *Le Rouge et le Noir* est le résultat, pose la mort comme fin inévitable de la création romanesque, mais les intentions de Stendhal n'y sont pas aussi explicites que celles qui concernent *La Chartreuse de Parme*. De toute manière, il s'agit en effet de la mort de Sandrino qui entraîne celles de tous les personnages mêlés à la tension conflictuelle des temps de l'amour et de la mort[36]. Et cette temporalité de sentiments en conflit ne s'exprime que par le mouvement accéléré qui caractérise inexorablement les dernières sous-divisions du roman, y compris le dénouement-éclair[37].

Donc, comme l'affirme Micheline Levowitz-Treu, c'est dans *La Chartreuse de Parme* que Stendhal développe une « tentative de résolution du grand conflit: comment concilier l'expérience d'une temporalité oppressive avec l'aspiration à l'amour absolu et à un absolu d'amour »[38]. Même s'il s'agit de la mise en scène de « l'illusion du bonheur », dont la réalité, selon Pierre Creignou, consiste à la fois en sa précarité et son contenu négatif[39], Stendhal élabore dans son dernier roman une forme de temporalité simultanée à travers laquelle il peut traduire les émotions profondes des jeunes amoureux, Fabrice et Clélia, aussi bien que les menaces sociales réelles qui bouleversent l'équilibre délicat, tant sentimental que temporel, établi pendant la période de l'emprisonnement. Et, lorsque Roland Barthes affirme que « le Roman est une Mort », il pourrait bien s'agir de tous les romans de Stendhal, mais surtout de *La Chartreuse de Parme*: « [Le Roman] fait de la vie un destin, du souvenir un acte utile, et de la durée un temps dirigé significatif »[40]. La critique stendhalienne a souvent éclairé en quoi ce dernier roman achevé de Stendhal transforme une vie (celle d'Alexandre Farnèse) en destin (celui de Fabrice, sinon de Sandrino), et les souvenirs (de Beyle) en l'acte utile (du roman). Le troisième élément, la durée (à laquelle se joignent l'ordre et l'itération temporels), se révèle dirigé par une dialectique à deux axes, d'une part, entre la solitude et le monde, d'autre part, entre l'affirmation du cœur et celle de la mort. La domination finale de la mort imposée par le monde sur les sentiments du cœur solitaire nous livre ainsi la direction significative de la temporalité romanesque de Stendhal, c'est-à-dire « une transcendance qui est l'aspiration même du roman, une sorte d'exemption non seulement de la mesquinerie de la cour mais de l'histoire et même du temps »[41], au-delà de la participation des héros au rythme mondain afin de goûter le temps d'un bonheur inconnu, mais infini.

Conclusion

Arrivés au terme de notre étude, nous devons faire face à la nécessité de conclure, geste final qui fait problème, pourtant, dans la mesure où les analyses précédentes, si détaillées qu'elles soient, ne constituent à vrai dire que l'étape initiale d'un travail plus élaboré, c'est-à-dire l'assimilation des éléments temporels à d'autres domaines analytiques. Nous avons cherché, bien entendu, à ébaucher quelques directions critiques possibles à partir de la mise en place des données temporelles, notamment certains rapprochements qui peuvent se faire avec les champs thématiques et psychanalytiques. Nous croyons néanmoins que d'autres approches, par exemple, socioanalytiques et génétiques, peuvent sans doute s'établir sur les bases déjà présentées. Tout en admettant qu'une telle ouverture dépasse les limites du travail prévu au départ, nous voudrions rappeler les termes dans lesquels nous avons introduit cet examen de la temporalité romanesque chez Stendhal. Selon lui, le réseau d'effets temporels constitue « l'échafaudage » essentiel de chaque « bâtisse » fictive qu'il entreprend de construire, et nous avons montré comment l'agencement complexe des procédés temporels, en tant qu'éléments stylistiques fondamentaux, traduit l'expression du réalisme subjectif dans toute l'œuvre romanesque stendhalienne. De ce fait, nous avons également insisté sur les possibilités que l'approche narratologique offre pour étendre la compréhension textuelle à d'autres champs critiques.

Dans les chapitres précédents, nous nous sommes efforcés d'élaborer les nombreux détails temporels de chaque œuvre examinée, en précisant à la fois ce qu'elles partagent de la perspective critique adoptée aussi bien que ce qui les différencient. Par exemple, dans les écrits plutôt fragmentaires que sont les nouvelles, nous avons remarqué les diverses tentatives, plus ou moins réussies selon le cas, de réaliser le potentiel discursif et émotif qui se produit grâce à la juxtaposition des procédés temporels. Mais les hésitations et le manque d'élan dans cette élaboration, liés à l'articulation plutôt pauvre du temps de la narration, contribuent aux difficultés énormes que rencontre l'auteur à employer ces procédés afin d'exprimer pleinement le réalisme subjectif et ses rapports avec d'autres strates textuelles. De même, en se contraignant à suivre les modèles primitifs pour présenter les soi-disant « traductions fidèles », les *Chroniques italiennes*, Stendhal a sévèrement limité les possibilités d'unir les mouvements rythmiques et les conflits de l'intrigue. Par contre, les études précédentes ont souligné la mesure dans laquelle l'expression du réalisme subjectif se révèle dans les romans stendhaliens à partir de l'agencement progressivement subtil des procédés temporels avec les divers traits thématiques. Nous voudrions donc reprendre ici les grandes lignes de cet « échafaudage » temporel dont nous avons déjà éclairé les détails précis.

Nous avons d'abord remarqué, dans *Armance*, que l'emploi dominant des procédés de l'ordre, surtout des analepses, empêche souvent le déroulement fluide de la durée narrative, mais traduit ainsi les rapports conflictuels entre les personnages principaux. En particulier, la juxtaposition des procédés de l'ordre et de la durée a révélé de quelle manière la plus grande intensité émotive des personnages se traduit par l'activité anachronique maximale aussi bien que par l'emploi de l'ellipse, tandis que d'autres degrés de trouble sentimental se manifestent par les autres mécanismes, surtout l'emploi des scènes et de l'activité anachronique moyenne. Il nous semble alors que ces agencements complexes des procédés temporels et des bouleversements émotifs fondent le réalisme subjectif dans ce roman en tant qu'expression narrative et discursive du conflit thématique principal, l'amour possible-impossible entre Octave et Armance. Et nous avons vu qu'il s'agit d'une expérience progressivement insupportable à cause de l'existence du « trou » qui soutient le déroulement à la fois narratif et thématique du roman, c'est-à-dire la lacune de base qu'est le secret d'Octave.

Dans *Lucien Leuwen*, il s'agit plutôt de l'emploi soutenu des éléments ralentis de la durée et de l'itération qui servent à renforcer la lenteur rythmique, apparemment fatale pour le roman dans la mesure où on l'estime « inachevé ». Nous avons constaté, en effet, que cette lenteur rythmique correspond à l'étouffement existentiel de Lucien, d'abord dans la société de Nancy, puis dans le milieu de la politique bourgeoise à Paris, ce qui suggère donc l'impossibilité pour le héros de s'épanouir en réalisant le bonheur. Pourtant, un tout autre rythme s'établit dans les chapitres finals lorsque

CONCLUSION

Lucien parvient à s'ouvrir aux besoins de son cœur et à une autre façon d'exister. Malgré la forme fragmentaire et elliptique de la dernière division du roman, nous croyons que la « crise de la temporalité » chez Stendhal qui se révèle dans *Lucien Leuwen* aboutit finalement à la tentative, si infime soit-elle, de concevoir une temporalité dans laquelle des mouvements rythmiques apparemment contraires sont équilibrés.

Nous avons également vu que les deux autres romans de Stendhal constituent des exemples assez complémentaires de l'agencement soigné des éléments temporels et thématiques. Dans *Le Rouge et le Noir*, les oscillations rythmiques équilibrées entre ralentissements et accélérations traduisent les étapes de la chasse au bonheur de Julien: d'une part, les procédés d'accélération correspondent aux expériences hautement émotives du héros lors des périodes d'installation (chez de Rênal et de La Mole) et surtout lors des périodes de transition, et de bonheur fugace, qui résultent de l'activité amoureuse. D'autre part, les procédés de ralentissement soulignent non seulement l'importance sentimentale des périodes d'attendrissement, mais aussi l'opposition des deux formes d'amour particulières que vit Julien successivement auprès des héroïnes. Ces oscillations nous ont menés à comprendre les deux faces du rapport entre la temporalité romanesque et le réalisme subjectif: il s'agit d'abord de la manifestation de la « fable métonymique » du roman jusqu'au premier dénouement du *Rouge et le Noir*, lorsque Julien reconnaît enfin le rôle hypocrite qu'il joue. Cette prise de conscience le force alors à agir, et de l'attentat célèbre résulte la possibilité pour Julien, pendant la période d'emprisonnement, d'établir une autre façon d'être, c'est-à-dire la temporalité du « non-sens » métaphorique et poétique, du présent et de l'« amour vrai » qui domine les dernières sous-divisions du roman. Julien maintient donc, à la fin de sa vie, un équilibre fragile entre les deux formes d'amour et de temporalité grâce à l'influence spirituelle contraire des deux héroïnes, et elles incarnent finalement ces deux modes narratifs dans leurs gestes ultimes, à la suite de l'exécution de la chère « tête poétique ».

De même, le mélange subtil et harmonieux des procédés de la durée et de l'ordre que nous venons de voir dans *La Chartreuse de Parme* souligne la temporalité particulière qui caractérise l'évolution sentimentale des personnages principaux. La conception temporelle de Stendhal a pourtant évolué depuis l'articulation, dans *Armance*, de l'agitation anachronique et, dans *Lucien Leuwen*, de l'« épuisement » temporel ralenti. Car dans *La Chartreuse de Parme*, l'auteur comprend l'importance de l'accélération non seulement comme expression de l'intensité joyeuse du bonheur, mais surtout comme force de rupture et de transition. Ce sont alors les éléments du ralentissement qui traduisent le temps de l'intensité solitaire ressenti par Fabrice avant, puis avec Clélia. Par contre, lorsque ce temps ralenti disparaît et le temps accéléré intervient, il s'agit à la fois de la menace et de l'amour mondains, externes aux rapports intimes des personnages, qui déterminent la rupture accélérée et établissent la mort comme la force dominante du récit d'amour, surtout dans les divisions finales du roman.

L'agencement des éléments de la temporalité romanesque avec l'expression thématique nous permet de revenir, en conclusion, aux liens étroits qui existent dans les romans de Stendhal entre l'énergie et l'héroïsme, et de souligner même des moments énergétiques privilégiés comme manifestations particulièrement significatives du réalisme subjectif. Dans chaque roman stendhalien, à des degrés variés, les moments d'expression énergétique se caractérisent tantôt par la diffusion intense du ralentissement, tantôt par l'efficacité concentrée de l'accélération, tantôt par les effets énergétiques variables créés par l'oscillation entre les deux. On constate même que l'énergie s'exprime à travers les agencements de ces éléments rythmiques non seulement entre eux, mais aussi avec les formes anachroniques et itératives. Dans *Le Rouge et le Noir*, le moment énergétique privilégié se situe dans l'envol temporel où le héros se prépare à goûter « l'instant rapide » de la sensation énergétique et réalise ainsi ses ambitions les plus profondes. Dans *La Chartreuse de Parme*, Stendhal établit la conjonction des formes anachroniques avec le plein déploiement des éléments rythmiques, séparément aussi bien que parallèlement, et met ainsi en valeur les conflits héroïques essentiels de cet univers romanesque, entre la solitude et le monde, et entre l'amour et la mort.

Par contre, les agencements du réalisme subjectif avec la temporalité romanesque dans *Armance* et *Lucien Leuwen* traduisent des formes tout à fait distinctes de l'expression énergétique et donc de la nature héroïque qui s'y manifeste. L'impossibilité, pour les protagonistes, de jouir d'un bonheur réel dans *Armance* correspond à la rupture constante de la progression temporelle par les formes anachroniques et empêche ainsi l'expression continue de l'énergie passionnelle. Et dans *Lucien Leuwen*, quoique les nombreux obstacles que rencontre Lucien bloquent sa passion pour Mme de Chasteller, puis aggravent l'« asphyxie » existentielle dont il souffre dans ses rapports mondains ultérieurs, il aboutit néanmoins au refus de l'enlisement dans les valeurs du monde pour entreprendre la quête

« inachevée », parce qu'interminable, des valeurs et de la temporalité du cœur. Dans chaque roman, donc, qu'il s'agisse de « l'instant rapide où l'on sent avec énergie » qui caractérise bien à la fois *Le Rouge et le Noir* et *La Chartreuse de Parme*, ou de la dispersion de l'énergie due à l'impossibilité du bonheur qui caractérise *Armance* et *Lucien Leuwen*, l'expression du réalisme subjectif se lie non seulement à la traduction variable des rapports entre les personnages et des diverses strates textuelles et thématiques. Cette expression implique également les choix préalables de Stendhal quant à l'emploi des processus de la temporalité romanesque, et par cela-même, sa façon de concevoir et de construire « l'échafaudage » fondamental de son œuvre fictive.

Notes

Chapitre I

[1] Stendhal, *Lucien Leuwen*, éd. Debray-Crouzet, 2 vol. (Paris: Garnier-Flammarion, 1982) 2: 582. Cette annotation, qui se trouve dans le tome III du manuscrit (Fol. 2), continue: « Probablement les époques exactes resteront dans le vague. Rien ne vieillit un roman comme le dernier chiffre des dates. Ainsi, dans le texte, au lieu de 1835, dire 183.; au lieu de: aller à Caen, aller à*** ». A plusieurs reprises dans ses notes, Stendhal désigne l'esquisse temporelle du roman par le mot « échafaudage », notamment au tome I du manuscrit, Fol. II (2: 572), Fol. 460 (2: 579) et Fol. 462 (2: 580); au tome IV, Fol. F (2: 587-88) et dans l'annotation finale (2: 589).

[2] « Je fais le plan après avoir fait l'histoire, comme (*trois mots illisibles*). Faire le plan d'avance me glace, parce qu'ensuite c'est la *mémoire* qui doit agir, et non le cœur. L'appel à la mémoire me glace, second trait. Le premier est oubli de ce qui a été fait il y a six mois, mais oubli complet » (le 22 février 1835), LL 2: 582; voir aussi 2: 587 (le 23 février 1835) et 2: 592 (le 10 avril 1835).

[3] Notamment, Stendhal, *Œuvres intimes*, éd. V. Del Litto, 2 vol. (Paris: Gallimard, 1981).

[4] Voir Pierre Moreau, « "Coup de foudre" et "cristallisation" dans les romans de Stendhal », dans *Studi in Onore di Vittorio Lugli e Diego Valeri*, 2 vol. (Venise: Neri Pozza, 1961) 2: 681-92; et Christof Weiand, *Die Gerade und der Kreis: Zeit und Erzählung in den Romanen Stendhals* (Frankfurt / Main: Haag & Herchen, 1984) 16-48.

[5] Parmi d'autres exemples, voir les notes relatives aux « 200 jours » de travail sur *Lucien Leuwen*, 2: 577, 584-85, 592. Voir aussi l'examen du « temps de l'écriture » chez Stendhal de François Landry, *L'imaginaire chez Stendhal* (Lausanne: L'Age d'Homme, 1982) 179-85.

[6] Gérard Genette, *Figures II* (Paris: Seuil, 1969) 167.

[7] Dans la bibliographie (sections II et III), nous indiquons avec le sigle * les ouvrages les plus pertinents pour la recherche, à la fois générale et stendhalienne, sur la temporalité romanesque.

[8] *Figures II* 179-80. Pourtant Juliet Flower MacCannell note justement que la méthode de lecture « paradigmatique » et « verticale », donc hiérarchique, pose un problème pour la critique stendhalienne dans la mesure où la position de Stendhal « est celle d'une évaluation négative de la hiérarchie comme principe », « Stendhal's woman »,

Semiotica 48.1-2 (1984): 164 (notre traduction: « a negative evaluation of hierarchy as a principle »).

[9]Notre projet se rapproche des voies tracées par Roland Barthes dans *S/Z* (Paris: Seuil, 1970), mais comprises en tant qu'ouverture vers des possibilités de sens multiples. Quant à la mise en question soulignée, voir Luc Ferry et Alain Renaut, *La Pensée 68. Essai sur l'anti-humanisme contemporain* (Paris: Gallimard, 1985), et Tzvetan Todorov, *Critique de la critique* (Paris: Seuil, 1985). Dans le domaine anglo-américain, voir les essais dans *Reconstructing Literature,* éd. Lawrence Lerner (Totowa, NJ: Barnes & Noble, 1983); les débats continus dans *Critical Inquiry*, par exemple le numéro intitulé « Pluralism and its Discontents », 12. 1 (1986), et dans *New Literary History*, par exemple le numéro intitulé « Philosophy of Science and Literary Theory », 17.1 (1985); et *Criticism in the University*, éd. Gerald Graff & Reginald Gibbons (Evanston, IL: Northwestern University Press, 1985).

[10]Voir, par exemple, Peter Brooks qui affirme que « la narratologie . . . a trop négligé la dynamique temporelle qui modèle le récit lors de notre lecture, le jeu du désir dans le temps qui nous fait tourner les pages et rechercher les fins narratives », *Reading for the Plot: Design and Intention in Narrative* (New York: Knopf, 1984), xiii (notre traduction: « Narratology . . . has too much neglected the temporal dynamics that shape narrative in our reading of them, the play of desire in time that makes us turn pages and strive toward narrative ends »). Brooks conclut que « l'étude des textes narratifs doit dépasser les diverses critiques formalistes qui ont dominé notre époque » et propose comme solution une approche psychanalytique qui « promet, et exige, qu'en plus des préoccupations narratologiques habituelles telles que fonction, séquence et paradigme, nous engagions la dynamique de la mémoire et l'histoire du désir en tant qu'outils travaillant à élaborer la reprise du sens à l'intérieur du temps » (35-36) (« The study of narrative needs to move beyond the various formalist criticisms that have predominated in our time . . . . Psychoanalysis promises, and requires, that in addition to such usual narratological preoccupations as function, sequence, and paradigm, we engage the dynamics of memory and the history of desire as they work to shape the recovery of meaning within time »). Brooks semble nuancer ses remarques à propos de l'approche psychanalytique dans « The Idea of a Psychoanalytic Literary Criticism », *Critical Inquiry* 13.2 (1987): 334-48.

[11]Paul Ricœur, *La configuration dans le récit de fiction. Temps et récit* II (Paris: Seuil, 1984) 2: 92.

[12] Voir les conceptions de « stratification » textuelle suggérées par Gille Deleuze et Félix Guattari dans *Mille plateaux* (Paris: Minuit, 1980) 235-52.

[13]Gérard Genette, « Discours du récit », dans *Figures III* (Paris: Seuil, 1972) 65-282.

[14]Hiroshi Ishikawa, « Réflexions sur le réalisme subjectif dans *Le Rouge et le Noir* », *Stendhal Club* 74 (1977): 147. Ce concept ressemble à l'emploi stendhalien du *mode* narratif étudié par Georges Blin comme les « restrictions de champ », *Stendhal et les problèmes du roman* (Paris: Corti, 1954) 115-76.

[15] Voir à ce propos les réflexions importantes de Peter M. Cryle, « Sur la critique thématique », *Poétique* 64 (1985): 505-16. La perspective que nous adoptons sera également le moyen le plus efficace d'éviter ce que H. Boll Johansen appelle le « piège positiviste » qu'il repère chez G. Genette (*Figures III*), à la suite de Günther Müller, « Aufbauformen des Romans », *Neophilologus* 37 (1953): 1-14, et d'étudier ainsi le rythme du roman stendhalien « en fonction de la hiérarchie interne de l'intrigue », *Stendhal et le roman. Essai sur la structure du roman stendhalien* (Aran: Editions du Grand Chêne, 1979) 37.

[16] Nous retenons les définitions de ces termes que propose G. Genette en nommant *histoire** le « contenu narratif », *récit** le « discours ou texte narratif lui-même », et *narration** « l'acte narratif producteur et, par extension, l'ensemble de la situation réelle ou fictive dans laquelle il prend place » (DR 72). Gérard-Denis Farcy souligne le « flottement » terminologique dans la narratologie, « De l'obstination narratologique », *Poétique* 68 (1986): 493-95. Voir le glossaire en fin de l'étude pour la définition des termes se rapportant à l'approche narratologique, indiqués par le sigle * dans le texte.

[17] G. Genette précise aussi que « le récit isochrone, notre hypothétique degré zéro de référence », se caractériserait par sa « vitesse égale, sans accélérations ni ralentissements, où le rapport durée d'histoire/longueur de récit resterait toujours constant. Il est sans doute inutile de préciser qu'un tel récit n'existe pas, et ne peut exister qu'à titre d'expérience de laboratoire » (DR 123).

[18] Nos réflexions s'inspirent non seulement du travail de G. Genette, mais aussi de l'excellente mise en place de la temporalité narrative de Shlomith Rimmon-Kenan, *Narrative Fiction: Contemporary Poetics* (Londres et New York: Methuen, 1983) 43-58.

[19] G. Müller, « Erzählzeit und erzählte Zeit », dans *Morphologische Poetik* (Darmstadt: Wissenschaftliche Buchgesellschaft, 1969) 269-86. Etant donné le lien étroit entre le récit narratif et le temps de sa lecture, G. Genette accepte de « prendre au mot la quasi-fiction de l'*Erzählzeit*, ce faux temps qui vaut pour un vrai et que nous traiterons . . . comme un *pseudo-temps* » (DR 78). Il justifie plus tard l'emploi de ce terme: « Le temps du récit (écrit) est un "pseudo-temps" en ce sens qu'il consiste empiriquement, pour le lecteur, en un espace de texte que seule la lecture peut (re)convertir en durée », *Nouveau discours du récit* (Paris: Seuil, 1983) 16. Pourtant, P. Ricœur met en question cette qualification du temps du récit: « Je ne l'appellerai pas un pseudo-temps, mais précisément temps fictif, tant il est lié, pour l'intelligence narrative, aux configurations temporelles de la fiction. Je dirais qu'on transpose le fictif en pseudo en substituant à l'intelligence narrative la simulation rationalisante qui caractérise le niveau épistémologique de la narratologie, opération dont nous ne cessons de souligner à la fois la légitimité et le caractère dérivé » (*Temps et récit* 2: 123n).

[20] Jean-Jacques Hamm, « Un laboratoire stendhalien: Les *Chroniques italiennes* », *Revue d'histoire littéraire de la France* 84.2 (1984): 245-54.

[21] Les repères « 1. Le temps modificateur du point de vue ou de l'action », ce que J.-J. Hamm appelle « un non-temps », indiqué par les formules « le lendemain » ou « peu

de jours après »; « 3. L'événement circonscrit dans un moment de la journée ... ou de l'année », indiqué par « un soir d'été » ou « le lundi de Pâques »; et « 6. Les éléments de la chronologie », c'est-à-dire les indices du déroulement temporel du récit (« Un laboratoire stendhalien » 251).

[22] Les repères « 4. L'événement daté par rapport à un événement non daté », procédé abondant chez Stendhal, affirme J.-J. Hamm, et qui s'exprime par des expressions telles que « trois jours après celui du combat » et « le lendemain du combat »; et « 5. Le temps donné comme limite ou échéance », indiqué par une formule telle que « trois mois ne s'étaient pas écoulés que ... » (« Un laboratoire stendhalien » 251).

[23] Le repère « 2. Le temps comme marqueur itératif », indiqué par des formules comme « les jours suivants », « rester encore quelques jours » (« Un laboratoire stendhalien » 251).

[24] Rappelons que le narrateur de « Vittoria Accoramboni » commence son histoire, « Malheureusement pour moi comme pour le lecteur, ceci n'est point un roman, mais la traduction fidèle d'un récit fort grave écrit à Padoue en décembre 1585 », *Chroniques italiennes*, 2 vol. (Genève: Cercle du Bibliophile, 1968) 1: 3.

[25] Victor Del Litto, « Préface », dans Stendhal, *Le Rose et le Vert, Mina de Vanghel et d'autres nouvelles* (Paris: Gallimard, « Folio », 1982) 9.

[26] Si nous ne consacrons pas un chapitre particulier à l'étude de la temporalité narrative de *Lamiel*, c'est que, comme le souligne Henri Martineau, « n'ayant point eu le temps de réaliser ce qu'il sentait fermenter sourdement en lui, [Stendhal] ne nous a laissé que des tâtonnements épars, des fragments parfois sans clarté, de faux départs. ... Sur les divers brouillons qui se chevauchent et se recoupent, il est difficile de faire des raccords au même niveau. La chronologie est souvent impossible à établir. Lui-même s'y perdait ... », dans Stendhal, *Romans et nouvelles*, éd. H. Martineau, 2 vol. (Paris: Gallimard, 1952) 2: 870. Nous voyant dans l'impossibilité de préciser l'ordre et la durée temporels exacts de cette tentative inachevée de la dernière œuvre stendhalienne, nous l'avons écartée du corpus romanesque général de cette étude, tout en nous y référant pendant la discussion des différents éléments temporels.

[27] L'étude pré-citée de Christof Weiand, *Die Gerade und der Kreis*, est une heureuse exception au manque d'intérêt général pour l'ordre temporel.

[28] Stendhal, *Pensées, Filosofia nova*, éd. Henri Martineau, 2 vol. (Paris: Le Divan, 1931) 2: 58. Stendhal observe aussi que « peut-être la postérité regardera-t-elle ce siècle comme barbare (en littérature) à cause du manque absolu de *rythme*, cet accord entre les pensées et les tournures et les sons qui a le seul pouvoir de compléter le charme » (2: 64).

[29] Jean Prévost, *La création chez Stendhal* (Paris: Mercure de France, 1951) 82.

[30] Jean-Pierre Richard, « Connaissance et tendresse chez Stendhal », dans *Littérature et sensation* (Paris: Seuil, 1954) 42-43.

[31] Georges Poulet, « Stendhal et le temps », *Revue internationale de philosophie* 16-17 (1962): 401, étude reprise dans *Mesure de l'instant* (Paris: Plon, 1968).

[32] Michel Crouzet, *Stendhal et l'italianité* (Paris: Corti, 1982) 122.

[33] *De l'Amour*, ed. E. Abravanel et V. Del Litto, 2 vol. (Genève: Cercle du Bibliophile, 1967).

[34] Résumons ces « sept époques » présentées au chapitre II de *De l'Amour*: « Voici ce qui se passe dans l'âme: 1. L'admiration. 2. On se dit: Quel plaisir de lui donner des baisers, d'en recevoir, etc.! 3. L'espérance. . . . 4. L'amour est né. . . . 5. La première cristallisation commence. . . . 6. Le doute naît. . . . 7. Seconde cristallisation », DA 1: 19-24.

[35] C. Weiand intitule son analyse d' « Ernestine », « Prototyp der erzählerischen Zeitgestaltung Stendhals » (prototype de l'organisation temporelle narrative de Stendhal), *Die Gerade und der Kreis* 16. Voir aussi C. Weiand, « "Ernestine" prototype de la narration stendhalienne », *Stendhal Club* 103 (1984): 263-79.

[36] G.-D. Farcy distingue une troisième forme d'anachronie, « ces séquences qui sont ni analeptiques, ni proleptiques, ni coulées dans la durée immanente de l'histoire. Quelle que soit la nature de leur contenu (onirique, imaginaire, phantasmique), elles opèrent une immobilisation du temps diégétique. Quant à les nommer, je serais tenté de les qualifier d'*exolepses* » (« De l'obstination narratologique » 498).

[37] G.-D. Farcy affirme que « le repérage de l'hétérodiégétisme n'est possible qu'une fois qu'il a été répondu à ces deux questions, de linéarité: où est l'origine de l'histoire considérée comme enchaînement?, de volume: quels sont les contours de l'aire diégétique considérée comme ensemble? Cela fait, et tout en tenant compte d'un jeu (au sens mécanique du terme), on distinguera du non-diégétique, du pré-ou post-diégétique, du péri-diégétique » (« De l'obstination narratologique » 497).

[38] G.-D. Farcy distingue deux autres catégories, l'analepse *subjective* où « c'est le personnage qui se remémore », ou l'analepse *mémorielle* selon G. Genette (DR 130) et, à notre avis, un *effet de durée* (c'est-à-dire une pause*); et l'analepse *narrative* où c'est le narrateur ou bien « le récit qui se souvient » et, à notre avis, un effet du *temps de la narration** (« De l'obstination narratologique » 498).

[39] Il s'agit évidemment d'une prolepse externe*, puisqu'elle se situe à une époque postérieure à la fin de l'histoire, et hétérodiégétique*, puisqu'elle s'écarte entièrement du contenu du récit premier* (DR 106-07). G. Genette remarque que ce genre de prolepse, qui amène l'anticipation vers le présent du narrateur, a une fonction précise dans l'œuvre de Proust, fonction qui semble s'appliquer à cette prolepse dans « Ernestine »: « Ce sont des témoignages sur l'intensité du souvenir actuel, qui viennent en quelque sorte authentifier le récit du passé » (DR 107).

[40] Nous reprenons et modifions ici les catégories déjà suggérées dans notre « Temporalité fictive et réalisme subjectif dans *la Chartreuse de Parme* », *Stendhal Club* 109 (1985): 50-51.

[41] John T. Booker, « Retrospective Movement in the Stendhalian Narration », *Romanic Review* 52.1 (1981): 37 (« As a result, the reader is hardly aware of any temporal overlap; the shift in perspective is essentially instantaneous and fictional

time seems to move ahead with only the slightest of pauses »).

[42] Voir, d'une part, les distinctions que propose H. Boll Johansen entre « simultanéité » et « simultanéité continue », *Stendhal et le roman* 141; et d'autre part, l'analyse stylistique de la temporalité des formes verbales d'Emile Talbot, « Style and the Self: Some Notes on Stendhal's *La Chartreuse de Parme* », *Language and Style* 5 (1973): 299-312.

[43] Béatrice Didier, « Le statut de la nouvelle chez Stendhal », *Cahiers de l'Association Internationale des Etudes Françaises* 27 (1975): 217.

[44] A part « San Francesco a Ripa » et « Vanina Vanini », du moins en principe, le modèle de la « chronique » se manifeste aussi dans les écrits qui s'appuient tantôt explicitement sur une référence à d'autres prédécesseurs (« Le Philtre »: « imité de l'italien de Silvia Valaperta », N 77; « Maria Fortuna », « voir le récit véritable, parfaitement exact, de M. Spirola », N 229; « Mina de Vanghel »: « conte imité du danois de M. Oelenschlager », N 489, n. 1), tantôt implicitement sur le texte initial que constitue la première ébauche de la nouvelle, comme le révèlent les notes marginales de Stendhal dans « Une position sociale »: « Inventer les faits et voir les beaux développements: deux mouvements *contraires* de l'esprit de Dom(ini)que. Il invente en septembre, en janvier il a oublié et peut peindre les détails comme s'il volait l'histoire à quelque vieux bouquin » (N 505). Selon B. Didier, « Cette note . . . prouve à quel point est prédominant, chez Stendhal, le mécanisme créateur, tel qu'il fonctionne dans les *Chroniques italiennes*. L'appui d'un texte initial lui est si utile, qu'il conférera à son premier brouillon, dans le cas d'une nouvelle, la même fonction », Stendhal proclamant ainsi « la nécessité d'un oubli du premier texte qui va créer une distance, sans quoi le second texte ne serait pas possible » (« Statut de la nouvelle » 218-19).

[45] Seymour Chatman, *Story and Discourse: Narrative Structure in Fiction* (Ithaca: Cornell University Press, 1978) 72-73; G. -D. Farcy, « De l'obstination narratologique » 500. A propos de la *pause*, voir G. Genette, *Nouveau discours du récit* 25. Dans l'étude présente, nous grouperons néanmoins cette nouvelle forme de ralentissement avec la pause descriptive.

[46] C'est-à-dire, à peu près trois semaines (jalon 1); un peu plus d'un mois, puis six journées consécutives (jalons 2, 3, et 4); et la semaine qui précède la rupture des rapports de Philippe et Ernestine dans le dénouement (jalon 5), donc neuf semaines en tout. Pour un autre aperçu de la durée temporelle dans « Ernestine », voir C. Weiand, *Die Gerade und der Kreis* 16-48, et « "Ernestine": prototype de la narration stendhalienne ».

[47] Didier Coste, « Discours de l'essai et discours narratif dans *De l'Amour* », dans *Stendhal. Colloque de Cerisy-la-Salle*, éd. Philippe Berthier (Paris: Aux Amateurs de Livres, 1984) 184.

[48] Ces ralentissements se résument ainsi: 1) l'entretien de Mina et sa mère en route pour Paris, et le soir de leur arrivée (N 263-70); 2) de nombreux entretiens en 2 jours (N 271-87); 3) le ralentissement des scènes entre l'abbé et Léon (N 292-94, 299-310, 313-19) dans lesquelles s'insèrent des sommaires analeptiques à propos de la vie de

Léon et de sa mère (N 294-99, 311-13); 4) enfin, après le retour au récit en ellipse « le jour du bal » (N 320), les entretiens finals entre Mina et Mme de Strombeck, la rencontre de Léon et Mina, et les réflexions de celle-ci (N 320-24).

[49]Etant donné que « dans le récit classique et encore jusque chez Balzac », et, sans doute, Stendhal, « les segments itératifs sont presque toujours en état de subordination fonctionnelle par rapport aux scènes singulatives, . . . la fonction classique du récit itératif est donc assez proche de celle de la description » (DR 148). Voir à cet égard l'examen de l'aspect du récit itératif de Danièle Chatelain, « Frontières de l'itératif », *Poétique* 65 (1986): 111-24. Dans l'étude présente, nous considérerons cet élément à la lumière de la durée temporelle.

[50]Par exemple, dans « Une Position sociale », malgré le début fragmentaire, et dans « San Francesco a Ripa », en dépit d'une certaine domination par les analepses et les ralentissements.

[51]Ellen Constans, « "O temps suspends ton vol". A propos de l'inachèvement », *Stendhal Club* 119 (1988): 236.

[52]G. Genette signale un « exemple massif » de cette figure, « la dissimulation par Stendhal, dans *Armance*, à travers tant de pseudo-monologues du héros, de sa pensée centrale, qui ne peut évidemment pas le quitter un instant: son impuissance sexuelle » (DR 212). Genette se réfère aux observations de Jean Pouillon qui insiste: « Que du dehors nous ignorions l'impuissance d'Octave, c'est bien normal . . . Mais Stendhal ne reste pas "en dehors", il fait des analyses psychologiques, et alors il devient absurde de nous cacher ce qu'Octave doit bien savoir lui-même; s'il est triste, il en sait la cause, et ne peut ressentir sa tristesse sans y penser; Stendhal devrait donc nous l'apprendre », *Temps et roman* (Paris: Gallimard, 1946) 90. Jean Bellemin-Noël offre une autre perspective sur l'importance de « l'impuissance d'Octave », *L'auteur encombrant. Stendhal/Armance* (Lille: Presses Universitaires de Lille, 1985), 23-29.

[53]Ayant tracé dans « Discours du récit » les grandes lignes du concept de la « focalisation » (206-23), G. Genette en offre une définition élargie dans *Nouveau discours du récit* (49). Pour nous borner aux aspects narratifs qui n'influencent que le temps de la narration, en l'occurrence les effets de la voix, nous ne prendrons pas en considération les formes de focalisation, pourtant très importantes, dans les écrits de Stendhal.

[54]*Lamiel* constitue un cas plus compliqué puisque, à la fin des deux premiers chapitres sans doute homodiégétiques, le narrateur transforme le texte en récit hétérodiégétique en quittant l'histoire d'une façon très directe: « Au bout de cinq ans, l'envie d'être riche à Paris me prit; la curiosité m'a porté à savoir des nouvelles de Carville, de la marquise maintenant duchesse depuis longtemps, de son fils, des Hautemare. Toutes ces aventures, car il y en a eu, tournent autour de la petite Lamiel, adoptée par les Hautemare, et j'ai pris la fantaisie de les écrire afin de devenir homme de lettres. Ainsi, ô lecteur bénévole, adieu; vous n'entendrez plus parler de moi », *Lamiel* (Genève: Cercle du Bibliophile, 1971) 193.

[55]H. Boll Johansen, *Stendhal et le roman* 204-05. Voir aussi Georges Blin, *Stendhal et les problèmes du roman* 338, et toute la section intitulée « Les interventions "du dehors" » 196-298; et James T. Day, *Stendhal's Paper Mirror. Patterns of Self-Consciousness in His Novels* (New York: Peter Lang, 1987), surtout les chapitres 3 et 4.

[56]Michel Crouzet, « De l'inachèvement », dans *Stendhal: Romans abandonnés* (Paris: U.G.E., 1968) 15-16.

[57]B. Didier, « Stendhal chroniqueur », *Littérature* 5 (1972): 11.

[58]Dans cette analyse, nous suivons la définition de huit « scripteurs » et de cinq niveaux temporels que propose J.-J. Hamm, « Un laboratoire stendhalien » 246-47.

[59]Les remarques à cet égard de V. Del Litto dans sa préface sont formelles: « Les "huit volumes in-folio" du procès n'ont jamais existé; l'autre détail: "L'interrogation et le raisonnement sont en langue latine, les réponses en italien" est une réminiscence du procès des Carafa, mis à profit, on s'en souvient, dans *La Duchesse de Palliano*. De la même manière, le prétendu "chroniqueur florentin" est pure fiction, et il n'en est pas autrement des lettres échangées par Jules et Hélène, et dont le texte aurait été donné par le "chroniqueur italien" », CH 1: lxxii.

[60]Par exemple, « L'auteur italien rapporte curieusement beaucoup de longues lettres écrites par Jules Branciforte après celle-ci; mais il donne seulement des extraits des réponses d'Hélène de Campireali. Après deux cent soixante-dix-huit ans écoulés, nous sommes si loin des sentiments d'amour et de religion qui remplissent ces lettres, que j'ai craint qu'elles ne fissent longueur », CH 1: 178. Sur l'importance du narrateur et des « formules d'abrègement » dans les *Chroniques italiennes*, voir J.-J. Hamm, « Un laboratoire stendhalien » 249-50.

[61]Nous ne suivons donc pas Pierre Jourda lorsqu'il affirme qu' « on ne lira, dans les *Chroniques*, rien qui soit écrit pour le plaisir d'écrire. Stendhal n'admet que le nécessaire », « L'art du récit dans les *Chroniques italiennes* », dans *Journées stendhaliennes internationales de Grenoble* (Paris: Le Divan, 1956) 163.

[62]Pour une comparaison du manuscrit italien et du texte de « L'Abbesse de Castro », voir Charles Dédéyan, « L'originalité de Stendhal dans l'adaptation de "L'Abbesse de Castro" », *Le Divan* 32. 269-72 (1949-50): 366-80.

[63]B. Didier, « Pouvoirs et énergie dans "L'Abbesse de Castro" », dans *Stendhal: l'écrivain, la société et le pouvoir*, éd. Philippe Berthier (Grenoble: Presses Universitaires de Grenoble, 1984) 262.

[64]Henri Baudouin, « A propos de "L'Abbesse de Castro". Remarques sur la chronologie dans le récit stendhalien », *Stendhal Club* 52 (1971): 327-28.

[65]H. Boll Johansen affirme que « le déroulement du temps dans les *Chroniques italiennes* est en grande partie lié à ce qu'on pourrait appeler le temps *externe*, c'est-à-dire la chronologie historique... Cela différencie ces nouvelles des grands romans stendhaliens qui sont généralement fondés sur le temps *interne*, qu'on pourrait aussi dénommer le temps *relatif*, » où « presque toutes les notations de temps ne sont pas des dates précises

mais des indications du temps écoulé depuis un événement précédent », « Une théorie de la nouvelle et son application aux *Chroniques italiennes* de Stendhal », *Revue de littérature comparée* 50 (1976): 430-31. Pourtant, il nous semble non seulement que l'on peut repérer les manifestations de ces deux temps à des degrés variables dans tout écrit narratif de Stendhal, mais que l'opération d'une temporalité double est un des procédés caractéristiques chez Stendhal, procédé dont nous examinerons le fonctionnement dans les chapitres suivants.

[66]J.-J. Hamm résume bien les éléments marquants de l'élaboration complexe de la temporalité dans « L'Abbesse de Castro », « Un laboratoire stendhalien » 251. Voir aussi l'étude de M. Crouzet sur le rôle du détail dans la scène de l'attaque au couvent de Castro, *Le naturel, la grâce et le réel dans la poétique de Stendhal* (Paris: Flammarion, 1986) 259-60. Quant au style direct, voir John T. Booker, « *Style Direct Libre*: The Case of Stendhal », *Stanford French Review* 9 (1985): 137-51.

[67]Sur le rythme de la chronique stendhalienne comme outil de la « démystification de l'histoire », et sur « L'Abbesse de Castro » en particulier, voir Michel Guérin, *La politique de Stendhal* (Paris: P.U.F., 1982) 160-70.

Chapitre II

[1]*Armance*, éd. V. Del Litto et E. Abravanel (Genève: Cercle du Bibliophile, 1967).

[2]Cité par H. Martineau, préface des *Romans et nouvelles* 1: 21.

[3]Par exemple, Charles O'Keefe semble déconcerté par « l'incertitude qui règne dans *Armance* », « A Function of Narrative Uncertainty in Stendhal's *Armance* », *The French Review* 50.4 (1977): 579-85. Pour « les appréciations des contemporains », voir l'avant-propos bibliographique et critique, A li-lvii. Voir aussi les mises en place succinctes de la critique récente d'*Armance* par Michel Crouzet, « Pour une lecture d'*Armance* », dans *Stendhal: Le Rouge et le Noir, La Chartreuse de Parme, Lamiel, Armance* (Paris: Laffont, 1980) 811-15.

[4]Françoise Gaillard, « De la répétition d'une figure: *Armance* ou le récit de l'impuissance », *Littérature* 18 (1975): 126. A moins de lire *Armance* comme le propose Jean Bellemin-Noël, c'est-à-dire en le reprenant « à la base, sans prévention, *comme si nous n'avions jamais entendu parler* de la teneur du secret » (*L'auteur encombrant* 29).

[5]Ces analepses sont, d'abord, l'attitude hautaine de « l'auteur » qui « n'est pas entré, depuis 1814, au premier étage des Tuileries » (A 3); puis, le sujet du roman lors de sa rédaction, la mise en scène « des industriels et des privilégiés dont [l'auteur] a fait la satire » (A 4); ensuite, la demande (annoncée dans la première phrase) au « moi indigne » de corriger « le style » de ce texte, son travail subséquent sur « les façons de parler naïves, que je n'ai pas eu le courage de changer », et la réponse de l'auteur lui-même dans l'avant-dernier paragraphe à propos de ces corrections que « Stendhal » a voulu y apporter (A 3-6).

[6] Pour d'autres exemples, voir A 152, 156, 221, 232, 234-35, 295.

[7] G. Blin, *Stendhal et les problèmes du roman* 225-39; 338. Par exemple, « Oserons-nous l'avouer? Octave eut l'enfantillage d'écrire avec son sang » (A 201); et « Tout au plus ce bonheur [d'Octave et d'Armance], tout de sentiment et auquel la vanité et l'ambition ne fournissaient rien, eût-il pu subsister au sein de quelque famille pauvre et ne voyant personne. Mais ils vivaient dans le grand monde, ils n'avaient que vingt ans, ils passaient leur vie ensemble, et pour comble d'imprudence on pouvait deviner qu'ils étaient heureux, et ils avaient l'air de fort peu songer à la société. Elle devait se venger » (A 233).

[8] G. Blin, *Stendhal et les problèmes du roman* 239-98; 338. Par exemple, « Je ne répéterai point toutes les bonnes raisons que Mme de Bonnivet donna ce jour-là à Octave pour lui persuader qu'il avait un *sens intime*. Le lecteur n'a peut-être pas le bonheur de se trouver à trois pas d'une cousine charmante qui le méprise de tout son cœur et dont il brûle de reconquérir l'amitié » (A 72), et « Mais le lecteur est peut-être aussi las que nous de ces tristes détails; détails où l'on voit les produits gangrenés de la nouvelle génération lutter avec la légèreté de l'ancienne » (A 287).

[9] Deux autres notes qui s'attachent à l'histoire semblent provenir de l'instance narrative de « Stendhal »-conseiller de par leur lucidité en matières littéraires (A 139 et 297).

[10] M. Crouzet présente une liste de ces références historiques dans *Stendhal: Le Rouge et le Noir, La Chartreuse de Parme, Lamiel, Armance* 1020-28, dont certaines infirment les indices chronologiques précédents. Pour une discussion du rôle des événements politiques dans *Armance*, voir H.-F. Imbert, *Les métamorphoses de la liberté* (Paris: Corti, 1967) 381-95.

[11] Victor Del Litto, « Stendhal lecteur d'*Armance* », *Stendhal Club* 71 (1976): 195. Sur le titre d'*Armance*, et les origines et l'évolution des titres des romans de Stendhal, voir l'étude excellente de Serge Bokobza, *Contribution à la titrologie romanesque: Variations sur le titre « Le Rouge et le Noir »* (Genève: Droz, 1986) 39-53.

[12] Pour d'autres aperçus de la durée temporelle dans *Armance*, voir C. Weiand, *Die Gerade und der Kreis* 49-86, surtout la table de l'articulation temporelle d'*Armance*, 51; et la discussion de la structure séquentielle d'*Armance* de H. Boll Johansen, *Stendhal et le roman* 216-17.

[13] « Il y avait encore des journées où il tirait les conséquences les plus noires des propos les plus différents » (A 229).

[14] Par exemple, « Chaque jour il espérait trouver l'occasion de dire ce mot si essentiel pour son honneur, et chaque jour, . . . il voyait son espoir s'évanouir » (A 52-53); « Il allait avec plaisir à l'hôtel de Bonnivet parce que toujours cette Armance qui le méprisait, qui le haïssait peut-être, était à quelques pas de sa tante » (A 64); « Cette femme si légère . . . recevait de minuit à deux heures. Octave sortait toujours le dernier du salon de Mme de Bonnivet et crevait ses chevaux pour arriver plus tôt chez Mme d'Aumale, . . . une femme qui remerciait le ciel de sa haute naissance et de sa fortune,

uniquement à cause du privilège qu'elle en tirait, de faire à chaque minute de la journée ce que lui inspirait le caprice du moment » (A 115-16).

[15]Par exemple, « Depuis que le parti pris à l'égard de la loi d'indemnité n'était plus un secret . . . », « Depuis que [Octave] pouvait un jour se trouver à la tête d'un salon influent . . . », et « depuis qu'il avait quitté sa vie solitaire » (A 59-62), « Dix fois peut-être depuis sa nouvelle fortune . . . » (A 101), et « Depuis qu'il voyait un peu plus la société telle qu'elle est . . . » (A 109), phrases qui renvoient toutes à l'automne de l'an I; « Plusieurs mois s'étaient écoulés depuis qu'elle ne lui adressait plus la parole pour des choses personnelles à eux », et « Depuis trois mois Octave n'était plus le même homme » (A 73-74).

[16]Par exemple, les moments des réflexions des personnages, d'Octave (A 29-33); d'Octave et d'Armance (A 81-90); d'Octave avec Mme d'Aumale (A 160-61).

[17]Nous avons présenté une segmentation initiale d'*Armance* dans notre « Temporal Structuration in Stendhal's *Armance* », *The Journal of Practical Structuralism* 2 (1980): 33-35, développée dans « Ordre et duration: La structuration temporelle d'*Armance* », *Stendhal Club* 94 (1982): 141-56, et mise au point dans l'analyse présente.

[18]Il s'agit, d'une part, de l'épisode du jeune laquais qu'Octave jette par la fenêtre « il n'y avait pas un an » avant l'époque du récit premier. Suit la prolepse vis-à-vis de cette analepse, « pendant deux mois Octave se constitua le domestique du blessé », et l'épisode se termine en revenant à l'événement analeptique initial: « Ce qui l'avait surtout effrayée [Mme de Malivert] lors de ce funeste événement, c'est que le repentir d'Octave, quoique extrême, n'avait éclaté que le lendemain . . . » (A 35-36). D'autre part, *rp*, « Vers le milieu de l'hiver, Armance crut qu'Octave allait faire un grand mariage. . . . On voyait quelquefois dans le salon de Mme de Bonnivet un fort grand seigneur qui », *analepse*, « toute sa vie avait été à l'affût des choses ou des personnes qui allaient être à la mode . . . », *prolepse* vis-à-vis de l'analepse, « Tout l'hiver il avait paru remarquer Octave, mais on était loin de prévoir le vol qu'allait prendre la faveur du jeune vicomte. M. le duc de... donnait une grande partie de chasse à courre dans ses forêts de Normandie. C'était une distinction d'y être admis », *analepse*, « et depuis trente ans il n'avait pas fait une invitation dont les habiles n'eussent pu deviner le pourquoi », *rp*, « Tout à coup et sans en avoir prévenu, il écrivait un billet charmant au vicomte de Malivert et l'invita à venir chasser avec lui » (A 74-75).

[19]Il s'agit, d'abord, de l'entretien d'Octave avec Armance qui a lieu six mois après la « soirée des deux millions », la nuit du « 14 décembre » (A 38-41); ensuite, des réflexions d'Octave « après le départ d'Armance » malgré qu'elle reste toujours à Andilly à l'époque du récit premier (A 243); enfin, du départ « final » du commandeur: *rp*, « Mais l'idée d'Armance toute-puissante sur le cœur d'un mari qui l'aimait à la folie décida M. de Soubirane à déclarer que de sa vie il ne reparaîtrait à Andilly ». *prolepse*, « On était fort heureux à Andilly, on le prit au mot en quelque sorte, et après lui avoir fait toutes sortes d'excuses et d'avances, on l'oublia ». Suivent quelques analepses et puis le retour au récit premier, « Maintenant son admission [d'Armance] dans la famille anéantissait à jamais

son crédit sur son neveu [du commandeur] et ses châteaux en Espagne », et enfin, la position temporelle de la prolepse devient la nouvelle position du récit premier: « Le commandeur ne perdait pas son temps à Paris » (A 269-71).

[20]Notons que dans notre mise au point des anachronies, nous ne considérons comme telles que les glissements temporels effectués implicitement par le narrateur, et non pas celles qui sont en quelque sorte « filtrées » à travers les réflexions des personnages. Voir à ce propos S. Rimmon-Kenan, *Narrative Fiction* 51, et G.-D. Farcy, « De l'obstination narratologique » 498.

[21]Jean-Marie Gleize, « Bordures de buis », *L'Arc* 88 (1983): 48.

[22]Geneviève Mouillaud, « Stendhal et le mode irréel. A propos de l'impuissance dans *Armance* », *Modern Language Notes* 83.4 (1968): 530.

[23]Par exemple, dans la division II, la crise d'éloignement d'Octave et d'Armance, « l'aveu d'estime » et la fuite subséquente d'Armance (A 78-87), puis leur réconciliation; dans la division III, la crise de la révélation de l'amour d'Octave pour Armance, la fuite subséquente d'Octave, et la deuxième réconciliation pendant sa guérison; dans les sous-divisions V.2 et 3, la crise de l'aveu raté, la fuite d'Octave, et le simulacre de réconciliation après la lecture de la fausse lettre; et la fuite finale d'Octave suivie de la « réconciliation » au-delà de la vie (A 303). Grahame C. Jones ne discerne que deux étapes dans la progression narrative d'*Armance* dont le point-charnière serait l'épisode dans lequel Armance épie son cousin, c'est-à-dire « la faiblesse d'Armance [qui] donne prise aux ennemis d'Octave: ils ne manqueront pas maintenant de trouver les stratagèmes qui mèneront le héros à sa ruine », « Le rôle de la faiblesse humaine dans *Armance* », *Stendhal Club* 38 (1968): 164.

[24]Voir aussi l'étude de Paul T. Comeau, « The Love Theme and the Monologue Structure in *Armance* », *Nineteenth-Century French Studies* 9.3-4 (1980-81): 37-58; et l'étude d'*Armance* de Merete Gerlach-Nielsen, dans « Stendhal. Théoricien et romancier de l'amour », *Historisk-filosofiske Meddelelser* 40.6 (1965): 35-46.

[25]Pierre Barbéris, « *Armance*, Armance: Quelle impuissance? », dans *Stendhal. Colloque de Cerisy-la-Salle*, éd. Philippe Berthier (Paris: Aux Amateurs de Livres, 1984) 70.

[26]Selon M. Crouzet, on voit Octave « travailler à une parfaite transparence de soi qui épuise des *moments* de sa vie, en les rendant isolables, et comme sans contact avec lui-même. A la limite la conscience d'Octave nie tout contexte intérieur à ces séquences logiques et *pures* », « Le réel dans *Armance*. Passions et société ou le cas d'Octave: étude et essai d'interprétation », dans *Le réel et le texte* (Paris: A. Colin, 1974) 89.

[27]Jean Starobinski, *L'Œil vivant* (Paris: Gallimard, 1961) 224.

[28]Laurence Kritzman, « La rhétorique de la répression dans *Armance* », *Rackham Literary Studies* 6 (1975): 59. Parmi les abondantes études psychanalytiques d'*Armance*, voir Pierre Bayard, *Symptôme de Stendhal. Armance et l'aveu* (Paris: Lettres Modernes, 1979); Shoshana Felman, « *Armance* ou la parole impossible », dans *La « Folie » dans*

l'œuvre romanesque de Stendhal (Paris: Corti, 1971), surtout 173-80; François Landry, « Entre noblesse et bourgeoisie: *Armance* ou le désir sans traduction », *Romantisme* 17-18 (1977): 228-42; Micheline Levowitz-Treu, « Considérations sur Stendhal. Une possibilité d'approche psychanalytique », dans *Stendhal. Colloque de Cerisy-la-Salle* 33-48; Gilbert Chaitin, *The Unhappy Few. A Psychological Study of the Novels of Stendhal* (Bloomington: Indiana University Press, 1972) 1-39, et « Ce que parler veut dire: Désir et parole chez Stendhal », dans *Stendhal. Colloque de Cerisy-la-Salle* 1-12. Pour une mise en question des lieux communs psychanalytiques à propos d'*Armance*, voir J. Bellemin-Noël, *L'auteur encombrant*, surtout 14-40.

[29] Michel Pierssens, « *Armance*: Entre savoir et non-savoir », *Littérature* 48 (1982): 33.

[30] Françoise Gaillard, « De la répétition d'une figure » 117-18. Voir aussi Jean-Marie Gleize, « *Armance* oblique », dans *Le réel et le texte* 111-21; et Lidia Anoll Vendrell, « La complejidad de la comunicación en *Armance* », *Insula* 38.438-39 (1983): 7-8.

[31] P. Barbéris dresse toute une liste d'« impossibilités » dans *Armance*: « Rappelons: impossibilité du style puisqu'il faudrait choisir entre le style bourgeois et le pathos romantique aristocratique allemand, et puisqu'on ne peut être vrai qu'en tombant dans le bourgeois, et sincère qu'en tombant dans le pathos romantique aristocratique allemand; impossibilité de l'ambition, puisqu'elle n'est possible qu'au prix d'une double acceptation-trahison (du fanatisme ultra et de l'utilitarisme libéral ou, ce qui est encore pire, de l'opportunisme aristocratique et du néo-aristocratisme d'exclusion des bourgeois libéraux); impossibilité de l'héroïsme puisqu'il ne faut passer que par le carriérisme ou la combine; impossibilité de la science, pusiqu'elle ne peut passer que par la machine à vapeur, propriété des bourgeois; impossibilité de l'élégance, puisqu'elle ne peut passer que par la mondanité menteuse; impossibilité de la féminité puisqu'elle est toujours liée (sauf dans le cas de la mère, et bientôt dans le cas inattendu d'Armance) à l'argent, aux intrigues familiales, au langage faux » (« *Armance*, Armance » 84).

[32] Eric Gans, « Le secret d'Octave: Secret de Stendhal, secret du roman », *Revue des sciences humaines* 157 (1975): 87.

[33] Emile Talbot, « The Impossible Ethic: A Reading of Stendhal's *Armance* », *French Forum* 3.2 (1978): 157.

Chapitre III

[1] Henri Martineau, « Chronologie du *Rouge et Noir* », dans *Le Rouge et le Noir* (Paris: Garnier, 1966) 533-37. Tout en respectant les grandes lignes de la chronologie qu'établit H. Martineau, nous nous en écartons sous divers aspects dans la répartition des divisions temporelles que nous élaborons dans ce chapitre.

[2]Michel Baumont, « La dernière année de Julien Sorel. Réflexions historiques », *Stendhal Club* 32 (1966): 349.

[3]Pierre Barbéris, *Sur Stendhal* (Paris: Editions sociales, 1982) 103.

[4]Julia Kristeva, *Sémiotiké. Recherches pour une sémanalyse*(Paris: Seuil, 1969) 211. Voir aussi Gérard Genette, « Vraisemblance et motivation », *Figures II* 71-99.

[5]Geneviève Mouillaud, *Le Rouge et le Noir de Stendhal: le roman possible* (Paris: Larousse, 1973) 38. Voir surtout son étude du vraisemblable du roman historique et du vraisemblable stendhalien, 38-57.

[6]Jan Miel, « Temporal Form in the Novel », *Modern Language Notes* 84.6 (1969): 922.

[7]« Au lieu de nous mettre "impartialement" en présence des personnages, [Stendhal] nous [fait] progresser toujours *avec* l'un, ou successivement *avec* plusieurs d'entre eux », G. Blin, *Stendhal et les problèmes du roman* 115-16.

[8]« Faut-il décrire les habitudes des personnages, le paysage au milieu duquel ils se trouvent, les formes de leur visage? ou bien fera-t-on mieux de peindre les passions et les divers sentiments qui agitent leurs âmes? » dans *Walter Scott et la Princesse de Clèves, Mélanges II, Journalisme* (Genève: Cercle du Bibliophile, 1968) 46: 221.

[9]Grahame C. Jones, « Le mouvement dramatique de la narration stendhalienne », *Stendhal Club* 77 (1977): 49.

[10]Toute référence au *Rouge et le Noir*, abrégé RN dans le texte, renvoie aux volumes de l'édition du Cercle du Bibliophile (1967).

[11]Les indices textuels sont: « A compter d'après-demain, qui est le premier du mois . . . » et « Julien, debout, sur son grand rocher, regardait le ciel, embrasé par un soleil d'août » (RN 1: 88-89); cette scène se déroule donc le 30 août. Pourtant, H. Martineau affirme, « Août. —Dans les premiers jours d'août, Julien devient l'amant de Mme de Rênal (I, xv) », « Chronologie » 534, tandis que, selon les indices textuels, cet attendrissement doit avoir lieu un mois plus tard.

[12]Voir l'analyse approfondie de cet épisode par Francesco Orlando, « Il recente e l'antico nel cap. I, 18 di *Le Rouge et le Noir* », *Belfagor* 22 (1967): 661-80.

[13]« L'automne, une partie de l'hiver passèrent bien vite. . . . Le lendemain de son arrivée » (à Verrières, jour 1) « dès six heures du matin, l'abbé Chélan fit appeler Julien: "— . . . J'exige que sous trois jours vous partiez pour le séminaire de Besançon. . ." » (RN 1: 268); « Le lendemain, dès le grand matin » (jour 2), « M. de Rênal reçut une lettre anonyme » (1: 272); « Pendant cette courte absence de trois jours, Mme de Rênal fut trompée par une des plus cruelles déceptions de l'amour. . . . Enfin, pendant la nuit du troisième jour » (jour 4 à 5), « elle entendit de loin le signal convenu » (1: 274); « Quand l'approche du jour vint rendre le départ nécessaire » (jour 5), « les larmes de Mme de Rênal cessèrent tout à fait » (1: 275).

[14]Après les deux journées consécutives de l'arrivée de Julien à Besançon (ch. XXIV-XXV), le rythme s'accélère pendant les quatre premiers mois (ch. XXVI-XXVII) jusqu'au ralentissement de la Fête-Dieu et de la rencontre de Julien et Mme de Rênal (ch.

XXVIII); puis, le rythme s'accélère de nouveau pendant six mois jusqu'aux événements vers la fin de l'automne de l'an III qui préparent les départs de l'abbé Pirard et de Julien (ch. XXIX-XXX).

[15] A la suite de l'anniversaire de la mort de Boniface de La Mole, les indices temporels suivants se présentent: « A moins d'un mois de là, Julien se promenait pensif dans le jardin de l'hôtel de La Mole » (RN 2: 134), et « Deux mois de combats et de sensations nouvelles renouvelèrent pour ainsi dire tout son être moral » (2: 171). Voir l'analyse de Henri Maillet qui prend la date du 30 avril 1574 comme le point focal d'une analyse structurale des rapports entre les personnages du *Rouge et le Noir*, « L'anniversaire du 30 avril 1574 dans *Le Rouge et le Noir* », *L'information littéraire* 25.3 (1973): 139-45.

[16] Les dates de cet épisode sont indiquées ainsi: « Le prince prit des notes. . . . *Le vingt-deux du mois* (on était au dix) *trouvez-vous à midi et demi dans ce même Caféhauss* » (RN 2: 280-81).

[17] Après le retour de Julien à Paris vers la fin de septembre, le déroulement chronologique se précise ainsi: « Julien vit en note au bas de la première lettre: *On envoie le n° 1 huit jours après la première vue*. Je suis en retard! s'écria Julien, car il y a bien longtemps que je vois Mme de Fervaques », et « Depuis un mois, le plus beau moment de la vie de Julien était celui où il remettait son cheval à l'écurie » (RN 2: 307-08), donc en octobre 1830; puis, « A l'égard de Mathilde, ces six semaines de comédie si pénible, ou ne changeront rien à sa colère, ou m'obtiendront un instant de réconciliation » (2: 322), donc jusqu'au début de novembre.

[18] « Un mois se passa ainsi sans que la négociation fît un pas » (RN 2: 367), et « Pendant les six semaines qui venaient de s'écouler, tantôt, poussé par un caprice, le marquis avait voulu enrichir Julien » (2: 371).

[19] Pour ce projet d'article, voir Stendhal. *Le Rouge et le Noir, La Chartreuse de Parme, Lamiel, Armance* 351.

[20] Voir P.-G. Castex, « *Le Rouge et le Noir* et le ministère de Polignac », dans *Littérature et société* (Paris: Desclée de Brouwer, 1973) 49-63; « Réalité d'époque dans *Le Rouge et le Noir* », *Europe* 519-21 (1972): 55-63; et « Réalités politiques dans *Le Rouge et le Noir* », dans *Roman et société* (Paris: A. Colin, 1973) 29-41. Voir aussi G. Mouillaud, « Stendhal et les problèmes de la société », *Europe* 519-21 (1972): 64-78.

[21] M. Crouzet, « Notes et Notices », dans *Stendhal. Le Rouge et le Noir, La Chartreuse de Parme, Lamiel, Armance* 955.

[22] G. Blin, *Stendhal et les problèmes du roman* 179-322, et Victor Brombert, *Stendhal et la voie oblique* (New Haven et Paris: Yale University Press/P.U.F., 1954), « Les procédés d'intervention » 13-60.

[23] G. Genette note que « la relation du narrateur à l'histoire . . . est en principe invariable: même quand Gil Blas ou Watson s'effacent momentanément comme personnages, nous savons qu'ils appartiennent à l'univers diégétique de leur récit, et qu'ils réapparaîtront tôt ou tard. Aussi le lecteur reçoit-il immanquablement comme infraction à une

norme implicite, du moins lorsqu'il le perçoit, le passage d'un statut à l'autre: ainsi la disparition (discrète) du narrateur témoin initial du *Rouge* » DR 253. Roger Pearson appelle cette disparition « la transition du temps présent d'un guide topographique au temps passé d'une narration traditionnelle », « A la recherche du temps présent: Quelques réflexions sur l'art de la chronique dans *le Rouge et le Noir* », *Stendhal Club* 107 (1985): 249.

[24] A propos des « authorial entities » dans *Le Rouge et le Noir*, voir Erica Abeel, « The Multiple Authors in Stendhal's Ironic Interventions », *The French Review* 50.1 (1976): 21-34.

[25] Les exemples du discours direct au lecteur se repèrent dans RN 1: 35, 38, 51, et 2: 253. Voir à ce propos G. Mouillaud-Fraisse, « La question du destinataire dans l'écriture de Stendhal », dans *Stendhal. Colloque de Cerisy-la Salle* 159-60.

[26] Par exemple, « Nous ne répéterons point la description des cérémonies de Bray-le-Haut; pendant quinze jours elles ont rempli les colonnes de tous les journaux du département » (RN 1: 186); et « Nous passons sous silence une foule de petites aventures qui eussent donné des ridicules à Julien, s'il n'eût pas été en quelque sorte au-dessus du ridicule » (RN 2: 64).

[27] Par exemple, l'avertissement liminaire, « Nous avons lieu de croire que les feuilles suivantes furent écrites en 1827 » (RN 1: 3), et la note dans le livre II (chapitre VIII) qui contredit en quelque sorte l'avertissement: « Cette feuille, composée le 25 juillet 1830, a été imprimée le 4 août » (RN 2: 105).

[28] G. Mouillaud commente également cette intervention dans le premier chapitre du *Rouge et le Noir de Stendhal. Le roman possible* 21-57.

[29] Voir aussi l'analyse de la durée du *Rouge et le Noir* de H. Boll Johansen, *Stendhal et le roman* 132-37, et l'analyse détaillée de son déroulement chronologique de C. Weiand, *Die Gerade und der Kreis* 87-131.

[30] Voir l'étude d'un procédé de ralentissement particulier par Dominique Trouiller, « Le monologue intérieur dans *Le Rouge et le Noir* », *Stendhal Club* 43 (1969): 245-77.

[31] A propos de « l'amour de tête », voir l'étude de Michel Guérin « La Révolution - Pour Mathilde », dans *La politique de Stendhal* 15-74, et l'analyse spirituelle d'Yves Ansel, « Stendhal littéral », *Littérature* 30 (1978): 95-96. Dans l'esprit « littéral » de ce dernier article, on peut ajouter un autre « tête-à-tête » à celui que repère Y. Ansel, implicite dans une des dernières images de Mathilde du roman, « seule dans sa voiture drapée, elle porta sur ses genoux la tête de l'homme qu'elle avait tant aimé » (RN 2: 484). Car, étant donné l'état de grossesse avancé de l'héroïne à cette époque, cette « tête de l'homme aimé » se serre directement contre celle du fruit de leur amour, l'enfant que porte Mathilde au même moment. Et Michel Guérin d'observer: « L'élévation de Julien coïncide avec sa décollation. Purifié de son plomb, il n'est plus que cette tête d'or sur le giron de sa prêtresse. Il naît par la tête: Fils sans père, père de lui-même. Telle est l'ultime signification (maternelle) de "l'amour de tête". Si l'amour, comme le dit

Platon, pousse à la génération dans la beauté, Mathilde devient mère en phantasmant (dans sa tête) la perte (de la tête de) Julien. Julien se réalise par son fils et s'idéalise par sa mort » 63. A propos de la décollation de Julien et le rôle de Mathilde, voir également les réflexions de Carol A. Mossman, *The Narrative Matrix. Stendhal's « Le Rouge et le Noir »* (Lexington: French Forum, 1984) 149-50.

[32]Jean Prévost avance que « le seul retour en arrière du livre » serait le récit d'enfance de Julien, *La création chez Stendhal* 258, et B. Didier note à propos du *Rouge et le Noir*, « Pas de retour en arrière, ou presque pas. Le temps se déroule sans faille », « Lieux et signes dans *Le Rouge et le Noir* », *Studi francesi* 58 (1976): 44. Voir pourtant l'examen succinct des « prolepses et analepses » de R. Pearson, « A la recherche du temps présent » 253-58.

[33]Voir à ce propos l'analyse du « mouvement rétrospectif » de J. Booker, « Retrospective Movement » 26-38.

[34]A propos de la mort de Mme de Rênal et celle qu'envisage Mathilde, voir Emile Talbot, « Remarques sur la mort de Madame de Rênal », *Stendhal Club* 59 (1973): 250-56, et Leslie W. Rabine, *Reading the Romantic Heroine* (Ann Arbor: University of Michigan Press, 1985) 105.

[35]Gerhard C. Gerhardi, « Psychological Time and Revolutionary Action in *Le Rouge et le Noir* », *PMLA* 88.5 (1973): 1118 (« An interplay of feeling and action, a compression of time's flow into a series of brilliantly illuminated peaks »).

[36]G. Gerhardi 1119 (« When there is a contradiction between the inner and outer rhythms—between the psychic metabolism of the individual and the evolution of society—the result is a searing anachronism leading to impatience and restlessness »).

[37]G. Gerhardi 1119 (« Either the pace of events accelerates to the point where it conforms to the inner rhythm, or the inner rhythm slows down until the contradiction is no longer felt »).

[38]Michel Arrous note: « Pour Julien, le séminaire constitue la période intermédiaire de son initiation (province, religion, capitale). Dans sa première partie, le roman suit une courbe descendante, de l'exaltation amoureuse au renfermement; le monde du héros s'étrécit, se referme sur lui—Verrières et Mme de Rênal, Besançon et son café, le séminaire et sa cellule—en ce qui devient le lieu d'un passage, d'une ascèse », « Le séminaire dans *le Rouge et le Noir* », *Stendhal Club* 77 (1977): 68.

[39]L. Rabine 104-05 (« Even if the narrator at one point contrasts Mathilde's "love of the head" to Mme de Rênal's "true love", this bias does not apply to the novel as a whole . . . [since] one heroine works to center the hero and focus the reader's attention on a presumably unified text, while the other works to decenter the hero while creating a contradiction in Julien and multiple narrations in the novel text as a whole. . . . In this last section of the novel, [Mathilde] displaces Julien to become the character undergoing the type of transforming development usually reserved for the hero of a novel »).

[40]Henry Amer, « Amour, prison et temps chez Stendhal », *La nouvelle revue française* 11 (1962): 489.

[41] Voir l'agencement plus étendu des « déterminations disjonctives profondes » dans *Le Rouge et le Noir* par Michel Pierssens, « L'appareil sériel », *Change* 16-17 (1973): 265-85.

[42] Voir à ce propos J.-M. Gleize, « Lecture du motif "révolution" dans *Le Rouge et le Noir* », *Cahiers de lexicologie* 14 (1969): 59-76.

[43] P. Brooks, *Reading for the Plot* 87 (« One cannot finally allow even history to write an authoritative plot for the novel »).

[44] Juliet Flower MacCannell, « The Temporality of Textuality: Bakhtin and Derrida », dans *The State of Literary Theory*, éd. Marianne Korn (London: Middlesex Polytechnic, 1982-83) 29-30 (« One thinks of Stendhal's chronicles — including *Le Rouge et le Noir: Chronique de 1830* — as bent on articulating, synchronizing systems of social values . . . in ways that never ignore the actual course of "history", but find their aesthetic dimension neither in what is past, nor in immediate presence, but in the way these are articulated to each other »).

[45] L. Rabine 45 (« Within the body of the novel the monolinear history gives way to a multiplicity of histories before reimposing itself at the end, and the ambiguity that temporarily dissolves dichotomies acts to subvert the moral, social and ideological categories reigning in French society in the 1820s, and carries a scathing criticism of them »).

[46] M. Crouzet, « Julien Sorel et le sublime: Etude de la poétique d'un personnage », *Revue d'histoire littéraire de la France* 86.1 (1986): 105-06.

[47] A propos du rapport entre le réel et le récit, voir M. Crouzet, *Le naturel, la grâce et le réel dans la poétique de Stendhal* 300-14.

[48] Sur l'état des lectures psychanalytiques des œuvres de Stendhal (jusqu'à 1979), voir le résumé de H. -F. Imbert, « Etat présent des études stendhaliennes (suite) », *L'information littéraire* 31.5 (1979): 202. D'autres écrits dans la perspective psychanalytique sont: G. Chaitin, *The Unhappy Few*, et « Ce que parler veut dire: Désir et parole chez Stendhal » dans *Stendhal. Colloque de Cerisy-la-Salle* 1-12; G. Mouillaud, « Les rouges et les noirs dans leur rapport avec l'inconscient », dans *Le Rouge et le Noir de Stendhal. Le roman possible* 151-236; Steven Sands, « The Narcissism of Stendhal and Julien Sorel », *Studies in Romanticism* 14.4 (1975): 337-63; Leo Bersani, *A Future for Astyanax: Character and Desire in Literature* (Boston: Little, Brown, 1976); Stefano Agosti, « Stendhal et la "grammaire" de l'événement », *Strumenti critici* 47-48 (1982): 107-28; François Landry, *L'imaginaire chez Stendhal*; J. F. MacCannell, « Oedipus Wrecks: Lacan, Stendhal, and the Narrative Form of the Real », dans *Lacan and Narration. The Psychoanalytic Difference in Narrative Theory*, éd. Robert Con Davis (Baltimore et Londres: The Johns Hopkins University Press, 1983) 910-40; M. Levowitz-Treu, « Considérations sur Stendhal. Une possibilité d'approche psychanalytique », dans *Stendhal. Colloque de Cerisy-la-Salle* 33-48; Carol A. Mossman, *The Narrative Matrix. Stendhal's « Le Rouge et le Noir »*.

[49]Voir, entre autres, Henriette Bibas, « Le double dénouement et la morale du *Rouge* », *Revue d'histoire littéraire de la France* 49.1 (1949): 21-36; Jean Prévost, *La création chez Stendhal* 232; Richard B. Grant, « The Death of Julien Sorel », *L'Esprit créateur* 2.1 (1962): 26-30; P. -G. Castex, *« Le Rouge et le Noir » de Stendhal* (Paris: SEDES, 1967) 124-55; J.-J. Hamm, « Le dénouement de *Rouge et Noir*. Un parvenu qui ne parvient à rien », *Stendhal Club* 67 (1975): 250-66; C. J. Greshoff, « "Julianus Bifrons" ou le double dénouement du *Rouge et Noir* », *Revue d'histoire littéraire de la France* 84.2 (1984): 255-70; Dominick LaCapra, « Stendhal's Irony », dans *History, Politics and the Novel* (Ithaca: Cornell University Press, 1987) 15-34.

[50]Grahame C. Jones, « Le mouvement dramatique de la narration stendhalienne » 49-50. Ayant rejeté cette même hypothèse parce qu'elle serait « trop facile, trop lisse » (« too easy, too smooth »), P. Brooks en suggère une autre qu'il qualifie trois fois comme « perverse », à savoir que les chapitres XXXV à XLV (livre II) du *Rouge et le Noir* ne seraient qu'un « *reste* narratif » (« narrative *leftover* »), c'est-à-dire que l'attentat raté, puis l'exécution n'existeraient que pour la seule raison de répéter l'anecdote d'Antoine Berthet annoncée au chapitre V (livre I) par la note que Julien trouve à l'église de Verrières, *Reading for the Plot* 82-85.

[51]Dans les remarques suivantes, nous rapprochons l'étude de G. Jones des aperçus excellents que suggère Ronald Schleifer dans « The Space and Dialogue of Desire: Lacan, Greimas and Narrative Temporality », dans *Lacan and Narration* 871-90.

[52]Régis Durand, « *The Captive King:* The Absent Father in Melville's Text », dans *The Fictional Father: Lacanian Readings of the Text*, éd. Robert Con Davis (Amherst: University of Massachusetts Press, 1981) 51, cité par R. Schleifer 874 (« The first of Durand's narrative modes—corresponding to Lacan's Symbolic—is "the successful achievement of the 'family romance', a linear noncontradictory discursive and symbolic mode" », un mode qui « recognizes time and the differences, the symbolic representations, that temporality requires »).

[53]R. Schleifer 875 (« The metaphoric "nonsense" of truth »). R. Schleifer développe ici les réflexions de Jacques Lacan dans « La chose freudienne », *Ecrits* (Paris: Seuil, 1966), 425-29.

[54]R. Durand 51, cité par R. Schleifer 874 (Le deuxième mode « —corresponding to the Imaginary—is "opposed to linear coherence, emphasizing discontinuity, oscillation, and non-differentiation" »).

[55]R. Schleifer 880 (« Desire . . . separates them », les modes discursifs d'allégorie et de symbolisme, « and in so doing, engenders (or represents) the space of temporality »). L'auteur s'appuie sur le modèle actantiel d'A.-J. Greimas, *Sémantique structurale* (Paris: Larousse, 1966) 176-89, 208-09.

[56]J. F. MacCannell, « Oedipus Wrecks » 924 (« What has happened in Julien's "return" to Mme de Rênal is that he has managed to (re)find—and for the first time—the supplementary *situation* of the pre-Oedipal. . . . He regains the discourse of desire without the Oedipal story »).

[57]R. Schleifer 881 (« Time exists between the *power* of its illusory felt presence and our articulated *knowledge* of it »). Voir aussi l'analyse détaillée de cette période finale d'Anne-Claire Jacard, « Julien Sorel: l'amour et le temps du bonheur », *Europe* 50 (1972): 124-27.
[58]Victor Brombert, *La prison romantique* (Paris: Corti, 1975) 79. Voir aussi Ellen Constans, « "O temps suspends ton vol" » 239-40, à propos de la logique de « l'(in)achèvement » qui expliquerait le dénouement du *Rouge et le Noir*.
[59]Roman Jakobson, *Essais de linguistique générale* (Paris: Seuil, 1963) 220.
[60]A ce propos, voir L. Rabine 105-06.

Chapitre IV

[1]En ce qui concerne le temps de la narration, tandis que la première préface du roman révèle l'existence d'un auteur « républicain enthousiaste de Robespierre et de Couthon » qui se distingue des positions prises par son « éditeur », « l'auteur » des deux autres préfaces situe précisément la distance temporelle entre la rédaction des préfaces et celle de l'histoire avec les dates « 2 août 1836 » et « 21 octobre 1836 », et avec un indice temporel particulier: « [Les personnages] vivaient, ce me semble, il y a deux ou trois ans », *Lucien Leuwen*, éd. H. Debray-M. Crouzet, 1: 87-91. Ensuite, dans la préface de la « Seconde Partie » (LL 2: 91-92), tout en révélant la situation ultérieure de la narration vis-à-vis de l'histoire, « l'auteur » ne signale aucun moment particulier de la rédaction. D'autres exemples du temps de la narration ne varient guère de la manifestation de cet élément temporel relevée dans *Armance* et *Le Rouge et le Noir* et donc nous intéresseront seulement dans la mesure où ils se lient aux autres éléments de la temporalité romanesque. Selon Philippe Berthier, le code de lecture que ces préfaces proposent « est des moins fiables, . . . c'est polyfide qu'il faudrait dire, tant [Stendhal] s'amuse à décontenancer toute saisie univoque, et jongle de manière parfois inextricable avec les boutades, les leurres, les feintes et les vérités, dans un patchwork où seul le connaisseur averti de l'œuvre dans son ensemble sera à même de faire la part de l'alibi tactique, de la simple malice ou de l'authenticité », « *Lucien Leuwen* et le jeu préfaciel », *Stendhal Club* 118 (1988): 162.
[2]Pour les calculs chronologiques, voir LL 1: 344, n. 15; 1: 351, n. 56; 1: 362, n. 133; 1: 401, n. 374; 2: 506, n. 496, n. 497, n. 499; 2: 533, n. 681; 2: 540, n. 741; 2: 580; 2: 582; 2: 587. Les exemples des « plans » abondent, surtout dans le tome II où Stendhal perd visiblement l'élan créateur initial.
[3]L'examen du terme « énergie » par Jean Fabre souligne son étymologie et son développement, sa vulgarisation même, pendant le siècle des Lumières, et l'on sait à quel point se développe « jusqu'au vertige la "catachrèse" . . . [de] l'emploi de ce mot . . . De la physique à la biologie, de la biologie à la morale, de la matière à la pensée, . . . physiciens et illuminés de toute espèce s'en réclament à l'envie », *Lumières et*

romantisme: Energie et nostalgie de Rousseau à Mickiewicz (Paris: Klincksieck, 1980) xvi-xvii. De plus, c'est grâce à l'étude détaillée de Jules Alciatore que nous savons combien la poétique de Stendhal doit au sensualisme d'Helvétius, qui a fait des passions « le puissant levier qui anime le monde moral », levier passionnel que « Stendhal n'a jamais cessé de . . . célébrer », *Stendhal et Helvétius: Les sources de la philosophie de Stendhal* (Genève: Droz, 1952) 279. Pour une analyse du rôle fondamental que joue « l'énergie », en particulier « l'énergie italienne », dans la conception esthétique stendhalienne, voir Elisabeth B. Ruthman, « Stendhal et le culte de l'énergie italienne », diss. City University of New York 1979.

[4] Ces dates contredisent celles que Stendhal a essayé de s'imposer plusieurs fois dans ses « chronologies » marginales: par exemple, « Premier départ de Lucien, avril 33. —Retour, mars 34. —Sotte confidence, décembre 34 », LL 2: 534; voir aussi 2: 580-82.

[5] Selon notre analyse du roman, la scène de la « sotte confidence » faite par M. Leuwen à Lucien, et la crise qui en résulte, doivent se dérouler en mars 1835 selon une chronologie sans points de repère précis. Pourtant, Stendhal décrit une chronologie de 21 jours, de la première entrevue entre Mme Grandet et M. Leuwen (1 décembre 1834) à la scène au Ministère entre Mme Grandet et Lucien (20 décembre), LL 2: 533-34. Voir l'examen ci-dessous de la division IV du roman.

[6] En ce qui concerne l'importance de l'énergie pour l'héroïne de la dernière tentative romanesque de Stendhal, voir Pamela Park, « Imagination et ennui dans *Lamiel* », *Stendhal Club* 118 (1988): 146-52.

[7] C. Weiand présente une analyse minutieuse de la chronologie de *Lucien Leuwen* aussi bien que du déroulement temporel de plusieurs de ses chapitres, *Die Gerade und der Kreis* 137-65.

[8] Voir le commentaire de M. Crouzet à propos de cette ambiguïté, LL 1: 342, n. 7.

[9] Par exemple, « son genre de vie le plaçait huit ou dix heures de chaque journée au milieu d'hommes qui en savaient plus que lui sur la chose unique de laquelle il se permettait de parler avec eux », LL 1: 160; « Pendant les huit ou dix heures qu'occupait chaque jour la vie d'homme gagnant quatre-vingt-dix-neuf francs par mois, impossible pour lui de parler d'autre chose que de manœuvre . . . », 1: 162; « Sous les ordres du maréchal des logis, il faisait manœuvrer ces soldats deux heures par jour; c'était presque là son meilleur moment. Peu à peu ce genre de vie devint une habitude », 1: 164.

[10] Cette analepse du narrateur se manifeste encore par des expressions itératives: « Lucien . . . aimait mieux s'ennuyer tout seul les soirées que d'aller faire des parties de boston avec messieurs les maris . . . Notre héros finit par être de l'avis de M. le Préfet, dont l'affectation marquée et l'air doucereux frappaient tous les soirs à la porte de derrière du magasin de spiritueux. . . . Lucien ne paraissait que tous les huit jours chez Mlle Sylviane, et à chaque fois, en sortant, il se promettait bien de ne pas revenir d'un mois. Il y alla tous les jours pendant quelque temps », LL 1: 169-70.

[11] Anne Léoni affirme que « l'insertion de l'histoire de Jérome Ménuel ne serait autre que le Signe de ce dépassement/déplacement de l'œuvre romanesque inachevée vers ce *troisième volume,* qui aura pour titre *La Chartreuse de Parme* », « Ménuel pseudonyme », *L'Arc* 88 (1983): 71.

[12] Parmi de nombreux exemples possibles, le paragraphe suivant résume bien l'effet de l'itération temporelle dans cette période: « Mais cet héroïque marquis [Sanréal] avait des inconvénients; il n'entendait jamais nommer Louis-Philippe sans lancer d'une voix singulière et glapissante ce simple mot, *voleur.* C'était là son trait d'esprit, qui, à chaque fois, faisait rire à gorge déployée la plupart des dames nobles de Nancy, et cela dix fois dans une soirée. Lucien fut choqué de l'éternelle répétition et de l'éternelle gaieté », LL 1: 226.

[13] Voir les réflexions de Jacques Chabot sur cet échange de lettres, « De l'Amour . . . Du Style », *L'Arc* 88 (1983): 50-54.

[14] M. Crouzet note que « Stendhal n'a pas rédigé le récit du court séjour de Lucien Leuwen à Nancy, mais il a laissé dix-sept feuillets blancs pour combler, plus tard, cette lacune. Lui-même le dit: " Le voyage à Nancy occupera le blanc de ce cahier. Tandis que je suis dans le *sec,* je fais Madame Grandet. 2 décembre" », LL 2: 482, n. 295.

[15] M. Crouzet affirme que « le 4 novembre 1834 la *Tribune politique et littéraire* enregistre sa 104e poursuite pour un article paru la veille », LL 2: 499, n. 444.

[16] M. Crouzet précise que « ce chapitre . . . n'est en réalité qu'une collection de notes destinées à une révision; elles n'ont guère de lien entre elles, sauf celui de raconter la vie de Du Poirier, élu député et nouvellement débarqué à Paris. Elles font partie de quatre rédactions différentes. Les trois premiers fragments ont été écrits le 4 octobre 1834, le quatrième le 16 janvier 1835. Je n'ai pu maintenir ces fragments dans l'ordre dans lequel ils ont été reliés, et paginés par Stendhal, car le troisième suppose une rencontre préalable de Du Poirier et de Lucien Leuwen; j'ai donc inverti cet ordre, et placé le quatrième entre le second et le troisième; je l'ai encadré, dans le texte, par des lignes de points », LL 2: 515, n. 551.

[17] Voir les analyses de M. Crouzet à propos de la place de la conjoncture historique et politique dans *Lucien Leuwen,* LL 1: 59-69, et « Lucien Leuwen et le "sens politique" », dans *Le plus méconnu des romans de Stendhal, « Lucien Leuwen »* (Paris: CDU/SEDES, 1983) 99-139. Voir aussi l'essai de Michel Guérin à propos du lien entre la politique et le « réel déchiré » de ce roman, « *Lucien Leuwen* ou la Patience du Bonheur », dans *La politique de Stendhal* 75-147.

[18] La prolepse à la fin de ce chapitre soulève un autre problème de chronologie interne: « Ce ne fut que six mois après sa demande que M. des Ramiers put obtenir la destitution de M. Tourte, et quand Mme de Vaize l'apprit elle remit à Leuwen cinq cent francs destinés à ce pauvre commis » (LL 2: 347). Il s'agit bien d'une prolepse externe, c'est-à-dire dont la portée dépasse les limites du cadre temporel de l'histoire, mais on se demande surtout avec quel accueil Lucien aurait pu accepter les cinq cent francs de Mme de Vaize étant donné qu'au mois de mai 1835, il a quitté depuis peu non

seulement le service au ministère de l'Intérieur, mais aussi sa vie à Paris.

[19]Les points de repère temporels pour cette reprise du récit premier se basent sur le fait que Lucien a été « nommé lieutenant d'état-major » à la fin de la division III (LL 2: 329), et que, dans le récit repris au chapitre LXVIII, on se réfère au « lieutenant Leuwen » (2: 351).

[20]E. Ruthman affirme que ce tempérament se traduit par « un manque de profondeur dans la pensée et d'énergie dans les sentiments et les actions » 18. De même, dans la perspective de Goethe que souligne M. Crouzet, « l'homme du Nord doit prévoir, et organiser sinon thésauriser sa vie, il travaille pour survivre, et peut-être jouir plus tard: il n'est pas dans le présent, "les plus beaux jours, les plus belles heures échappent à la jouissance" », *Stendhal et l'italianité* 113.

[21]Voir à ce propos le portrait de Julien Sorel qu'offre Serge Bokobza, « Rouge et Noir: Le blason de Julien », *Stendhal Club* 85 (1979): 37-41. Voir aussi le contraste entre Julien Sorel et Lucien Leuwen qu'établit F. W. J. Hemmings, « Quelques observations sur les procédés de l'invention chez Stendhal », *Stendhal Club* 21 (1963): 47-56.

[22]Gabrielle Pascal, « Les avatars de la "Bildung" dans *Lucien Leuwen* », *Stendhal Club* 118 (1988): 177.

[23]Voir Peter Brooks, *The Novel of Worldliness* (Princeton: Princeton University Press, 1969) 252-53.

[24]Philippe Berthier remarque que « ce qui écrase le héros, et le condamne à l'anti-héroïsme, ce n'est pas comme la plupart du temps l'oppression d'un géniteur hostile, affairé à mobiliser tous les moyens d'empêcher son fils d'être soi, mais tout au contraire la bonne volonté, la coopération efficace, la collaboration dynamique du père décidé à favoriser par toutes voies un héritier en qui il a mis sa complaisance, qui paradoxalement aboutit à l'asphyxie, à la négation de l'autonomie de celui qui se voit l'objet de tant de secours », *Stendhal et la Sainte Famille* (Genève: Droz, 1983) 72-73. Voir aussi Lee Brotherson, « *Lucien Leuwen* ou la crise de l'enfance », *Stendhal Club* 70 (1976): 137-47, et Robert André, « Bilan critique d'une approche psychanalytique », *Revista de istorie si teorie literara* 31.2 (1983): 46-47.

[25]Voir Victor Brombert, « *Lucien Leuwen*. Identité et émancipation », *Stendhal Club* 42 (1969): 149-59.

[26]Jean-Jacques Hamm, « Inachèvement et achèvement: *Lucien Leuwen* », *Stendhal Club* 118 (1988): 186. Voir aussi Martine Reid, « Peut-être, ou *Lucien Leuwen* inachevé », dans *Le plus méconnu des romans de Stendhal, « Lucien Leuwen »* 67-74.

Chapitre V

[1]*La Chartreuse de Parme* (Genève: Cercle du Bibliophile, 1969) 3-9.

[2]« Rien ne vieillit un roman comme le dernier chiffre des dates. Ainsi, dans le texte, au lieu de 1835, dire 183. », *LL* 2: 582.

[3]*La Chartreuse de Parme*, éd. Henri Martineau (Paris: Garnier, 1957) 517-20.

[4]Raymond Rhéault, « Inadvertances et imprécisions dans *la Chartreuse de Parme* », *Stendhal Club* 73 (1976): 15-61.

[5]G. Poulet, « A strictement parler, le roman stendhalien n'a pas de durée », « Stendhal et le temps » 412. Voir aussi Paul de Man qui souligne les mouvements « lents, pleins de rêverie, d'anticipation et de rétrospection » qui se trouvent dans *La Chartreuse de Parme*, c'est-à-dire les moments ironiques qui sont « scellés » à l'intérieur de la durée allégorique, « The Rhetoric of Temporality » dans *Interpretation: Theory and Practice*, éd. C. S. Singleton (Baltimore: The John Hopkins University Press, 1969) 208.

[6]Gérald Rannaud examine l'« Avertissement » de *La Chartreuse de Parme* et conclut que « Stendhal prétendant nous relater la naissance de son œuvre nous enferme dans une tautologie. J'ai écrit la *Chartreuse* parce que j'ai écrit la *Chartreuse*. Le roman, substitut du passé, n'atteint que lui-même ou ne renvoie qu'à lui-même », « *La Chartreuse de Parme*, roman de l'ambiguïté », dans *L'Archiginnasio. Stendhal e Bologna*, éd. Liano Petroni, *Atti del IX Congresso Internazionale Stendhaliano* (1971-73), 1: 430. La plupart des interventions du temps de la narration dans *La Chartreuse de Parme* correspondent aux traits que nous avons déjà repérés dans les premiers romans de Stendhal. Pourtant, nous signalerons quelques ambiguïtés de l'ordre temporel qui impliquent ce temps de la narration.

[7]Voir aussi l'examen détaillé de la chronologie de *La Chartreuse de Parme* de C. Weiand, *Die Gerade und der Kreis* 169-70.

[8]Il nous semble qu'il faudrait laisser du temps à Fabrice pour la préparation du voyage et pour le déplacement afin que son arrivée à Grianta ait lieu le 15 août.

[9]R. Rhéault souligne la vitesse de ce voyage: « Fabrice a donc parcouru la distance de Laveno à Côme (50 kilomètres environ) en *moins de quatre heures*. Le mode de locomotion qu'il a emprunté (une *sediola*) rend plausible la durée du trajet », « Inadvertances » 36 (c'est l'auteur qui souligne).

[10]A propos des commentaires temporels de l'abbé Blanès (*demain* répété cinq fois), R. Rhéault affirme: « *Demain* dans l'esprit du vieillard, s'applique au plein jour ou à la journée accomplie ("demain soir") par rapport au moment où il parle », « Inadvertances » 38.

[11]La datation du 15 août ne dépend pas uniquement de la chaleur à la veille de l'arrivée de Fabrice à Grianta. Comme le précise H. Martineau, « [le 15 août], c'est d'ailleurs ce jour-là que l'on fêtait la saint Napoléon, et l'on verra, au début du chapitre XI, que Fabrice était précisément absent de Parme à cette date . . . », *La Chartreuse de Parme* 620, n. 679. R. Rhéault ne considère pas ce déplacement de date, du 15 février au 15 août, comme une imprécision de la part de Stendhal; selon lui, il faudrait plutôt le « mettre sur le compte de la liberté de l'auteur », « Inadvertances » 15.

[12]R. Rhéault appelle très justement cette transition temporelle « une aube prématurée »: « Il est une heure, au plus deux heures (de la nuit), lorsque [Fabrice] reprend la route du lac Majeur. Et Stendhal d'écrire, impassible: "Le jour allait paraître" »,

« Inadvertances » 39. D'autant plus surprenant qu'au début du chapitre suivant, Fabrice vole un cheval, puis « fila rapidement, vers le midi, s'arrêta dans une maison écartée, et se remit en route *quelques heures plus tard. A deux heures du matin*, il était sur le bord du lac Majeur », CP 1: 300 (nous soulignons).

[13]Gina remarque, « Le premier de ce mois, le comte et moi avons brûlé, suivant l'usage, tous les papiers dont la police pourrait abuser » (CP 2: 58). Mais pourquoi Gina et Mosca brûlent-ils leurs papiers deux jours *avant* l'emprisonnement de Fabrice, surtout si celui-ci, à leur connaissance, ne court aucun risque à Bologne? A moins qu'il ne s'agisse d'un lapsus de la part de Stendhal.

[14]Selon cette chronologie qui se base sur la date du 3 août, notons la justesse du commentaire du général Conti: « J'ai donc en mon pouvoir, dit le vaniteux gouverneur, ce fameux Fabrice del Dongo, dont on dirait que *depuis près d'un an* », c'est-à-dire depuis le 20 août (1821), « la haute société de Parme a juré de s'occuper exclusivement! » (CP 2: 31; nous soulignons).

[15]On repère une erreur de la part de Stendhal lors de la soirée du premier emprisonnement de Fabrice: il arrive à la forteresse à « sept heures après midi » (CP 2: 30), porte les menottes pendant une heure, donc jusqu'à huit heures (2: 32); le carrosse de Fabio Conti « resta plus d'une heure et demie dans la cour du palais », donc jusqu'à peu près dix heures moins le quart (2: 38); Clélia suit son père dans plusieurs salons, et les courtisans donnent le nom de *grand coupable* à Fabrice « deux heures plus tard », donc vers minuit (2: 29). Mais enfin, chez le ministre de l'Intérieur, en présence de Clélia, « vers *dix heures*, un ami de la duchesse s'approche et lui dit deux mots à voix basse » (2: 45; nous soulignons).

[16]Un autre exemple d'inattention de la part de Stendhal: si Gina répand « des sommes folles » depuis huit jours, elle a dû commencer cinq jours avant l'emprisonnement de Fabrice.

[17]R. Rhéault souligne l'erreur évidente commise par Stendhal, puisque la durée de cette occupation française est « près de trois années », « Inadvertances » 20.

[18]H. Boll Johansen affirme « qu'il n'y a pas de césure nette entre l'exposition et la première partie du roman », *Stendhal et le roman* 134. Pourtant, la date du 7 mars 1815, qui signale la fin de la vie idyllique à Grianta, nous paraît constituer une rupture assez évidente, surtout au niveau du déroulement temporel, accéléré dans la sous-division I.1 (Introduction), ralenti dans la sous-division I.2 (Waterloo).

[19]A part ces mouvements accélérés dus à l'emploi des procédés d'ellipse et de sommaire dans l'introduction et le dénouement, il existe également une forme de mouvement temporel qui se manifeste par l'emploi des effets itératifs pour exprimer les expériences qui se répètent dans la vie quotidienne des personnages. Notons, par exemple, le mouvement temporel accéléré produit dans l'Introduction par ce procédé itératif: « Deux ou trois fois par an, Fabrice . . . était sur le point de se noyer dans le lac » (CP 1: 39); « tous les ans . . . Fabrice obtenait la permission d'aller passer huit jours à Milan » (1: 40); « la comtesse se mit à revoir, avec Fabrice, tous ces lieux enchanteurs » (1: 48);

« il y avait des journées où la comtesse n'adressait la parole à personne » (1: 52). Or, c'est par le récit itératif que se traduit « un espace de trois années » qui annonce le dénouement du roman: « La marquise avait un charmant petit garçon de deux ans, Sandrino . . . [qui] était toujours avec elle ou sur les genoux du marquis de Crescenzi; Fabrice, au contraire, ne le voyait presque jamais » (CP 2: 365-66), « Mais tous les soirs [Fabrice] était reçu par son amie », et « A partir de cette époque [Fabrice] distribua chaque année . . . les cent et quelques mille francs que rapportait l'archevêché de Parme » (2: 366-67).

[20]Nous étudierons le fonctionnement temporel de cette scène de l'évasion dans la section suivante à la lumière de l'ordre temporel.

[21]Voir l'examen d'Emile Talbot de l'importance stylistique de la simultanéité et du rythme accéléré dans *La Chartreuse de Parme*, « Style and the Self » 301-04.

[22]Cette intervention directe du lieutenant Robert constitue l'exemple le plus étendu de la manifestation du temps de la narration dans ce roman, mais l'intervention explicite du narrateur y signale parfois le fonctionnement anachronique. Voir l'analyse de John T. Booker des interventions implicites du narrateur qui entraînent de menus glissements temporels, « Retrospective Movement » 29-31.

[23]On remarque un lapsus de la part de Stendhal en ce qui concerne les démarches de Gina: à la fin du chapitre XXIV, après la discussion de Gina avec Mosca chez lui, « la duchesse courut à la forteresse; le général Fabio Conti fut enchanté d'avoir à lui opposer le texte formel des lois militaires: personne ne peut pénétrer dans une prison d'Etat sans un ordre signé du prince » (CP 2: 277). Mais, dans le chapitre XXV, on lit: « En quittant le comte Mosca aussi alarmé qu'elle, elle avait couru *au palais* » (2: 286; nous soulignons); ce ne sera qu'après avoir répété le serment au prince dans la chapelle que Gina peut se rendre à la forteresse, où elle « trouva sur le pont du fossé de la citadelle le général Fontana et Fabrice, qui sortaient à pied » (2: 295): quand donc Fabio Conti aurait-il lu à Gina le texte des lois militaires?

[24]Robert Denommé affirme que pendant l'apprentissage initial de Fabrice, c'est plutôt « la conscience proleptique de définition de soi » (« the proleptic consciousness of self-definition ») qui domine son existence, « Changing Perspectives in Stendhal's *Vie de Henry Brulard* and *La Chartreuse de Parme* », *Romanic Review* 67.1 (1976): 37.

[25]H. Boll Johansen suggère également comme exemple les premières réflexions de Fabrice au sujet de Clélia: « Ce serait une charmante compagne de prison » (CP 1: 156), et sa réaction quelques années plus tard, notée dans l'exemplaire Chaper, à la réponse de Clélia à son père, « *Je vous suivrai* »: « Elle me suivra en prison, se dit [Fabrice]. Est-ce un présage? », *Romans et nouvelles* 2: 1421.

[26]Par exemple, « Mais pour le moment, nous sommes obligés de laisser Fabrice dans sa prison, tout au faîte de la citadelle de Parme; on le garde bien, et nous l'y retrouverons peut-être un peu changé . . . » (CP 2: 53).

[27]Par exemple, les propositions faites par Mosca à Gina après trois mois d'amour à Milan, au sujet de leur avenir (CP 1: 198-201); le projet de « passer trente-six

heures à Sanguigna » proposé par Fabrice à Gina (1: 310-11); la collaboration dans l'évasion proposée par Clélia à Fabrice (CP 2: 166-67); les conseils donnés à Gina par Mosca au sujet des démarches à suivre pour exonérer Fabrice (2: 272-74).

[28]Par exemple, les lettres de Gina à Fabrice pour préparer l'évasion (CP 2: 159-62), ou celles de Fabrice à Gina et Mosca après leur départ de Parme (2: 339-41).

[29]Par exemple, les réflexions de Clélia (CP 2: 45-48) et de Gina (2: 54-64) pendant la soirée du premier emprisonnement de Fabrice.

[30]Voir aussi l'examen par M. Crouzet du rôle du détail comme élément de la durée dans le récit de l'évasion, *Le naturel, la grâce et le réel dans la poétique de Stendhal* 260-61.

[31]Soulignons l'analyse complémentaire du rythme romanesque que développe M. Guérin à partir de la répartition des personnages en « quatre rythmes passionnés »: « Fabrice est "Allegro vivace", Gina "Scherzo", Mosca est "Andante" et Clélia "Adagio" », *La politique chez Stendhal* 181, 198-252.

[32]G. Genette note que « la communication amoureuse s'accomplit . . . à travers des codes télégraphiques dont l'ingéniosité simule assez bien celle du désir », *Figures II* 165. Et, selon P. Brooks, les jours qui suivent la capture constituent le déclenchement d'une transformation amoureuse de Fabrice, « intimement liée à l'invention d'une écriture qui permettra une communication supérieure dans un langage purifié », dont la première étape est celle du « regard », « L'invention de l'écriture (et du langage) dans *La Chartreuse de Parme* », *Stendhal Club* 78 (1978): 183-84.

[33]Jean-Luc Seylaz, « *La Chartreuse de Parme*: Quelques réflexions sur la narration stendhalienne », *Etudes des lettres*, série 3 (1968) 1: 290.

[34]Lee Brotherson affirme que « l'amour dans l'œuvre stendhalienne est donc foncièrement antisocial. L'expérience de Fabrice le démontre, car, une fois prisonnier, il découvrira, grâce à Clélia, le véritable amour », « Fabrice del Dongo . . . impuissant sentimental? », *Stendhal Club* 69 (1975): 53. Voir aussi l'analyse par P. M. Cryle du temps privilégié des tours et de son rapport avec l'espace dans *La Chartreuse de Parme, The Thematics of Commitment. The Tower and the Plain* (Princeton: Princeton University Press, 1985) 20-22.

[35]Philippe Berthier note qu'« à ce "blanc" répond, en triste contre-épreuve, celui qui dit en ne le disant pas le "sacrifice" de Gina, se livrant au prince pour sauver Fabrice », c'est-à-dire qu'« il osa reparaître tout tremblant et malheureux à dix heures moins trois minutes. A dix heures et demie, la duchesse montait en voiture et partait pour Bologne » (CP 2: 335). P. Berthier ajoute: « Ainsi un même rien peut-il exprimer l'éblouissement d'une vraie fête amoureuse et le dégoût d'un simulacre honteusement parodique, substitut sacrilège d'une autre rencontre sexuelle, impossible, celle qui unirait Gina à Fabrice », *Stendhal et la Sainte Famille* 196.

[36]Pour des commentaires de la critique stendhalienne récente à propos de l'importance de la mort de Sandrino, voir G. Rannaud, « *La Chartreuse de Parme*, roman de l'ambiguïté » 439-40; Béatrice Didier, « La Chartreuse de Parme ou l'ombre du père »,

Europe 519-21 (1972): 156-57; F. Landry, *L'imaginaire chez Stendhal* 334-39; P. Berthier, *Stendhal et la Sainte Famille* 101-04; M. Guérin, *La politique de Stendhal* 247-52.

[37] D'une perspective complémentaire, Paul de Man note que *La Chartreuse de Parme* « raconte l'histoire de deux amoureux à qui, comme Eros et Psyché, il n'est jamais permis de se mettre pleinement en contact. Quand ils peuvent se voir ils sont séparés par une distance infranchissable; quand ils peuvent se toucher, cela doit avoir lieu dans l'obscurité imposée par une décision totalement arbitraire et irrationnelle, un acte des dieux. Le mythe est celui de la distance insurmontable qui doit toujours prévaloir entre les êtres, et il met en valeur le thème de la distance ironique que Stendhal l'écrivain a cru prévaloir entre ses identités pseudonymes et nominales », « The Rhetoric of Temporality » 209 (notre traduction: « The novel tells the story of two lovers who, like Eros and Psyche, are never allowed to come into full contact with each other. When they can see each other they are separated by an unbreachable distance, when they touch, it has to be in darkness imposed by a totally arbitrary and irrational decision, an act of the gods. The myth is that of the unovercomable distance which must always prevail between the selves, and it thematizes the ironic distance that Stendhal the writer always believed prevailed between his pseudonymous and nominal identities »).

[38] Micheline Levowitz-Treu, *L'amour et la mort chez Stendhal* (Aran: Editions du Grand Chêne, 1978) 183.

[39] P. Creignou ajoute: « Le bonheur stendhalien se dessine sur un fond de malheur, il est . . . oubli passager des sentiments tristes, évasion momentanée loin du malheur, mais celui-ci demeure à l'arrière-plan, menaçant et prêt à ressurgir », « Illusion et réalité du bonheur dans *la Chartreuse de Parme* », *Stendhal Club* 64 (1974): 317.

[40] Roland Barthes, *Le degré zéro de l'écriture* (Paris: Seuil, 1953) 32.

[41] Michael Wood, « *La Chartreuse de Parme* et le Sphinx », *Stendhal Club* 78 (1978): 167.

Glossaire Terminologique

Ce glossaire suit la structure de l'index des matières que présente G. Genette à la fin de *Figures III*. Nous avons aussi consulté d'autres œuvres, notamment Gerald Prince, *Dictionary of Narratology*, abrégé ci-dessous DN.

amplitude (d'anachronie): une des deux caractéristiques générales d'une anachronie* (l'autre est la portée*), il s'agit de la durée d'histoire* plus ou moins longue qu'une anachronie peut couvrir (DR 89).

anachronie (cf. analepse, prolepse): les deux formes de discordance entre l'ordre dans lequel les événements d'histoire* ont lieu et l'ordre dans lequel on les raconte (DR 82; DN 5).

analepse (ou rétrospection): « toute évocation après coup d'un événement antérieur au point de l'histoire* où l'on se trouve » (DR 82).

analepse externe: l'analepse dont toute la durée d'histoire* couverte (amplitude*) reste extérieure à celle du récit premier* (DR 90).

analepse interne: l'analepse dont toute la durée d'histoire* couverte reste intérieure à celle du récit premier* (DR 90).

analepse mixte: l'analepse dont le début de la durée d'histoire* est extérieure à celle du récit premier* et la fin en est intérieure (DR 91).

analepse interne hétérodiégétique: l'analepse « portant sur une ligne d'histoire*, et donc un contenu diégétique* différent de celui (ou ceux) du récit premier*: soit, très classiquement, sur un personnage nouvellement introduit et dont le narrateur veut éclairer les "antécédents", . . . ou sur un personnage perdu de vue depuis quelque temps et dont il fait ressaisir le passé récent » (DR 91).

analepse interne homodiégétique: l'analepse portant « sur la même ligne d'action que le récit premier* » (DR 92).

analepse interne homodiégétique complétive (ou un renvoi): « Les segments rétrospectifs qui viennent combler après coup une lacune antérieure du récit » (DR 92), par exemple, « des ellipses pures et simples, c'est-à-dire des failles dans la continuité temporelle » (DR 92), ou « une autre sorte de lacunes, . . . une paralipse* » (DR 92-93).

analepse interne homodiégétique répétitive (ou un rappel): l'analepse qui revient « ouvertement, parfois explicitement, sur ses propres traces », c'est-à-dire « des allusions du récit* à son propre passé » (DR 95).

analepse partielle: un « type de rétrospections qui s'achèvent en ellipse, sans rejoindre le récit premier* » (DR 101).

analepse complète: l'analepse qui se termine en se raccordant au récit premier* (DR 101).

analepse ponctuelle: une référence brève au passé, c'est-à-dire d'une amplitude* très courte.

analepse durative: une référence brève au passé, mais d'une amplitude* plus ou moins longue, se manifestant souvent par un enchaînement d'analepses ponctuelles*.

analepse instantanée: l'analepse qui sert à résumer d'une manière concise toute une période temporelle au passé de l'histoire*, d'habitude avec des formules « depuis », « depuis que . . . », « il y avait . . . que », « jusque-là », « dès » et « dès que . . . ».

analepse simultanée: l'analepse toujours homodiégétique*, interne* et complète*, qui fonctionne comme un chevauchement temporel vis-à-vis d'un autre segment d'histoire*, mais en complétant une lacune antérieure.

diégèse (cf. histoire) et diégétique: « la diégèse est l'univers spatio-temporel désigné par le récit*, donc . . . en ce sens général, diégétique = "qui se rapporte ou appartient à l'histoire" » (DR 280).

durée (ou vitesse): « le rapport entre mesure temporelle et mesure spatiale . . . : la vitesse du récit* se définira par le rapport entre une durée, celle de l'histoire*, mesurée en secondes, minutes, heures, jours, mois et années, et une longueur: celle du texte, mesurée en lignes et en pages » (DR 123).

ellipse: effet d'accélération « où un segment nul de récit* correspond à une durée quelconque d'histoire* » (DR 128).

extradiégétique (niveau ——): cf. niveaux narratifs.

focalisation: un élément du mode narratif*, l'ancien « point de vue », ou « une restriction de "champ", c'est-à-dire en fait une sélection de l'information narrative par rapport à ce que la tradition nommait *l'omniscience*, terme . . . qu'il vaudrait mieux remplacer par *information complète* ——muni de quoi c'est le lecteur qui devient "omniscient" » (*Nouveau discours du récit* 49).

fréquence narrative: « les relations de fréquence (ou plus simplement de répétition) entre récit* et diégèse* » (DR 145), dont quatre types:
  le récit **singulatif:** « *raconter une fois ce qui s'est passé une fois*, . . . où la singularité de l'énoncé narratif répond à la singularité de l'événement narré », et « *raconter n fois ce qui s'est passé n fois* », type qui « reste en fait singulatif et se ramène au précédent, puisque les répétitions du récit ne font qu'y répondre . . . aux répétitions de l'histoire* »;
  le récit **répétitif:** « *raconter n fois ce qui s'est passé une fois*, . . . où les récurrences de l'énoncé ne répondent à aucune récurrence d'événements »;
  le récit **itératif:** « *raconter une seule fois* (ou plutôt: *en une seule fois*) *ce qui s'est passé n fois*, . . . où une seule émission narrative assume ensemble plusieurs occurrences du même événement (c'est-à-dire, encore une fois, plusieurs événements considérés dans leur seule analogie) » (DR 146-48).
  le **pseudo-itératif:** des « scènes présentées, en particulier par leur rédaction à l'imparfait, comme itératives, alors que la richesse et la précision des détails font qu'aucun lecteur ne peut croire sérieusement qu'elles se sont produites et reproduites ainsi, plusieurs fois, sans aucune variation. . . . Bref, le pseudo-itératif constitue typiquement dans le récit classique une *figure* de rhétorique narrative, qui n'exige pas d'être prise à la lettre, bien au contraire: le récit affirmant littéralement "ceci se passait tous les jours" pour faire entendre figurément: "tous les jours il se passait quelque chose de ce genre, dont ceci est une réalisation parmi d'autres" » (DR 152).

hétérodiégétique (récit ——): cf. personne

histoire: le « contenu narratif » (DR 72).

homodiégétique (récit ——): cf. personne.

instance (ou **situation**) **narrative:** « l'acte de raconter une série de situations et événements et, par extension, le contexte spatio-temporel (y compris le narrateur* et le narrataire*) de cet acte » (DN 57; notre traduction).

184 GLOSSAIRE TERMINOLOGIQUE

intradiégétique ou **diégétique** (niveau ——): cf. niveaux narratifs.

itératif (récit ——): cf. fréquence.

métadiégétique (niveau ——): cf. niveaux narratifs.

métalepse: figure « par laquelle le narrateur feint d'entrer (avec ou sans son lecteur) dans l'univers diégétique* » (DR 135).

mode: une classe de déterminations narratives qui « tiennent aux modalités (formes et degrés) de la "représentation" narrative, donc aux *modes* du récit* » (DR 75).

narrataire: « le destinataire du récit* » comme inscrit dans le texte (DR 227; cf. DN 57).

narrateur: celui qui raconte les événements de l'histoire*, comme inscrit dans le texte (DN 65-66).

narration: « l'acte narratif producteur et, par extension, l'ensemble de la situation réelle ou fictive dans laquelle il prend place » (DR 72; cf. DN 57-60), dont quatre types:
    narration ultérieure: la « position classique du récit au passé » (DR 229).
    narration antérieure: le « récit prédicatif, généralement au futur, mais que rien n'interdit de conduire au présent » (DR 229).
    narration simultanée: le « récit au présent contemporain de l'action » (DR 229).
    narration intercalée: « une narration à plusieurs instances » où « l'histoire* et la narration* peuvent s'y enchevêtrer de telle sorte que la seconde réagisse sur la première » (DR 229).

niveaux narratifs: le niveau auquel un personnage, un événement ou un acte est situé vis-à-vis d'une diégèse donnée. Il s'agit de la différence de niveau selon laquelle « tout événement raconté par un récit est à un niveau diégétique immédiatement supérieur à celui où se situe l'acte narratif producteur de ce récit » (DR 238).
    Par exemple, dans *Manon Lescaut*, « la rédaction par M. de Renoncourt de ses *Mémoires* fictifs est un acte (littéraire) accompli à un premier niveau, que l'on dira *extradiégétique*; les événements racontés dans ces Mémoires (dont l'acte narratif de des Grieux) sont dans ce premier récit, on les qualifiera donc de *diégétiques,* ou *intradiégétiques*; les événements racontés dans le récit de des Grieux, récit au second degré, seront dits *métadiégétiques* » (DR 238-39).

GLOSSAIRE TERMINOLOGIQUE 185

Dans *Nouveau discours du récit*, G. Genette éclaircit « la confusion qui s'établit fréquemment entre la qualité d'*extradiégétique*, qui est un fait de niveau, et celle d'*hétérodiégétique*, qui est un fait de relation (de "personne"*). Gil Blas est un narrateur extradiégétique parce qu'il n'est pas (*comme narrateur*) inclus dans aucune diégèse, mais directement de plain-pied, quoique fictif, avec le public (réel) extradiégétique; mais puisqu'il raconte sa propre histoire*, il est en même temps un narrateur homodiégétique. Inversement, Schéhérazade est une narratrice intradiégétique parce qu'elle est déjà, avant d'ouvrir la bouche, personnage dans un récit qui n'est pas le sien; mais puisqu'elle ne raconte pas sa propre histoire*, elle est en même temps narratrice hétérodiégétique » (55-56).

ordre: « les rapports entre l'ordre temporel de succession des événements dans la diégèse* et l'ordre pseudo-temporel de succession de leur disposition dans le récit* » (DR 78).

paralipse: comme effet de l'ordre* temporel, une « ellipse latérale » qui consiste « non plus en l'élision d'un segment diachronique, mais en l'omission d'un des éléments constitutifs de la situation, dans une période en principe couverte par le récit » (DR 92-93).
—: comme effet de la focalisation*, « le type classique de la paralipse..., c'est... l'omission de telle action ou pensée du héros focal, que ni le héros ni le narrateur ne peuvent ignorer, mais que le narrateur choisit de dissimuler au lecteur » (DR 212).

pause (—*descriptive*): un effet de ralentissement « où un segment quelconque du discours narratif correspond à une durée diégétique nulle » (DR 128).

personne: « le choix du romancier... entre deux attitudes narratives »:
— type *hétérodiégétique*: récit « à narrateur absent de l'histoire* qu'il raconte »;
— type *homodiégétique*: récit « à narrateur présent comme personnage dans l'histoire* qu'il raconte » (DR 252).

portée (d'anachronie): la distance temporelle sur laquelle « une anachronie peut se porter dans le passé ou l'avenir, plus ou moins loin du moment "présent", c'est-à-dire du moment où le récit* s'est interrompu pour lui faire place » (DR 89).

prolepse (ou anticipation): « toute manœuvre narrative consistant à raconter ou évoquer d'avance un événement ultérieur » (DR 82).

pseudo-itératif (récit —): cf. fréquence.

rappel: cf. analepse répétitive.

récit: « le discours ou texte narratif lui-même » (DR 72).

récit premier: « le niveau* du récit par rapport auquel une anachronie se définit comme telle » (DR 90).

renvoi: cf. analepse complétive.

scène: effet de ralentissement, le plus souvent dialogué, « qui réalise conventionnellement l'égalité de temps entre récit* et histoire* » (DR 129).

sommaire: effet d'accélération, « forme à mouvement variable . . . qui couvre avec une grande souplesse de régime tout le champ entre la scène* et l'ellipse* » (DR 129).

stretch: le temps du récit* est plus long que le temps de l'histoire* (« discourse-time is longer than story-time », S. Chatman, *Story and Discourse* 72), ou *épaississement diégétique*: « feindre la contemporanéité en se résignant à la successivité » (G.-D. Farcy, « De l'obstination narratologique » 500) (cf. analepse simultanée).

tempo: « Un mouvement de la vitesse narrative » (DN 96; cf. durée), et plus généralement, le rythme de l'histoire lié à l'agencement des procédés temporels de l'ordre, de la durée et de l'itération.

temps: la classe de déterminations narratives « qui tiennent aux relations temporelles entre récit* et diégèse* » (DR 75).

temps de la narration: la « position relative de l'instance narrative* par rapport à l'histoire* » (DR 228).

vitesse: cf. durée.

voix: la classe de déterminations narratives « qui tiennent à la façon dont se trouve impliquée dans le récit la narration elle-même . . . , c'est-à-dire la situation ou instance narrative*, et avec elle, ses deux protagonistes: le narrateur* et son destinataire, réel ou virtuel » (DR 72).

Bibliographie

I. Œuvres de Stendhal

Pensées, Filosofia nova. Ed. H. Martineau. 2 vol. Paris: Le Divan, 1931.
Romans et nouvelles. Ed. Henri Martineau. 2 vol. Paris: Gallimard, 1952.
La Chartreuse de Parme. Ed. Henri Martineau. Paris: Garnier, 1957.
Œuvres complètes. Ed. V. Del Litto et E. Abravanel. 50 vol. Genève: Cercle du Bibliophile, 1967-74.
Le Rouge et le Noir, La Chartreuse de Parme, Lamiel, Armance. Paris: Laffont, 1980.
Œuvres intimes. Ed. V. Del Litto. 2 vol. Paris: Gallimard, 1981.
Lucien Leuwen. Ed. H. Debray et M. Crouzet. 2 vol. Paris: Garnier-Flammarion, 1982.
Le Rose et le Vert, Mina de Vanghel et d'autres nouvelles. Ed. V. Del Litto. Paris: Gallimard, « Folio », 1982.

II. Ouvrages et articles de la critique stendhalienne

(Nous désignons avec le sigle * les ouvrages les plus pertinents pour la recherche sur la temporalité)

Abeel, Erica. « The Multiple Authors in Stendhal's Ironic Interventions ». *The French Review* 50.1 (1976): 21-34.
Agosti, Stefano. « Stendhal et la "grammaire" de l'événement ». *Strumenti critici* 47-48 (1982): 107-28.
Alciatore, Jules. *Stendhal et Helvétius: Les sources de la philosophie de Stendhal.* Genève: Droz, 1952.
Amer, Henry. « Amour, prison et temps chez Stendhal ». *La nouvelle revue française* 11 (1962): 483-90.
André, Robert. « Bilan critique d'une approche psychanalytique ». *Revista de istorie si teorie literara* 31.2 (1983): 43-49.
Ansel, Yves. « Stendhal littéral ». *Littérature* 30 (1978): 79-98.
Arrous, Michel. « Le séminaire dans *le Rouge et le Noir* ». *Stendhal Club* 77 (1977): 57-70.

Barbéris, Pierre. « *Armance*, Armance: Quelle impuissance? ». *Stendhal. Colloque de Cerisy-la-Salle*. Ed. Philippe Berthier. Paris: Aux Amateurs de Livres, 1984. 67-86.

———. *Sur Stendhal*. Paris: Editions sociales, 1982.

Baudouin, Henri. « A propos de "L'Abbesse de Castro". Remarques sur la chronologie dans le récit stendhalien ». *Stendhal Club* 52 (1971): 325-33.

*Baumont, Michel. « La dernière année de Julien Sorel. Réflexions historiques ». *Stendhal Club* 32 (1966): 346-52.

Bayard, Pierre. *Symptôme de Stendhal. Armance et l'aveu*. Paris: Lettres Modernes, 1979.

Bellemin-Noël, Jean. *L'auteur encombrant: Stendhal/Armance*. Lille: Presses Universitaires de Lille, 1985.

Berthier, Philippe. « *Lucien Leuwen* et le jeu préfaciel ». *Stendhal Club* 118 (1988): 153-64.

———. *Stendhal et la Sainte Famille*. Genève: Droz, 1983.

Bibas, Henriette. « Le double dénouement et la morale du *Rouge* ». *Revue d'histoire littéraire de la France* 49.1 (1949): 21-36.

Blin, Georges. *Stendhal et les problèmes du roman*. Paris: Corti, 1954.

*Boll Johansen, Hans. *Stendhal et le roman. Essai sur la structure du roman stendhalien*. Aran: Editions du Grand Chêne, 1979.

———. « Une théorie de la nouvelle et son application aux *Chroniques italiennes* de Stendhal ». *Revue de littérature comparée* 50 (1976): 421-32.

Bokobza, Serge. *Contribution à la titrologie romanesque: Variations sur le titre « Le Rouge et le Noir »*. Genève: Droz, 1986.

———. « Rouge et Noir: Le blason de Julien ». *Stendhal Club* 85 (1979): 37-41.

* Booker, John T. « Narrative Tempo and Rhythm in the Novels of Stendhal ». Diss. University of Minnesota, 1974.

*———. « Retrospective Movement in the Stendhalian Narration ». *Romanic Review* 52.1 (1981): 26-38.

———. « *Style Direct Libre*: The Case of Stendhal ». *Stanford French Review* 9 (1985): 137-51.

Brombert, Victor. « *Lucien Leuwen*. Identité et émancipation ». *Stendhal Club* 42 (1969): 149-59.

———. *Stendhal et la voie oblique*. New Haven et Paris: Yale University Press/ P.U.F., 1954.

Brooks, Peter. « L'invention de l'écriture (et du langage) dans *La Chartreuse de Parme* ». *Stendhal Club* 78 (1978): 183-90.

Brotherson, Lee. « Fabrice del Dongo . . . impuissant sentimental? » *Stendhal Club* 69 (1975): 46-55.

———. « *Lucien Leuwen* ou la crise de l'enfance ». *Stendhal Club* 70 (1976): 137-47.

Castex, P.-G. « Réalité d'époque dans *Le Rouge et le Noir* ». *Europe* 519-21 (1972): 55-63.

———. « Réalités politiques dans *Le Rouge et le Noir* ». *Roman et société*. Paris: A. Colin, 1973. 29-41.

———. « *Le Rouge et le Noir* » *de Stendhal*. Paris: SEDES, 1967.

———. « *Le Rouge et le Noir* et le ministère de Polignac ». *Littérature et société*. Paris: Desclée de Brouwer, 1973. 49-63.

Chabot, Jacques. « De l'Amour . . . Du Style ». *L'Arc* 88 (1983): 49-56.

Chaitin, Gilbert. « Ce que parler veut dire: Désir et parole chez Stendhal ». *Stendhal. Colloque de Cerisy-la-Salle*. Ed. Philippe Berthier. Paris: Aux Amateurs de Livres, 1984. 1-12.

———. *The Unhappy Few. A Psychological Study of the Novels of Stendhal*. Bloomington: Indiana University Press, 1972.

Comeau, Paul T. « The Love Theme and the Monologue Structure in *Armance* ». *Nineteenth-Century French Studies* 9.3-4 (1980-81): 37-58.

*Constans, Ellen. « "O temps suspends ton vol". A propos de l'inachèvement ». *Stendhal Club* 119 (1988): 235-42.

Coste, Didier. « Discours de l'essai et discours narratif dans *De l'Amour* ». *Stendhal. Colloque de Cerisy-la-Salle*. Ed. Philippe Berthier. Paris: Aux Amateurs de Livres, 1984. 179-91.

Creignou, Pierre. « Illusion et réalité du bonheur dans *la Chartreuse de Parme* ». *Stendhal Club* 64 (1974): 310-34.

Crouzet, Michel. « De l'inachèvement ». *Stendhal: Romans abandonnés*. Paris: U. G. E., 1968. 9-58.

———. « Julien Sorel et le sublime: Etude de la poétique d'un personnage ». *Revue d'histoire littéraire de la France* 86.1 (1986): 86-108.

———. « *Lucien Leuwen* et le "sens politique" ». *Le plus méconnu des romans de Stendhal, « Lucien Leuwen »*. Paris: CDU/SEDES, 1983. 99-139.

———. *Nature et société chez Stendhal*. Lille: Presses Universitaires de Lille, 1985.

———. *Le naturel, la grâce et le réel dans la poétique de Stendhal*. Paris: Flammarion, 1986.

———. « Pour une lecture d'*Armance* ». *Stendhal: Le Rouge et le Noir, La Chartreuse de Parme, Lamiel, Armance*. Paris: Laffont, 1980. 811-15.

———. « Le réel dans *Armance*. Passions et société ou le cas d'Octave: étude et essai d'interprétation ». *Le réel et le texte*. Paris: A. Colin, 1974. 31-110.

———. *Stendhal et l'italianité*. Paris: Corti, 1982.

Day, James T. *Stendhal's Paper Mirror. Patterns of Self-Consciousness in His Novels*. New York: Peter Lang, 1987.

Dédeyan, Charles. « L'originalité de Stendhal dans l'adaptation de "L'Abbesse de Castro" ». *Le Divan* 32.269-272 (1949-50): 366-80.

Del Litto, Victor. « Stendhal lecteur d'*Armance* ». *Stendhal Club* 71 (1976): 193-205.

Denommé, Robert. « Changing Perspectives in Stendhal's *Vie de Henry Brulard* and *La Chartreuse de Parme* ». *Romanic Review* 67.1 (1976): 29-37.
Didier, Béatrice. « La Chartreuse de Parme ou l'ombre du père ». *Europe* 519-21 (1972): 149-57.
———. « Lieux et signes dans *Le Rouge et le Noir* ». *Studi francesi* 58 (1976): 40-44.
———. « Pouvoirs et énergie dans "L'Abbesse de Castro" ». *Stendhal: l'écrivain, la société et le pouvoir*. Ed. Philippe Berthier. Grenoble: Presses Universitaires de Grenoble, 1984. 245-63.
———. « Le statut de la nouvelle chez Stendhal ». *Cahiers de l'Association Internationale des Etudes Françaises* 27 (1975): 209-21.
———. « Stendhal chroniqueur ». *Littérature* 5 (1972): 11-25.
Felman, Shoshana. *La « Folie » dans l'œuvre romanesque de Stendhal*. Paris: Corti, 1971.
Gaillard, Françoise. « De la répétition d'une figure: *Armance* ou le récit de l'impuissance ». *Littérature* 18 (1975): 111-26.
Gans, Eric. « Le secret d'Octave: Secret de Stendhal, secret du roman ». *Revue des sciences humaines* 157 (1975): 85-89.
*Gerhardi, Gerhard C. « Psychological Time and Revolutionary Action in *Le Rouge et le Noir* ». *PMLA* 88.5 (1973): 1115-26.
Gerlach-Nielsen, Merete. « Stendhal. Théoricien et romancier de l'amour ». *Historiskfilosofiske Meddelelser* 40.6 (1965): 1-122.
Gleize, Jean-Marie. « *Armance* oblique ». *Le réel et le texte*. Paris: A. Colin, 1974. 111-21.
———. « Bordures de buis ». *L'Arc* 88 (1983): 43-48.
———. « Lecture du motif "révolution" dans *Le Rouge et le Noir* ». *Cahiers de lexicologie* 14 (1969): 59-76.
Grant, Richard B. « The Death of Julien Sorel ». *L'Esprit créateur* 2.1 (1962): 26-30.
Greshoff, C. J. « "Julianus Bifrons" ou le double dénouement du *Rouge et Noir* ». *Revue d'histoire littéraire de la France* 84.2 (1984): 255-70.
Guérin, Michel. *La politique de Stendhal*. Paris: P.U.F., 1982.
Hamm, Jean-Jacques. « Le dénouement de *Rouge et Noir*. Un parvenu qui ne parvient à rien ». *Stendhal Club* 67 (1975): 250-66.
———. « Inachèvement et achèvement: *Lucien Leuwen* ». *Stendhal Club* 118 (1988): 179-87.
———. « Un laboratoire stendhalien: Les *Chroniques italiennes* ». *Revue d'histoire littéraire de la France* 84.2 (1984): 245-54.
Hemmings, F. W. J. « Quelques observations sur les procédés de l'invention chez Stendhal ». *Stendhal Club* 21 (1963): 47-56.
Imbert, H.-F. « Etat présent des études stendhaliennes (suite) ». *L'information littéraire* 31.5 (1979): 199-209.

―――. *Les métamorphoses de la liberté*. Paris: Corti, 1967.
Ishikawa, Hiroshi. « Réflexions sur le réalisme subjectif dans *Le Rouge et le Noir* ». *Stendhal Club* 74 (1977): 144-72.
Jacard, Anne-Claire. « Julien Sorel: l'amour et le temps du bonheur ». *Europe* 50 (1972): 124-27.
*Jones, Grahame C. « The Dramatic Tempo of *Le Rouge et le Noir* ». *Essays in French Literature* 6 (1969): 74-80.
*―――. « Le mouvement dramatique de la narration stendhalienne ». *Stendhal Club* 77 (1977): 46-56.
―――. « Le rôle de la faiblesse humaine dans *Armance* ». *Stendhal Club* 38 (1968): 157-66.
Jourda, Pierre. « L'art du récit dans les *Chroniques italiennes* ». *Journées stendhaliennes internationales de Grenoble*. Paris: Le Divan, 1956. 157-65.
Kritzman, Laurence. « La rhétorique de la répression dans *Armance* ». *Rackham Literary Studies* 6 (1975): 55-61.
Landry, François. « Entre noblesse et bourgeoisie: *Armance* ou le désir sans traduction ». *Romantisme* 17-18 (1977): 228-42.
―――. *L'imaginaire chez Stendhal*. Lausanne: L'Age d'Homme, 1982.
Léoni, Anne. « Ménuel pseudonyme ». *L'Arc* 88 (1983): 64-71.
Levowitz-Treu, Micheline. *L'amour et la mort chez Stendhal*. Aran: Editions du Grand Chêne, 1978.
―――. « Considérations sur Stendhal. Une possibilité d'approche psychanalytique ». *Stendhal. Colloque de Cerisy-la-Salle*. Ed. Philippe Berthier. Paris: Aux Amateurs de Livres, 1984. 33-48.
MacCannell, Juliet Flower. « Oedipus Wrecks: Lacan, Stendhal, and the Narrative Form of the Real ». *Lacan and Narration. The Psychoanalytic Difference in Narrative Theory*. Ed. Robert Con Davis. Baltimore et Londres: The Johns Hopkins University Press, 1983. 910-40.
―――. « Stendhal's woman ». *Semiotica* 48.1-2 (1984): 143-68.
Maillet, Henri. « L'anniversaire du 30 avril 1574 dans *Le Rouge et le Noir* ». *L'information littéraire* 25.3 (1973): 139-45.
*Martineau, Henri. « Chronologie du *Rouge et Noir* ». Dans *Le Rouge et le Noir*. Paris: Garnier, 1966. 533-37.
*Miel, Jan. « Temporal Form in the Novel ». *Modern Language Notes* 84.6 (1969): 916-30.
Moreau, Pierre. « "Coup de foudre" et "cristallisation" dans les romans de Stendhal ». *Studi in Onore di Vittorio Lugli e Diego Valeri*. 2 vol. Venise: Neri Pozza, 1961. 2: 681-92.
Mossman, Carol A. *The Narrative Matrix. Stendhal's « Le Rouge et le Noir »*. Lexington: French Forum, 1984.

Mouillaud-Fraisse, Geneviève. « La question du destinataire dans l'écriture de Stendhal ». *Stendhal. Colloque de Cerisy-la-Salle.* Ed. Philippe Berthier. Paris: Aux Amateurs de Livres, 1984. 151-61.

———. *Le Rouge et le Noir de Stendhal: le roman possible.* Paris: Larousse, 1973.

———. « Stendhal et le mode irréel. A propos de l'impuissance dans *Armance* ». *Modern Language Notes* 83.4 (1968): 524-42.

———. « Stendhal et les problèmes de la société ». *Europe* 519-21 (1972): 64-78.

O'Keefe, Charles. « A Function of Narrative Uncertainty in Stendhal's *Armance* ». *The French Review* 50.4 (1977): 579-85.

Orlando, Francesco. « Il recente e l'antico nel cap. I, 18 di *Le Rouge et le Noir* ». *Belfagor* 22 (1967): 661-80.

Park, Pamela. « Imagination et ennui dans *Lamiel* ». *Stendhal Club* 118 (1988): 146-52.

Pascal, Gabrielle. « Les avatars de la "Bildung" dans *Lucien Leuwen* ». *Stendhal Club* 118 (1988): 171-78.

*Pearson, Roger. « A la recherche du temps présent: Quelques réflexions sur l'art de la chronique dans *le Rouge et le Noir* ». *Stendhal Club* 107 (1985): 247-63.

Pierssens, Michel. « L'appareil sériel ». *Change* 16-17 (1973): 265-85.

———. « *Armance:* Entre savoir et non-savoir ». *Littérature* 48 (1982): 21-35.

*Poulet, Georges. « Stendhal et le temps ». *Revue internationale de philosophie* 16-17 (1962): 395-412. Repris dans *Mesure de l'instant.* Paris: Plon, 1968.

Prévost, Jean. *La création chez Stendhal.* Paris: Mercure de France, 1951.

Rabine, Leslie W. *Reading the Romantic Heroine.* Ann Arbor: University of Michigan Press, 1985.

Rannaud, Gérald. « *La Chartreuse de Parme,* roman de l'ambiguïté ». *L'Archiginnasio. Stendhal e Bologna.* Ed. Liano Petroni. *Atti del IX Congresso Internazionale Stendhaliano* (1971-73). 2 vol. 1: 426-46.

Reid, Martine. « Peut-être, ou *Lucien Leuwen* inachevé ». *Le plus méconnu des romans de Stendhal, « Lucien Leuwen ».* Paris: CDU/SEDES, 1983. 67-74.

*Rhéault, Raymond. « Inadvertances et imprécisions dans *la Chartreuse de Parme* ». *Stendhal Club* 73 (1976): 15-61.

Richard, Jean-Pierre. *Littérature et sensation.* Paris: Seuil, 1954.

Ruthman, Elisabeth B. « Stendhal et le culte de l'énergie italienne ». Diss. City University of New York 1979.

Sands, Steven. « The Narcissism of Stendhal and Julien Sorel ». *Studies in Romanticism* 14.4 (1975): 337-63.

Seylaz, Jean-Luc. « *La Chartreuse de Parme:* Quelques réflexions sur la narration stendhalienne ». *Etudes des lettres,* série 3 (1968): 1: 279-94.

*Stivale, Charles J. « Ordre et duration: La structuration temporelle d'*Armance* ». *Stendhal Club* 94 (1982): 141-56.

*———. « Temporal Structuration in Stendhal's *Armance* ». *The Journal of Practical Structuralism* 2 (1980): 21-38.

*———. « Temporalité fictive et réalisme subjectif dans *la Chartreuse de Parme* ». *Stendhal Club* 108 (1985): 349-62; et 109 (1985): 48-63.

*———. « Le vraisemblable temporel dans *Le Rouge et le Noir* ». *Stendhal Club* 84 (1979): 299-315.

Talbot, Emile. « The Impossible Ethic: A Reading of Stendhal's *Armance* ». *French Forum* 3.2 (1978): 147-58.

———. « Remarques sur la mort de Madame de Rênal ». *Stendhal Club* 59 (1973): 250-56.

———. « Style and the Self: Some Notes on *La Chartreuse de Parme* ». *Language and Style* 5.4 (1972): 299-312.

Trouiller, Dominique. « Le monologue intérieur dans *Le Rouge et le Noir* ». *Stendhal Club* 43 (1969): 245-77.

Vendrell, Lidia Anoll. « La complejidad de la comunicación en *Armance* ». *Insula* 38.438-439 (1983): 7-8.

*Weiand, Christof. « "Ernestine" prototype de la narration stendhalienne ». *Stendhal Club* 103 (1984): 263-79.

*———. *Die Gerade und der Kreis: Zeit und Erzählung in den Romanen Stendhals*. Frankfurt/Main: Haag & Herchen, 1984.

Wood, Michael. « *La Chartreuse de Parme* et le Sphinx ». *Stendhal Club* 78 (1978): 161-69.

III. Ouvrages et articles de critique générale

*Bal, Mieke. *Narratologie*. Paris: Klincksieck, 1977.

Barthes, Roland. *Le degré zéro de l'écriture*. Paris: Seuil, 1953.

———. *S/Z*. Paris: Seuil, 1970.

Bersani, Leo. *A Future for Astyanax: Character and Desire in Literature*. Boston: Little, Brown, 1976.

*Briosi, Sandro. « La narratologie et la question de l'auteur ». *Poétique* 68 (1986): 507-19.

Brombert, Victor. *La prison romantique*. Paris: Corti, 1975.

Brooks, Peter. « The Idea of a Psychoanalytic Literary Criticism ». *Critical Inquiry* 13.2 (1987): 334-48.

———. *The Novel of Worldliness*. Princeton: Princeton University Press, 1969.

———. *Reading for the Plot: Design and Intention in Narrative*. New York: Knopf, 1984.

*Carr, David. *Time, Narrative and History*. Bloomington: Indiana University Press, 1986.

*Chatelain, Danièle. « Frontières de l'itératif ». *Poétique* 65 (1986): 111-24.
*Chatman, Seymour. *Story and Discourse: Narrative Structure in Fiction*. Ithaca: Cornell University Press, 1978.
Cryle, Peter M. « Sur la critique thématique ». *Poétique* 64 (1985): 505-16.
———. *The Thematics of Commitment. The Tower and the Plain*. Princeton: Princeton University Press, 1985.
Deleuze, Gilles et Félix Guattari. *Mille plateaux*. Paris; Minuit, 1980.
De Man, Paul. « The Rhetoric of Temporality ». Dans *Interpretation: Theory and Practice*. Ed. C. S. Singleton. Baltimore: The Johns Hopkins University Press, 1969. 173-209.
Durand, Régis. « *The Captive King:* The Absent Father in Melville's Text ». Dans *The Fictional Father: Lacanian Readings of the Text*. Ed. Robert Con Davis. Amherst: University of Massachusetts Press, 1981.
Fabre, Jean. *Lumières et romantisme: Energie et nostalgie de Rousseau à Mickiewicz*. Paris: Klincksieck, 1980.
*Farcy, Gérard-Denis. « De l'obstination narratologique ». *Poétique* 68 (1986): 491-506.
Ferry, Luc, et Alain Renaut. *La Pensée 68. Essai sur l'anti-humanisme contemporain*. Paris: Gallimard, 1985.
Genette, Gérard. *Figures II*. Paris: Seuil, 1969.
*———. *Figures III*. Paris: Seuil, 1972.
*———. *Nouveau discours du récit*. Paris: Seuil, 1983.
Graff, Gerald et Reginald Gibbons, éd. *Criticism in the University*. Evanston: Northwestern University Press, 1985.
Greimas, A.-J. *Sémantique structurale*. Paris: Larousse, 1966.
Jakobson, Roman. *Essais de linguistique générale*. Paris: Seuil, 1963.
Kristeva, Julia. *Sémiotiké. Recherches pour une sémanalyse*. Paris: Seuil, 1969.
Lacan, Jacques. *Ecrits*. Paris: Seuil, 1966.
LaCapra, Dominick. *History, Politics and the Novel*. Ithaca: Cornell University Press, 1987.
Lerner, Lawrence, éd. *Reconstructing Literature*. Totowa, NJ: Barnes & Noble, 1983.
MacCannell, Juliet Flower. « The Temporality of Textuality: Bakhtin and Derrida ». Dans *The State of Literary Theory*. Ed. Marianne Korn. London: Middlesex Polytechnic, 1982-83. 15-33.
*Mathieu-Colas, Michel. « Frontières de la narratologie ». *Poétique* 65 (1986): 93-110.
*Mendilow, A. A. *Time and the Novel*. Londres et New York: Peter Nevill, 1952.
Müller, Günther. « Aufbauformen des Romans ». *Neophilologus* 37 (1953): 1-14.
*———. *Morphologische Poetik*. Darmstadt: Wissenschaftliche Buchgesellschaft, 1968.

*Onimus, Jean. « L'expression du temps dans le roman contemporain ». *Revue de littérature comparée* 28 (1954): 299-317.
« Philosophy of Science and Literary Theory ». *New Literary History* 17.1 (1985).
« Pluralism and its Discontents ». *Critical Inquiry* 12.1 (1986).
*Pouillon, Jean. *Temps et roman*. Paris: Gallimard, 1946.
*Poulet, Georges. *Etudes sur le temps humain*, I-IV. Paris: Plon, 1949-1968.
*Prince, Gerald. *Dictionary of Narratology*. Lincoln & Londres: University of Nebraska Press, 1987.
*———. *Narratology: The Form and Functioning of Narrative*. Berlin: Walter de Gruyter & Co., 1982.
*Ricœur, Paul. *Temps et récit II. La configuration dans le récit de fiction*. Paris: Seuil, 1984.
*Rimmon-Kenan, Shlomith. *Narrative Fiction: Contemporary Poetics*. Londres et New York: Methuen, 1983.
Schleifer, Ronald. « The Space and Dialogue of Desire: Lacan, Greimas and Narrative Temporality ». *Lacan and Narration. The Psychoanalytic Difference in Narrative Theory*. Ed. Robert Con Davis. Baltimore et Londres: The Johns Hopkins University Press, 1983. 871-90.
*Segre, Cesare. *Le strutture et il tempo*. Torino: Einaudi, 1974.
Starobinski, Jean. *L'Œil vivant*. Paris: Gallimard, 1961.
*Tobin, Patricia. *Time and the Novel: The Genealogical Imperative*. Princeton: Princeton University Press, 1978.
Todorov, Tzvetan. *Critique de la critique*. Paris: Seuil, 1985.
*Uhlig, Claus. « Forms of Time and Varieties of Change in Literary Texts ». *Comparative Literature* 37.4 (1985): 289-300.
*Zeraffa, Michel. « Le temps et ses formes dans le roman contemporain ». *Revue d'esthétique* 19 (1966): 43-65.

Index des œuvres de Stendhal

Armance: ix, 5, 17, 21, 35-61, 63, 87, 95, 96, 113, 118, 148-51, 159 n. 52, 163 n. 1, n. 3-4, 162 n. 12, 163 n. 17, 164 n. 22-26, n. 28-31, n. 33, 172 n. 1
Chartreuse de Parme (La): ix, 5, 18, 21, 95-96, 115-46, 149-51, 157 n. 40, 174 n. 11, 175 n. 1, 176 n. 3, n. 5-6, 178 n. 21, 179 n. 34
Chroniques italiennes: ix, 14, 21, 26, 30-32, 36, 68, 119, 136, 148, 156 n. 24, 158 n. 44, 160 n. 60-61, n. 65
——— "L'Abbesse de Castro": 4, 24-33, 160 n. 62-64, 161 n. 66-67
——— "Les Cenci": 26, 27, 30-32
——— "La Duchesse de Palliano": 27, 31, 32, 160 n. 59
——— "Suora Scolastica": 27, 31, 32
——— "Trop de faveur tue": 27, 31, 32
——— "Vittoria Accoramboni": 26, 27, 30-32, 156 n. 24
Chroniques non incluses dans l'édition du Cercle du Bibliophile:
——— "San Francesco a Ripa": 158 n. 44, 159 n. 50
——— "Vanina Vanini": 14, 20, 158 n. 44
De l'Amour: ix, 157 n. 33, n. 34
——— "Ernestine, ou la naissance de l'amour": 7-10, 12, 15-17, 19, 20, 23, 129, 157 n. 35, n. 39, 158 n. 46
Filosofia nova: 52, 86, 156 n. 28
Journal (Œuvres intimes): 1, 153 n. 3
Lamiel: 156 n. 26, 159 n. 54, 173 n. 6
Lucien Leuwen: ix, 1, 5, 20, 21, 93-115, 117, 148-51, 153 n. 1, n. 4, 174 n. 17, 175 n. 26
Mélanges II, Journalisme (Walter Scott et la Princesse de Clèves): 166 n. 8
Rose et le Vert, Mina de Vanghel et d'autres nouvelles (Le):
——— "A-Imagination": 22, 24
——— "Anecdote italienne": 11-13
——— "Le Chevalier de Saint-Ismier": 11, 24
——— "Le Coffre et le Revenant": 20
——— "Le Conspirateur": 24
——— "Féder": 14, 18-20, 24
——— "Journal de Sir John Armitage": 22
——— "Le Juif (Filippo Ebreo)": 23, 24

198   INDEX

────── "Le Lac de Genève": 22
────── "Maria Fortuna": 158 n. 44
────── "Mina de Vanghel": 14, 18, 20, 158 n. 44
────── "Philibert Lescale": 22
────── "Le Philtre": 20, 158 n. 44
────── "Une position sociale": 14, 20, 24, 158 n. 44, 159 n. 50
────── "Le Rose et le Vert": 11, 12, 14, 18-20, 93
────── "Souvenir d'un gentilhomme italien": 22
Rouge et le Noir (Le): ix, 5, 20, 21, 63-91, 93, 95, 96, 113, 118, 140, 145, 149-51, 165 n. 1, 166 n. 10, 168 n. 23, n. 29, 169 n. 32, 170 n. 41, 172 n. 58, 172 n. 1, 175 n. 21

Index des noms

Abeel, Erica: 168 n. 24
Abravanel, Ernest: 157 n. 33, 161 n. 1
Agosti, Stefano: 170 n. 48
Alciatore, Jules: 173 n. 3
Amer, Henri: 86, 169 n. 40
André, Robert: 175 n. 24
Ansel, Yves: 168 n. 31
Arrous, Michel: 169 n. 38

Balzac, Honoré de: 159 n. 49
Barbéris, Pierre: 58, 63, 64, 67, 87, 164 n. 25, 165 n. 31, 166 n. 3
Barthes, Roland: 146, 154 n. 9, 180 n. 40
Baudouin, Henri: 27, 160 n. 64
Baumont, Michel: 63, 64, 68, 166 n. 2
Bayard, Pierre: 164 n. 28
Bellemin-Noël, Jean: 159 n. 52, 161 n. 4, 165 n. 28
Bersani, Leo: 170 n. 48
Berthier, Philippe: 114, 158 n. 47, 160 n. 63, 164 n. 75, 172 n. 1, 175 n. 24, 179 n. 35, 180 n. 36
Bibas, Henriette: 171 n. 49
Blin, Georges: 23, 38, 64, 154 n. 14, 160 n. 55, 162 n. 7, n. 8, 166 n. 7, 167 n. 22
Bokobza, Serge: 88, 162 n. 11, 175 n. 21
Boll Johansen, Hans: 12, 23, 30, 32, 135, 155 n. 15, 158 n. 42, 160 n. 55, n. 65, 162 n. 12, 168 n. 29, 177 n. 18, 178 n. 25
Booker, John T.: 12, 157 n. 41, 161 n. 66, 169 n. 33, 178 n. 22
Brombert, Victor: 90, 167 n. 22, 172 n. 58, 175 n. 25
Brooks, Peter: 87, 144, 154 n. 10, 170 n. 43, 171 n. 50, 175 n. 23, 179 n. 32
Brotherson, Lee: 175 n. 24, 179 n. 34

Castex, P.-G.: 68, 167 n. 20, 171 n. 49
Chabot, Jacques: 174 n. 13
Chaitin, Gilbert: 165 n. 28, 170 n. 48
Chatelain, Danièle: 159 n. 49
Chatman, Seymour: 14, 158 n. 45
Comeau, Paul T.: 164 n. 24
Constans, Ellen: 20, 94, 159 n. 51, 172 n. 58
Coste, Didier: 17, 158 n. 47

Creignou, Pierre: 145, 180 n. 39
Crouzet, Michel: 6, 24, 30, 31, 60, 68, 88, 93, 108, 143, 153 n. 9, 157 n. 32, 160 n. 56, 161 n. 66, 161 n. 3, 162 n. 10, 164 n. 26, 167 n. 21, 170 n. 46, n. 47, 172 n. 1, 173, n. 8, n. 14-17, 175 n. 20, 179 n. 30
Cryle, Peter M.: 155 n. 15, 179 n. 34

Davis, Robert Con: 170 n. 48, 171 n. 52
Debray, Henry: 153 n. 1, 172 n. 1
Dédéyan, Charles: 160 n. 62
Deleuze, Gilles: 154 n. 12
Del Litto, Victor: 18, 93, 153 n. 3, 156 n. 25, 157 n. 33, 160 n. 59, 161 n. 1, 162 n. 11
De Man, Paul: 176 n. 5, 180 n. 37
Denommé, Robert: 178 n. 24
Didier, Béatrice: 14, 23, 25-27, 29-32, 158 n. 43, n. 44, 160 n. 57, n. 63, 169 n. 32, 179 n. 36
Durand, Régis: 90, 171 n. 52, n. 54

Fabre, Jean: 172 n. 13
Farcy, Gérard-Denis: 10, 11, 14, 155 n. 16, 157 n. 36-38, 158 n. 45, 164 n. 20
Felman, Shoshana: 164 n. 28
Ferry, Luc: 154 n. 9

Gaillard, Françoise: 35, 161 n. 4, 165 n. 30
Gans, Eric: 165 n. 32
Genette, Gérard: ix, 2, 4, 15, 21, 22, 36, 41, 45, 69, 153 n. 6, 154 n. 13, n. 15-19, 157 n. 38, n. 39, 158 n. 45, n. 49, n. 52, 159 n. 53, 166 n. 4, 167 n. 23, 179 n. 32
Gerhardi, Gerhard C.: 85, 169 n. 35, n. 36
Gerlach-Nielsen, Merete: 164 n. 24
Gibbons, Reginald: 154 n. 9
Gleize, Jean-Marie: 53, 60, 164 n. 21, 165 n. 30, 170 n. 42
Graff, Gerald: 154 n. 9
Grant, Richard B.: 171 n. 49
Greimas, A.-J.: 90, 171 n. 55
Greshoff, C. J.: 171 n. 49
Guattari, Félix: 154 n. 12
Guérin, Michel: 161 n. 67, 168 n. 31, 174 n. 17, 179 n. 31, 180 n. 36

Hamm, Jean-Jacques: 4, 27, 114, 155 n. 20, n. 21, 156 n. 22, n. 23, 160 n. 58, n. 60, 161 n. 66, 171 n. 49, 175 n. 26
Hemmings, F. W. J.: 175 n. 21

Imbert, Henri-Françoise: 162 n. 10, 170 n. 48
Ishikawa, Hiroshi: 3, 64, 118, 154 n. 14

Jacard, Anne-Claire: 172 n. 57
Jakobson, Roman: 172 n. 59
Jones, Grahame C.: 65, 89, 164 n. 23, 166 n. 9, 171 n. 50, n. 51
Jourda, Pierre: 30, 160 n. 61

Kristeva, Julia: 64, 68, 166 n. 4
Kritzman, Laurence: 164 n. 28
Korn, Marianne: 170 n. 44

Lacan, Jacques: 91, 171 n. 52, n. 53
LaCapra, Dominick: 171 n. 49
Landry, François: 90, 113, 153 n. 5, 165 n. 28, 170 n. 48, 180 n. 36
Leoni, Anne: 174 n. 11
Lerner, Lawrence: 154 n. 9
Levowitz-Treu, Micheline: 145, 165 n. 28, 170 n. 48, 180 n. 38

MacCannell, Juliet Flower: 153 n. 8, 170 n. 44, n. 48, 171 n. 56
Maillet, Henri: 167 n. 15
Martineau, Henri: 63-66, 76, 117, 120, 122, 123, 126, 129, 156 n. 26, n. 28, 161 n. 2, 165 n. 1, 176 n. 3, n. 11
Mérimée, Prosper: 35
Miel, Jan: 64, 166 n. 6
Moreau, Pierre: 153 n. 4
Mossman, Carol A.: 169 n. 31, 170 n. 48
Mouillaud-Fraisse, Geneviève: 57-58, 64, 90, 164 n. 22, 166 n. 5, 168 n. 25, n. 28, 170 n. 48
Müller, Günther: 4, 155 n. 15, n. 19

O'Keefe, Charles: 161 n. 3
Orlando, Franceso: 166 n. 12

Park, Pamela: 173 n. 6
Pascal, Gabrielle: 114, 175 n. 22
Pearson, Roger: 169 n. 32, 168 n. 23
Petroni, Liano: 176 n. 6
Pierssens, Michel: 165 n. 29, 170 n. 4
Pouillon, Jean: 64, 159 n. 52
Poulet, Georges: 6, 20, 85, 94, 118, 150 n. 31, 176 n. 5

Prevost, Jean: 6, 156 n. 29, 169 n. 32, 171 n. 49
Proust, Marcel: 157 n. 39

Rabine, Leslie W.: 86, 169 n. 34, n. 39, 170 n. 45, 172 n. 59
Rannaud, Gérald: 176 n. 6, 179 n. 36
Reid, Martine: 175 n. 26
Renaut, Alain: 154 n. 9
Rhéault, Raymond: 117, 176 n. 4, n. 9-12, 177 n. 17
Richard, Jean-Pierre: 6, 52, 156 n. 30
Ricœur, Paul: 2, 21, 22, 154 n. 11, n. 19
Rimmon-Kenan, Shlomith: 155 n. 18, 164 n. 20
Ruthman, Elisabeth B.: 173 n. 3, 175 n. 20

Sainte-Beuve: 35
Sands, Steven: 170 n. 48
Schleifer, Ronald: 90, 171 n. 51-55, 172 n. 57
Seylaz, Jean-Luc: 142, 145, 179 n. 33
Singleton, C. S.: 176 n. 5
Starobinski, Jean: 60, 164 n. 27

Talbot, Emile: 158 n. 42, 165 n. 33, 169 n. 34, 178 n. 21
Todorov, Tzvetan: 154 n. 9
Trouiller, Dominique: 168 n. 30

Vendrell, Lidia Anoll: 165 n. 30

Weiand, Christof: 153 n. 4, 156 n. 27, n. 35, 158 n. 46, 162 n. 12, 168 n. 29, 173 n. 7, 176 n. 7
Wood, Michael: 180 n. 41

Index analytique et thématique

Les chiffres renvoient aux pages où figurent les occurrences les plus importantes des termes analytiques et thématiques que nous avons employés. Les *mots* en italique désignent les termes définis dans le glossaire; les *chiffres* en italique désignent les pages auxquelles les notions sont définies ou exploitées sur le plan analytique.

accélération (cf. aussi *ellipse, sommaire*): 7, *14*, 15, *18-19*, 27, 30, 33, *40-43*, 53-55, 57, 66-67, *70-79*, *85-87*, 89, 93, 95, *96-112*, 118, *126-29*, 139-40, *143-45*, 149-50, 155 n. 17, 177 n. 19, 178 n. 21
âme (cf. aussi temporalité et - - -): 38, 143
amour (cf. aussi temporalité et - - -): 5, 7-9, 17, 20, 30, 35, 55, *57-60*, 66, 67, *77-78*, 79, 82, 83, 85, 86, *89-91*, 96, 106, 115, *140-46*, 148-50, *157 n. 34*, 164 n. 24, 168 n. 31, 169 n. 39-40, 172 n. 57, 179 n. 32, n. 34, 180 n. 37
amplitude: 8, 10, 47-48
anachronies: 5, 7, 10, 20, 31-32, 36, *45-52*, 56-58, *80-84*, 93, 95, 113, 117-118, 132, *135-138*, 144, 148-50, *157 n. 36*, *164 n. 20*, 178 n. 22
analepse: 4, 7-8, 13, 20, 21, 23, 27, 31, 35, 42, *46-52*, 53, 75, 78, *80-84*, 94, 103, *107-08*, *132-33*, *134-39*, 148, 158 n. 48, 159 n. 50, *161 n. 5*, *163 n. 18, n. 19*, 169 n. 32, 173 n. 10,
——— *complète:* *8-12*, 47, 49, 52, 132
——— *complétive* (cf. aussi *renvoi*): *8-10*, 12, 47, 50, 52, 81, 82, 133
——— *durative:* *10-12*, 52, 65, 80, 82, 83, 94, 98
——— enchaînée, en série: *13*, *49-52*, 80, 134-35
——— *externe:* *8*, 10, 47-48, 50, 132-33
——— *hétérodiégétique:* *8*, 36, 48, 132, 157 n. 37
——— *homodiégétique:* *8*, 9, 11, 37, 47-48, 50, 132-33
——— *instantanée:* *11*, 37-38, 43, 49, 51, 94, 109, 133, 136, *163 n. 15*
——— intérieure: 135
——— *interne:* *8-12*, 48, 50, 132
——— mémorielle: *157 n. 38*
——— *mixte:* *9*-11, 48, 50
——— narrative: *157 n. 38*
——— *partielle:* *10*, 47-49, 52
——— *ponctuelle:* *10-12*, 46, 49, 51, 83, 84, 94, 133, *136-37*
——— *répétitive* (cf. aussi *rappel*): *10*, 48, 50, 52
——— *simultanée:* *9*, *11-12*, 14, 16, *81-82*, 94, 101-04, 111, 112, 133
——— ——— *durative:* 12, 52, 80, *101-04*, 109, 133
——— ——— *ponctuelle:* 12, 44, 51-52, 80, 111, 136
——— subjective: *157 n. 38*

anticipation (cf. aussi *prolepse*): 8, 10, 135, 176 n. 5
"avant-propos" (*Armance*), "avertissement" (*La Chartreuse de Parme, Le Rouge et le Noir*): *36-37, 118-19,* 168 n. 27, 176 n. 6

bonheur (cf. aussi temporalité et - - -): 5, 6, 9, 18, 21, 24, 53-54, *58-61,* 86, 100, 110, *113, 115, 145-46,* 149-51, 180 n. 39

chevauchement temporel (cf. aussi *analepse simultanée ponctuelle*): *12,* 14, 136, 157 n. 41
chronique: 1, 14, 23, 25, 27, 88, 158 n. 44, 161 n. 67, 170 n. 44
chronologie (cf. aussi déroulement/rythme chronologique): 1, 8, 10, 31, 32, 45, 63, 64, *67-68,* 87, 94, 105, 108, 117, *120-26,* 156 n. 26, *160-61 n. 65,* 162 n. 10, 165 n. 1, 172 n. 2, *173 n. 4-5, 174 n. 18,* 175 n. 19, 175 n. 2, *176 n. 8-12, 177 n. 13-18,* 178 n. 23
cristallisation: 1, 8-9, 157 n. 34
critique littéraire: 2, 4, 58, 60-61, 89, 147
―――― stendhalienne: 3, 6, 29, 35, 44, 61, 63-64, 68, 131, 146, 153 n. 8, 170 n. 48, 179-80, n. 36

déroulement/rythme chronologique: 4, *28-29,* 94, 139, 156 n. 21
Armance: 39-45
La Chartreuse de Parme: 119-129, 126-31, 176 n. 7
Lucien Leuwen: 96-112, 173 n. 7
Le Rouge et le Noir: 65-73, *166-67 n. 13-14, 167 n. 15-18,* 168 n. 29
désir (cf. aussi temporalité et - - -): 91
diégèse (cf. aussi *histoire*): 8, 14, 47, 69, 157 n. 36, 167 n. 23
diégétique (niveau - - -): cf. *niveaux narratifs*
douleur (cf. aussi temporalité et - - -): 52, 58
durée (cf. aussi *vitesse*): 2-8, *12-15,* 17-20, 22-25, 27, 30-32, 35, 36, *39-45,* 46, 53-54, *56-58,* 61, 63, 65, *69-80,* 83, 86, 93, 95, *96-112,* 113, 117-18, 122, *126-31,* 136, *142,* 146, 148-49, 156 n. 26, 157 n. 36, n. 38, 158 n. 46, 159 n. 49, 162 n. 12, 163 n. 16, 168 n. 29, 176 n. 5, 179 n. 30
―――― simultanée (double): 17-18, 129-31, 144

échafaudage: 1, 147-48, 151, 153 n. 1
ellipse (cf. aussi accélération): 9, 12, *14-16,* 18, 19, 23, 37, *41-44,* 47, 53-56, 69, *74-75,* 78, 83, 84, *86-89,* 90, 95, 98, 100, *102, 106,* 108, *110-12,* 127, 128, *145,* 148-49, 159 n. 48, *168 n. 26,* 177 n. 19, 179 n. 35
énergie (cf. aussi temporalité et - - -): 6, *30-33, 58-60,* 85, 89, 91, *93-96, 112-15,* 150-51, 172-73 n. 3, 173 n. 6, 175 n. 20
ennui (cf. aussi temporalité et - - -): 67, 113

épaississement diégétique: cf. *"stretch"*
extradiégétique (niveau - - -): cf. *niveaux narratifs*

focalisation: 22, 44, 159 n. 53
fréquence (*itération, itératif*): 3, 4, 19-20, 22, 23, 29, 32, 33, 42-43, 49, 53, 66, 69, 74, 78, 81, 93, 98, *100, 101,* 104, *105,* 113, 132, 146, 148, 150, 156 n. 23, 159 n. 49, *162* n. *13,* n. *14, 173* n. *9-10, 174* n. *12, 177-78* n. *19*

histoire (cf. aussi *diégèse*): 3, 4, 7, 9, 11-13, 14-17, 21-23, 25, 26, 32, 39, 40, 42, 44, 53, 54, 56-58, 61, 65, 69, 84, 88, 93, 94, 115, 117, 122, 138, 141, *156* n. *16,* n. 17, 157 n. 36, 159 n. 54, 167 n. 23, 170 n. 45

impuissance: 35, *60-61,* 96, 159 n. 52, 164 n. 22, n. 25, 179 n. 34
inachèvement: 5, 21, 27, *114-115,* 148, 151, 172 n. 58, 174 n. 11, 175 n. 26
instance narrative (cf. aussi *narrateur*): 21, 22, 25, 38, 162 n. 9
intrusion narrative (*métalepse*): 15, 38, 68, *162* n. *7,* n. *8,* 168 n. 24, 178 n. 22
─── de l' "auteur": 37, 39
─── de l' "éditeur": 168 n. 27, n. 28
─── du narrateur: 135, *137*
itération, itératif: cf. *fréquence*

lecteur (cf. aussi *narrataire;* temporalité et - - -): 38, 57-58, 100, 102, 103, 135, 168 n. 25

marginalia: 1, 94, 105, 158 n. 44, 173 n. 4
métadiégétique (niveau - - -): cf. *niveaux narratifs*
micro-romans: *14,* 18, 20, 23
moment privilégié: 24, 58, 91, *150,* 179 n. 34
monologue intérieur: 19, 29, 38, 44, 88, 162 n. 6, 164 n. 24, 168 n. 30
mort (cf. aussi temporalité et - - -): 5, 55, 84, 91, 96, 111, 115, *140-46,* 149-50, 169 n. 34, 179-80 n. 36

narrataire (cf. aussi lecteur): 160 n. 60
narrateur (cf. aussi *instance narrative*): 8-10, 15, 17, 21-23, 29, 31-33, 38-39, 69, 77, 83, 86, 102, 103, 106, *127,* 135, 156 n. 24, 157 n. 38, 159 n. 54, 164 n. 20, 167 n. 23, 168 n. 26, 173 n. 10, 178 n. 22, n. 25
narration (cf. aussi *niveaux narratifs*): *21-26,* 30, 39, 45, 65, 89, 132, *155* n. *16,* 168 n. 23, 169 n. 39, 172 n. 1
─── *intercalée: 22,* 35
─── *ultérieure:* 22, 25, 68
narratologie, narratologique: 2-5, 15, 31, 36, 147, 154 n. 10, 155 n. 16, n. 19

niveaux narratifs (plans de la narration): 22, 23, 25-27, 33, *119*
—————— *diégétiques:* 24
—————— *extradiégétiques:* 23
—————— *métadiégétiques:* 24
—————— temporels: 27, *37*
nouvelle: 4-6, 10, 14, 21, 23, 24, 147, 158 n. 44, 160 n. 65

ordre: 2-4, 6, 7-10, 12, 20, 21, 25, 27, 29, 31, 32, 36, 44, *45-52*, 53, *56-58*, 61, 63, 93, 95, 107, 112, 117-18, 131-32, 138, 146, 148-49, 156 n. 26, n. 27, 176 n. 6, 178 n. 20

paralipse: 9, 21, 44, *60-61*, 148, *159 n. 52*
passion (cf. aussi temporalité et - - -): 33, 78-79, 113, *173 n. 3*
pause (cf. aussi ralentissement): 12, *14-17*, 19, 41-42, *44-45*, 54-58, 66, *75-78*, 95, 99, 100, 128, 157 n. 38, 158 n. 45
pensée (cf. aussi temporalité et - - -): 7, 88
perception (cf. aussi temporalité et - - -): 6, 14, 21, 60
personne (cf. aussi *récit hétérodiégétique, homodiégétique*): 12, 22
perspective: 12
portée: 11, 48
préface (*Lucien Leuwen*): 172 n. 1
prévision (cf. aussi *anticipation, prolepse*): *178-79 n. 27*, *179 n. 28-29*
prolepse (cf. aussi *anticipation*, prévision): 4, 7, 8, *10-11*, 21, 23, 35, 37, *46-47*, 80, 84, *103*, *111*, *135-38*, 144, *163 n. 18*, *n. 19*, 169 n. 32, *174 n. 18*, 178 n. 24
—————— durative: *10*
—————— externe: *157 n. 39*
—————— hétérodiégétique: *157 n. 39*
—————— ponctuelle: *10*

ralentissement (cf. aussi *pause, scène*): 5, 7, *14*, 16, 18, 19, 22, 27, *29-31*, 33, 36, 40, *43-45*, 54, 55, 57, 66, *71-79*, *85-86*, 93, 95, *96-112*, *113-15*, 118, *126-29*, *139-44*, 149-50, *155 n. 17*, *158-59 n. 48*, 159 n. 50, 168 n. 30
rappel (cf. aussi *analepse répétitive*): *10*, 48, 49, 50, 52
réalisme subjectif: *3*, 5, 17-18, *20*, 22, *24*, 32-33, 36, 47, *53-61*, 64, 73, 78, *85-91*, 93, 108, *112-15*, 118, 131, *139-46*, *147-51*
récit (cf. aussi *niveaux narratifs*): 3, 4, 8, 14, 17, *21-23*, 25, 26, 32, 33, 40, 42, 44, 53, 55, 57, 58, 60, 65, 69, 78, 84, 93, 94, 115, 133, *140*, *155 n. 16, n. 17*, n. 19, 157 n. 38, 167 n. 23, 170 n. 47
—————— extradiégétique: 22
—————— *hétérodiégétique:* 22, 68, *159 n. 54*
—————— *homodiégétique:* 22, 68, *159 n. 54*

―――― *premier:* 8, 12, 13, 23, 36, 45-52, 75, 78, *80-84,* 108, 110, 132, *136-38,* 144, 163 n. 18, n. 19
renvoi (cf. aussi *analepse complétive*): 8-12, 44, *46-47, 49-50,* 52, 81, 133
rythme: *5-7,* 18, 20, 21, 23, 32, 41, 53, 58, 63, 66, *73, 78-80,* 85, 87, 93, 95, *96-112,* 114, 128, 142, 146, 148-50, 156 n. 28, 161 n. 67, 164 n. 23, 169 n. 36, n. 37, 178 n. 21, 179 n. 31

sang (cf. aussi temporalité et - - -): 11
scène (cf. aussi ralentissement): *14,* 16, 19, 20, 24, 41, *42-44,* 54-58, *75-78,* 95, *98-100,* 103, 105, *109,* 128, *136,* 148, 159 n. 49
sensation (cf. aussi temporalité et - - -): 14, 21
sentiment (cf. aussi temporalité et - - -): 7, 18, 24, 31, 38, 44, 60, 65, 80, 85, *94-96,* 100, *112-15,* 175 n. 20
simultanéité: 6, 12, 13, *144-45,* 158 n. 42, 178 n. 21
sommaire (cf. aussi accélération): *14-16,* 19, 23, *41-44,* 54-58, *74-78,* 82, 84, 87, 95, 97, *98,* 100, 104, *111, 127-28,* 158 n. 48, 177 n. 19
strates: 2, 5, 15, 61, 148, 151
"stretch": *14,* 44
suspension temporelle: 30, *78*

tempo: 14, 23, 40, 52, 55, 57, 65, 70, 77, 79, 86, 118, 143
temporalité narrative, romanesque: *2-5,* 18
―――― subjective: 52, 64-65, 76
―――― et allégorie: 90
―――― et âme: 118
―――― et amour: 1, 30, *57-60, 77-79,* 86, *89-91,* 96, *141-46, 148-50*
―――― et bonheur: 6, 9, 18, 21, 24, *53-54,* 61, 79, 86, 89, *113, 115,* 127, *143, 145-46, 149-51,* 172 n. 57
―――― et cœur: *142-46, 149, 151*
―――― et courage: 30, 143
―――― et création romanesque: *1,* 3, 14, 18, 20, 21, 26, 32, 68, 94, 108
―――― et crime: 30
―――― et désir: 91, 114
―――― et devoir: 61, 89
―――― et douleur: 44, 61, 77
―――― et émotion: 30, 77, 82, 88, 148, 149
―――― et énergie: 6, 30-31, 32, 59-60, 89, *150-51*
  Armance: *95-96,* 113
  La Chartreuse de Parme: 96
  Lucien Leuwen: 93-96, 112-15
  Le Rouge et le Noir: 95-96, 113

—— et ennui: *113-14*
—— et épuisement: *113-15,* 149
—— et l'Italien: 30
—— et lecteur: 4
—— et métaphore: *90-91,* 149-50
—— et métonymie: *90-91,* 149
—— et monde: *142-46, 150*
—— et mort: 57, 61, 96, *140-46, 149-50*
—— et passion: 20, 32, 73, 78-79, 113, 142, 145, 150
—— et perception: 6, 14, 21
—— et personnages: 5-7, 10-12, 15-18, 20, 29, 31-33, 38, 41, 46, *53-61,* 69, 73, 78, 80, 88, 93, *112-115,* 118, *138-46, 148-51,* 164 n. 20, 177 n. 19
—— et plaisir: 30, 60
—— et politique: 89, 108, 113, 114, 167 n. 20, 174 n. 17
—— et références historiques: 39, 47, 63, 68, *87,* 105, *108,* 162 n. 10, 174 n. 15
—— et rêverie: 142, 176 n. 5
—— et sang: 30
—— et sensation: 6, 14, 21, 150
—— et sentiment: 3, 6, 13, *17-20,* 24, 31, 33, 44, *53-61,* 73, 79, 80, *94-96,* 108, *112-15,* 140-41, *145-46, 148-49*
—— et société: 60, 114, 148
—— et solitude: *142-146, 150*
—— et symbolisme: 90
—— et thèmes: 3, 5, 15, *30-33*
—— et trouble: 56-57, 78, *112-15*
temps de la narration (cf. aussi *narration, narrateur*): 4, 7, 8, 10, 15, *21-29,* 31, 33, *36-39,* 50, *68-69,* 98, *100-01,* 103, *118-19, 127,* 132, *133,* 135, *136-38,* 144, 148, 157 n. 38, 159 n. 53, 172 n. 1, 173 n. 10, 176 n. 6, 178 n. 22, *n. 26*
titre, *Armance:* 39, 162 n. 11
Le Rouge et le Noir: 63, 88
traduction: 4, 25, 26, 32, 148

vitesse: 6, *15,* 30, 40, 85, 155 n. 17
constance de - - - : *40,* 46-47, *117, 128*
voix: 22, 23, 25, 26, 36-39, 138, 159 n. 53
vraisemblable, vraisemblance: *63-65,* 68, *87-89,* 108, 166 n. 5